HuLianWang BeiJingXia De

DaXueSheng ChuangYe JiChu Yu ShiJian ZhiDao

互联网背景下的大学生创业基础与实践指导

李丽娜◎著

新 华 出 版 社

图书在版编目（CIP）数据

互联网背景下的大学生创业基础与实践指导 / 李丽娜著 . —北京：
新华出版社，2017.5

ISBN 978-7-5166-3270-3

Ⅰ . ①互… Ⅱ . ①李… Ⅲ . ①互联网络—应用—大学生—创业—研究 Ⅳ .
① G647.38-39

中国版本图书馆 CIP 数据核字 (2017) 第 129485 号

互联网背景下的大学生创业基础与实践指导

作　　者：李丽娜

责任编辑：王　婷　　　　封面设计：田新培

出版发行：新华出版社

地　　址：北京石景山区京原路 8 号　　邮　　编：100040

网　　址：http://www.xinhuapub.com　　http://press.xinhuanet.com

经　　销：新华书店

购书热线：010—63077122　　中国新闻书店购书热线：010—63072012

照　　排：众书网

印　　刷：北京市媛明印刷厂

成品尺寸：180mm × 260mm　1/16

印　　张：16　　字　　数：304 千字

版　　次：2017 年 7 月第一版　　印　　次：2017 年 7 月第一次印刷

书　　号：ISBN 978-7-5166-3270-3

定　　价：56.00 元

前　言

本书以分析互联网+背景下大学生创业案例解读为切入点，结合创业指导课程和大学生学习的需要，加强了实践指导环节，更加具有可读性。与琳琅满目的大学生创业指导书籍相比，更具针对性和实用性。本书可以作为应用型本科的创业指导课程的指定教材，也适用于创业指导课程教师作为备课的参考资料，还可用于一般本科大学生自我学习提升的辅导参考资料。

本书采用模块化设计，每个章节包含以下内容：

【课程目标】简明扼要地陈述本章的主要内容和知识点，建立起学习的思路结构。

【案例导读】结合“互联网+”背景下的大学生创业案例进行分析点评，为理论知识的引入做好铺垫和积极引导，提高学习兴趣。

【理论知识】讲解“案例导读”蕴含的理论基础知识，使其更具针对性和实用性，便于学生理解和掌握。

【能力训练】对应不同的学习目标，设置拓展训练，通过实践操作巩固学习成果。

【实践作业】结合本章的主要理论要点和案例，启发学生思考，锻炼提升实践的操作能力。

本书共分十五章，几经斟酌与修改，书中引用了国内外专家学者的研究成果与理论观点，尽可能地在书中做了说明或列在参考文献中。本书编写过程中得到南昌大学李云辉、首都师范大学王洵、陕西铁路工程职业技术学院李昌锋等领导和身边的多位同仁、老师的大力支持和帮助，在此致以衷心的感谢，同时也对为本书的出版付出了辛勤劳动的编校人员表示真挚的谢意。

书中的内容难免有疏漏之处，希望广大高校创业指导教师提出宝贵的修改意见，以便做出进一步完善和修订。

李丽娜

2017年4月

目录
CONTENTS

第一章

创业基础认知

chuang ye ji chu ren zhi

【课程目标】

1.认识创业的概念，企业的含义、创业的意义，了解当前的创业环境。

2.认识创业对人生的影响，了解大学生的创业现状、创业活动的基本特点，能够正确评估创业的风险。

3.了解创新的内涵，创新与创业的关系，解析企业的创新框架，明确创新创业的实质。

【案例导读】

创业在路上

如今，在O2O（Oline To Offline，线上到线下）商业模式的席卷下，“手机、电脑下单，在家收货”成为越来越多市民购买水果的首选。北京财贸职业学院毕业的大学生宁帅豪也和同伴一起加入了“O2O卖水果”的创业大军。他们创办的电商平台“果乐乐”，通过网站和微信公众号接受订单，每天的营业额最高超过千元。在激烈的市场竞争中，这群羽翼未丰的大学生创业者遇到了巨大的挑战。宁帅豪说，他们会尽全力坚持自己的梦想——把水果“卖”到纳斯达克。

追逐创业梦

宁帅豪从高中开始就“不务正业”涉足商业。那时某品牌的智能手机还非常流行。不少中学生都渴望拥有一部手机，但又苦于囊中羞涩。宁帅豪瞅准商机，联系省城的大批发商，批量进货，以远低于当地销售商的价格把手机卖给自己的同学。赚到的一万多元，成为他人生的第一桶金。

上大学后，宁帅豪的能力得到了充分展现。大一时他创办了创业社团——大学生创业就业协会。三年间，协会从一个人发展到最多两百多人，还作为北京唯一的专科院校代表参加了北京高校创业型组织峰会。

宁帅豪带领着协会里的同学，把商业战略发挥得淋漓尽致。愚人节，他们组织了假面舞会，出售门票、酒水，又用所得收入向学校的春季运动会赞助了1000瓶矿泉水，免费供同学饮用，此举令协会在全校闻名。

起航创业早

2013年初，微信公众号刚刚开始流行。宁帅豪注册了一个公众号，命名为

“北小财”，开始提供校内外商家的打折促销信息。这个类似O2O的雏形，得到了同学的追捧，公众号粉丝人数突破了1000人，占到了当时宁帅豪所在分校区人数的六成以上。

这一年的暑假，宁帅豪和同学搬回了校本部。陌生的环境让他起初颇不适应，不知道哪里可以聚餐、购物。这时他突然意识到商机来临，“我不知道，同学也不知道，何不制作一个APP软件，打造一个吃喝玩乐的平台？”他很快找到了附近另一所大学软件专业的学生，寻求技术上的支持。

一番讨论下来，对方给宁帅豪泼了一盆冷水。做一个APP软件，前期投入的费用就得好几万，一旦定位不准，很容易血本无归。这时宁帅豪才意识到市面上那些五花八门的APP软件，都是依靠风险投资。他暗下决心，要找到风投。

宁帅豪给这个吃喝玩乐的平台做了一份详细的商业计划书，计划书将水果作为销售内容。他的方案很快获得了一些投资人的青睐。其中一位投资人给予了20万元的风险投资，另一位投资人则答应提供网站、微信公众号销售的技术支持。

2014年7月，宁帅豪和伙伴们创立北京创锐时光信息科技有限公司，并入驻中关村创业大厦，并建立了生鲜电商平台“果乐乐”，该平台基于网站、微信公众号，为用户提供新鲜水果当天下单、当天送达服务。

艰辛创业路

“果乐乐”最先进入的高校是对外经济贸易大学。宁帅豪找到了靠近学生宿舍楼的水果店，和老板谈判后商定：学生下单付账，平台向水果店派单，水果店送货至宿舍楼下，学生收货，水果店获得货款和提成。

这一模式的好处是送货时间飞快，通常学生下单后一个小时内就能收到水果。但问题也很快出现，由于水果是由水果店采购，“果乐乐”无法控制其品质和价格，一些反映水果质量的投诉开始出现。宁帅豪和伙伴意识到这一问题后立即对营销模式进行了纠正，改为自营采购、自主送货。这样一来，虽然学生客户的收货时间从一个小时延长为“当天内”，但水果的品质大大提高。

为了保证水果有最低的价格、最优的品质，宁帅豪和伙伴跑遍了当地多家水果批发市场，一样样品尝，从西瓜到榴梿，从苹果到杨桃，从吃到吐，到最后吃出了经验。在他们的不懈努力下，“果乐乐”逐渐在高校站稳了脚跟。除了对经济贸易大学，“果乐乐”逐渐进入了中国农业大学、北京航空航天大学等高校，受到师生的普遍好评。

“果乐乐”在高校的发展很快引来了竞争对手的关注。2015年下半年，各路风险投资人纷纷进入高校水果、零副食销售领域，一些APP软件应运而生。

与那些APP软件相比，“果乐乐”的资金实力完全不在一个档次，他们只有20万元的风投支持，对手的风投资金则是数百万甚至千万元。

价格战很快打响。之前宁帅豪和伙伴们通过精耕市场，少量进货快速销售，水果的平均价格比水果店便宜20%到30%，但是“果乐乐”的竞争对手直接打出了“买一斤送一斤”的招牌，竞争最激烈时甚至是“买一斤送两斤”。“这样的价格战我们实在耗不起。”宁帅豪说，2015年下半年是他从高中创业以来最艰难的一段时光，“每天晚上都睡不着，盘算着自己的资金还剩多少，还能撑多久。”

除了深陷“价格战”。宁帅豪还发现自己的“果乐乐”品牌在被一家大型果蔬物流企业使用。虽然宁帅豪之前已经申请了商标专利。但当他上门试图和这家企业的负责人进行沟通时，“财大气粗”的对方似乎并未把这个大学生创业团队放在眼里，宁帅豪甚至都没有见到具体负责人。

执着创业心

为了节省成本，“果乐乐”在今年初关闭了校园送货点，改为专攻大型居民社区，送货方式也从上门送货改为小区自提。这样既保证了水果的新鲜，也减少了企业的物流成本。

如今，宁帅豪和创业伙伴们每天都会驾驶着一辆金杯面包车去批发市场进水果，然后根据互联网以及微信公众号上的订单情况送货。一有闲暇，他就会钻研市场行情的最新变化，及时判断调整销售思路。

目前，一大批百万元级别风投的水果销售项目都已经死了，但“果乐乐”还活着。宁帅豪坦言，现在明白了创业不是小打小闹，除了靠谱的项目之外，必须具备极其强大的抗压能力、永不放弃的精神以及缜密的分析判断能力，加上良好的团队支持，以及一些运气，才有可能不断向前发展。

在创业之初，宁帅豪的梦想是把水果“卖”到美国的纳斯达克。现在他仍然说自己不忘初心。即使是回到起点，从一家小水果店起步，自己也会全力坚持走下去。他说，无论创业的过程如何艰辛，无论这个项目最终能否走向纳斯达克，创业者永远都在痛中快乐前行。

［**点评**］创业，无疑是当今这一时代极具吸引力的一个字眼，因为创业不仅意味着可以创造出更丰富的产品、提供更优质的服务，为我们自己和社会创造财富，还可以让创业者施展才能，实现自身价值和人生理想。我国《就业促进法》规定：“国家倡导劳动者树立正确的择业观念，提高就业能力和创业能力；鼓励劳动者自主创业、自谋职业。”创业的本质在于开拓新事业，但创业并不仅仅指创办新企

业。对大学生或者每一个创业者来说，创业带给我们的不仅仅是拥有各种可能的结果，更是带给我们一段成长的经历。

【理论知识】

主题一　创业基本认知

一、创业的概念

《现代汉语词典》（第6版）对“创业”的解释是：创办事业。而“事业”是指人所从事的，具有一定目标、规模和系统而对社会发展有影响的经常活动。《辞海》对“创业”的解释是：创立基业。“基业”是指事业的基础；根基。由此可见，创办事业是创业的本质。

创业有广义和狭义之分。狭义上讲的创业概念源于“Entrepreneur（企业家、创业者）”一词，对其理解通常带有经济学的视角。如精细管理工程创始人刘先明认为：“创业是指某个人发现某种信息、资源、机会或掌握某种技术，利用或借用相应的平台或载体，将其发现的信息、资源、机会或掌握的技术，以一定的方式，转化、创造出更多的财富、价值，并实现某种追求或目标的过程。”李志能、郁义鸿在《创业学》一书中指出：“创业是一个发现和捕捉机会并由此创造出新颖的产品或服务，实现其潜在价值的过程。”

可见，狭义的创业特指个人或团队自主创办企业，我们将其定义为：**创业个人或创业团队通过寻找和把握各种商业机会，投入已有的知识、技能和社会资本，调动并配置相关资源，创建新企业，为消费者提供产品或服务，具有创新或创造性的、以增加财富为目的的活动过程。**

表1–1　创业概念的内涵

要素	创业的内涵
创业主体	个人或小规模群体
创业的关键	商业机会的发掘与把握
创业者的身份	知识、能力、社会资本等的所有者和资源配置者
价值实现	将所提供的产品和服务在市场上转化为商品
创业过程	创造性，具有创新性
创业目的	增加财富，包括个人和社会的物质和精神财富

二、企业的含义

企业是从事生产、流通或服务性活动的独立核算的经济单位。它是依法设立的经济组织，是在商品经济范畴中，按照一定的组织规律有机构成的经济实体，一般以赢利为目的，以实现投资人、客户、员工、社会大众的利益最大化为使命，通过提供产品或服务满足社会需求，以换取收入和盈利。企业是社会发展的产物，因社会分工的发展而成长壮大。

企业在社会生活中的作用，主要表现为以下几个方面：

首先，企业作为国民经济的细胞，是最主要的市场主体，是市场活动的主要参加者；

其次，企业是社会生产和流通的直接承担者；

最后，企业是推动社会经济技术进步的主要力量。

三、创业的意义

只要简单回顾一下近二三十年，国内外创业者所创造出的新行业、新技术，诸如个人电脑、生物技术、闭路电视、电脑软件、办公自动化、手机服务、电子商务、互动网络、虚拟技术等，我们就不难想象出创业者是如何改变了世界的发展进程。

（一）创业可以增加社会财富，促进经济发展和社会繁荣

创业过程是增加社会财富的过程。企业在生产经营的过程中，为社会创造了财富，提升了社会价值，并大大增加了国家的财政税收。企业的产品和服务拉动了国内市场需求，基本满足了人民生活的需要，丰富了市场，促进了社会经济繁荣。创业还改变了传统的产业格局，催生了很多崭新的行业，加速了经济结构的调整。在创业过程中，社会资源得到优化配置，市场体系不断完善，市场竞争活力得以保持。

（二）创业可以实现先进技术转化，促进生产力提高和技术创新

创新是创业的主要驱动力量，创业是新理论、新技术、新知识、新制度的孵化器，也是新理论、新技术、新知识、新制度形成现实生产力的转化器。

企业内的创业活动是获得并强化创新能力和核心竞争力的重要途径。例如，TCL本是一个家电企业，由于内部的团队创新，开发了新的手机产品，为企业在通信产品市场找到了新的发展机会和利益增长点，促进了集团的良性发展。

（三）创业可以提供就业岗位，缓解社会就业压力

我国人口众多，就业问题一直是一个关乎民生的大问题，解决就业问题是我国的一个长期任务。与此同时，随着经济体制改革，国有、集体企业下岗分流、减员增效，这些企业的就业空间大幅缩减，而民营和个体经济成为就业的主渠道。

中小型创业企业不仅解决了创业者本身的工作岗位，同时为需要工作的人们提供了大量的工作岗位，扩大了就业范围，降低了失业率，大大缓解了社会就业压力，稳定了社会秩序。

创业是最积极、主动的就业，它不仅能解决大学生的自身就业，还能通过带动就业产生倍增效应。清华大学中国创业研究中心的调查数据表明，每增加一位创业者，当年带动的就业数量平均为2.77人，未来五年带动的就业数量平均为5.99人。因此，让更多的人投身创业将更有助于扩大创业带动就业的效应。

（四）创业可以激发整个社会的创新意识和创业精神，有利于观念的转变

在美国，创业革命使得“为自己工作的观念”深深扎根于美国文化中。在我国，风起云涌的创业大潮让无数人进入了经济和社会主流，而这对形成创新、宽容、民主、公正、诚信等观念具有积极作用。

四、当前创业环境

（一）大众创业、万众创新

李克强总理在公开场合发出“大众创业、万众创新”的号召，最早是在2014的年9月的夏季达沃斯论坛上。当时他提出，要在960万平方公里的土地上掀起“大众创业”“草根创业”的新浪潮，形成“万众创新”“人人创新”的新态势。此后，他在首届世界互联网大会、国务院常务会议以及其他重要场合中频频阐释这一关键词。每到一地考察，他几乎都要与当地年轻的“创客”会面。他希望激发民族的创业精神和创新基因。2015年政府工作报告中更是如此表述推动大众创业这一重要工作，“推动大众创业、万众创新。这既可以扩大就业、增加居民收入，又有利于促进社会纵向流动和公平正义”。在论及创业创新文化时，强调“让人们在创造财富的过程中，更好地实现精神追求和自身价值”。

知名经济学家钱颖一提出，中国经济下行主要是因为潜在经济增长率的下降，对过去经济中结构扭曲的纠正以及政府激励机制的改变。在他看来，解决问题不能再靠大幅度的政策刺激或者依赖央行的货币政策。“当今技术变化，特别是移动互联网技术的发展，非常有利于大众创业、万众创新。”

在我国经济发展增速换挡和结构升级中，新增就业群体中有近800万大学毕业生和海归留学生。据预计，现在起到2020年，我国将有4500多万名大学生毕业，即使按目前的大学生创业率计算，也将至少有百万大学毕业生走上创业之路。他们的创业能力和创业层次，对我国未来的发展至关重要。

（二）分享经济机遇无限

分享经济包括不同人或组织之间对生产资料、产品、分销渠道、处于交易或消费过程中的商品和服务的分享。这个系统有多种形态，一般需要使用信息技术赋

予个人、法人、非营利性组织以冗余物品或服务分享、分配和再使用的信息。一个通常的前提是，当物品的信息被分享了，这个物品对个人或组织的商业价值将会提升。便利、参与感和信任是推动分享经济发展的主要原因。“滴滴打车”是分享经济的代表。据“滴滴打车”统计，2015年公司订单数达到14.3亿单，1400万人在该平台上工作。

2016年政府工作报告首次提出分享经济，称要推动新技术、新产业、新业态加快成长，以体制机制创新促进分享经济发展。2016年3月11日，《中国分享经济风潮全景解读报告》研讨会在京举行。报告称，2015年中国分享经济规模约为1644亿美元，占GDP的1.59%，正处于发展的黄金时期。2014年到2015年，新增分享经济企业的数量同比增长3倍，席卷十大主流行业，超过32个子领域。创新，颠覆了原有商业形态。

分享经济在中国的发展，整体上晚于海外三年多，2011年前后始出现分享经济，2014年“井喷”。英国政府在2013年的一项调查中指出，分享经济已经占到英国GDP的1.3%，并计划五年之内把这一比例提升到15%。美国2014年的调查数据称分享经济已占美国GDP的3%。中国的分享经济虽然这两年发展迅速，但还不及英美等发达国家的水平，还有很大发展空间。

（三）科技与创新驱动创业

在工业化的初、中期阶段，经济发展和产业升级主要依靠要素投入和投资拉动；当发展到工业化中、后期，创新驱动逐渐成为推动经济发展和产业升级的主要动力。要转型升级、绿色崛起，我们比以往任何时候都更加需要强大的科技创新力量。传统产业要走出困境，必须靠科技创新；新兴产业要发展壮大，也要靠科技创新，只有付出比别人更多的努力，迈出更大的步伐，才能把我国经济推向一个健康有活力、低耗有效益、绿色有生机的高度。

时下创业的趋势已经从原本的“点子创业”向“技术创业”转变。以美国为例，互联网创业依旧是美国创业的风口，而如虚拟现实（VR）增强现实（AR）、网络安全、比特币和机器人四大领域的研发最为火热，这些既有技术壁垒，又与互联网挂钩的领域，是创业者最关注的领域。这些领域不仅科技含量高，而且在社会发展、知识产权管理、计算机运算能力和劳动力成本等领域的发展都达到了爆发的临界点。

在这样的背景下，科技型、创新型创业受到极大青睐，而在这两个方面，大学生有得天独厚的优势。随着当前互联网普及和开源软件和硬件、3D打印、云计算、大数据等新技术的广泛应用，创业的技术门槛和成本逐步降低；网络社交更是促进了创业者的奇思妙想与市场需求对接；创业投资细分和创业孵化、服务的社会化也在不断完善。目前，我国各类众创空间已超过2300家，与现有2500多家科技企业孵化器、加速器，11个国家自主创新示范区和146个国家高新区，共同形成完整的创业服务链和良好的创新生态。在此基础上，我国还会持续加快建设专业化众创空间和星创天地，这意味着创业者将有更多更适合自己情况的创业大本营。

（四）创业环境趋于理性

无论是“大众创新、万众创业”的号召引来的大批寻梦者、各类创业沙龙和路演上侃侃而谈的创业者、每天奔走在数个项目间的投资人，还是如雨后春笋般冒出的创业孵化器、新锐投资机构，这些无一不印证着，互联网和移动互联网的普及与发展给当前中国带来了前所未有的创业机遇。

2015年全球风险投资额达1286亿美元，同比增长44%。前三季度的投资都很活跃，四季度急剧降温。一方面，四季度规模超过1亿美元的大型风险投资交易只有38笔，相比三季度的72笔，数量下滑明显。可见，在创业大潮的面前，资本投资越来越谨慎。2015年国内创业市场天使投资的总金额已百亿元，这是2013年的10倍，2014年的2倍；另一方面，3%的创业者拿到了97%的资金。很显然，投资者们更加趋于理性，瞄准技术壁垒更高的风口投入资金。总之，创业活动最终会回归到惯常的状态和节奏上去。整体上，未来几年创业者面临的环境，会逐步趋于理性。

主题二　创业与人生发展

一、创业对人生的影响

创业是一个伟大的历程，是一个精彩的大舞台。创业起步可高可低，创业的发展空间无限。通过创业，能有效实现人生价值，把握人生航向。创业对人生的影响与创业活动的基本特点密切相关，具体如表1–2所示。

表1–2　创业活动的基本特点

特点	说明
自觉性	创业是创业者自觉做出的选择，是能动性的反映。
创新性	创业过程是一个不断创新的过程。
风险性	可能有五个方面的风险：政策性风险、决策风险、市场风险、扩张风险和人事风险。
利益性	创业以增加财富为目的，创业过程中获利的多少，也是人们衡量成功与否的重要标志。
曲折性	创业者往往要遭遇挫折，面对困难要不屈不挠。

（一）创业可以主宰自己，充分发挥自己的才干

许多上班族之所以感到厌倦，积极性不高，其重要原因之一是给别人“打工”，个人的创意、想法往往得不到肯定，个人的才能无法充分发挥，愿望得不到实现，工作缺乏成就感，行事有诸多约束。而创业则完全可以摆脱原有的种种羁绊，摆脱在行为上受制于人的局面，充分施展自己的才华，发挥最大潜能，使自己的人生价值得到更好的体现。

（二）创业可以帮助个人积累财富，一定程度上满足个人对物质的追求欲望

工薪阶层的收入有高有低，但都是有限的，没有太多提升空间。而摆脱这些烦恼的最佳途径就是，开创一份完全属于自己的事业，它提供的利润是没有极限的，可任你想象。根据统计资料，在“福布斯”美国富榜前四百名富豪中，有75%是第一代的创业者。而在中国富豪榜中，以创业起家的也不在少数。

（三）创业能够使个人有机会和实力回馈社会，获得极高的成就感

创业者创造的企业一方面为社会提供了产品或服务，另一方面为个人、社会创造了财富。企业融入社会再生产的大循环之中，从多个环节为国家和社会做出了贡献。这种贡献使得创业者能够从中收获巨大的成就感。

（四）创业使个人能够从事喜欢的事业并从中获得乐趣

创业者选择创业项目，通常都会从个人感兴趣的领域着手，将其与自己的知识技能、专业特长等结合起来，而做自己喜欢做的事本身就是一种享受。

（五）创业使个人从挑战和风险中得到别样的享受

创业充满挑战和风险，同时也充满克服种种挑战的无穷乐趣。在创业过程中，可以感受到无穷的变化、挑战和机遇，这是一个令人兴奋的过程。创业者可以通过征服创业过程中的重重困难来丰富自己的人生体验。

总之，创业是实现人生理想和价值、获得自身全面发展的有效途径。

二、大学生的创业现状

在我国，大学生就业的巨大压力推动了大学生创业的风潮。找岗位不如创造岗位，许多大学生选择创业代替就业，不仅能解决自身的就业问题，而且能为社会提供就业机会。“创业”一词在大学生中流行开来，大学生的创业意识越来越强烈，创业文化氛围也越来越浓厚。

（一）创业活动日益活跃

改革开放以来，创业在我国已经成为一股潮流，中小企业迅速崛起，对社会经济的影响也越来越明显。近几年来自全球创业观察国际研究（GEM）的《全球创业观察中国报告》显示，中国创业活动的活跃程度始终保持较高水平，中国的全员创业活动指数在参加全球创业观察的成员国中名列前茅。自主创业中的佼佼者，如

马云、李彦宏等，给当今的许多大学生树立了榜样。大学生创业已成为不可阻挡的趋势。

国家高度重视科技型中小企业在支撑国民经济平稳较快发展方面的重要作用，提出了一系列扶持措施，还加大了对初创期小企业创新项目，尤其是大学生、研究生、海外留学生在大学科技园、创业中心等服务机构对创新项目的支持。同时，积极完善为科技型中小企业创新活动服务的公共技术平台建设，引导中小企业向专、新、特、精方向发展；积极推进和完善引导投资发展的风险补助、投资保障项目，扶持和壮大一批具有创新能力和自主知识产权的科技型中小企业。

世界许多国家的成功经验表明，中小企业是国家创新体系中最能动、最活跃和最具效率的元素。我国的创业企业也正在扮演这样的角色。

（二）创业观念不断更新

随着市场经济的发展，积极的创业文化在全社会得到倡导，形成一定的氛围。创业文化的基本内涵包括鼓励创新，开拓进取，团队精神和兼容、宽容的态度等，符合整个社会发展的潮流。

时任国务院总理温家宝在2008年政府工作报告中提出，要“落实以创业带动就业的方针，加强就业和创业培训，鼓励自谋职业和自主创业”。鼓励大学生创业，既可以增加经济总量，也可以以创业促进就业，缓解大学生的就业压力。

学生自主创业已成为越来越重要的择业方式。大学毕业生在社会各行各业中找到了自己的位置，在自食其力的同时，也创造了更多的社会价值。

（三）创业空间不断拓展

尽管目前大学生创业的成功率并不高，但创业发展的潜力很大，空间广阔。经济的发展和政策的优化，为创业带来了更多的商机和更适合的市场环境。创业教育的推进，也将不断提高创业者的素质和能力。国家“以创业带动就业”政策的提出和创业计划竞赛的开展，鼓励着越来越多的大学生参与自主创业。创业的机遇、条件、环境都处于“黄金期”，只要大学生调整心态、艰苦努力、扬长避短、自主创业，就一定有所成就。

三、创业风险的评估

每个人对于风险的承受能力是不一样的，有的人有足够的能力和资源去驾驭风险，那么风险因素对他来说并不是最重要的考量指标；而有的人可能自身无法承受创业失败带来的损失（包括物质和心理上），那么就应该分析一下现在选择创业时机是否正确，又或者自己是否适合创业。对于风险的承受能力其实更多的是对创业者心理素质的考量，因为创业者一旦选择创业，那么他面对的将不再是自己个人的事情：家庭、员工、社会责任、个人前途每一个环节都需要认真考虑、衡量。

评估创业风险，主要通过以下几个方面进行。

（一）与个人目标契合程度

创业过程中遭遇的困难与风险极大，因此有必要了解创业者的创业动机，以利于判断他愿意为创业活动付出的代价程度。一般认为，新创业机会与个人目标的契合程度越高，则创业者投入意愿与风险承受意愿也会越大，新创业目标最后获得实现的概率也相对较高。

（二）机会成本

一个人一生的黄金岁月大约只有三十年光景，期间可分为学习、发展与收获等不同阶段，而为了一个创业机会，你将需要放弃什么？可以从其中获得什么？得失的评价如何？参与创业，需要仔细思考创业所要付出的机会成本，经由机会成本的客观判断，可以得知新创业机会是否真的对于个人生涯发展具有吸引力。

（三）对于失败的底线

古人说："留得青山在，不怕没柴烧。"创业必然需要面对可能失败的风险，但创业者也不宜将个人声誉与全部资源都压在一次创业活动上。理性的创业者必须自己设定承认失败的底线，保留资本，以便东山再起。失败的底线，可以有效判断创业者的风险承受能力。

（四）个人风险偏好

创业者个人的风险偏好不同。一般来说，喜欢冒险，具有风险意识的创业者要比安全保守的创业者风险承受能力强。

（五）风险承受度

每个人的风险承受度都不一样。一般而言，风险承受度太高或太低均不利于创业者的发展。风险承受度太低的创业者，由于决策过于保守，相对拥有的创新机会也会比较少。但风险承受度太高的创业者，也会因为孤注一掷的举动，而常使企业陷入险境。一个能以理性分析面对风险的人，才是比较理想的创业者。

（六）负荷承受度

创业者的耐压性与负荷承受度，也是评量创业者风险承担能力的一项重要指针。负荷承受度与创业者愿意为工作投入的工作量多寡，以及愿意忍受的辛苦程度密切相关。

（七）创业者需要进行机会选择的风险决策：风险收益估计

估计了各项风险因素的发生概率和可能造成的损失后，即需要测算特定创业机会的风险收益，依此判断是否值得"冒险创业"。通常，只有风险收益足够大的创业机会，创业者才值得冒险去利用这个机会而创业。

一般而论，可按以下关系式测算特定机会的风险收益：

$$FR=\frac{(M_t+M_b)\cdot B\cdot P_s\cdot P_m}{C_d+J}\cdot S$$

其中，FR——特定机会的风险收益指数；M_t——特定机会的技术及市场优势指数；M_b——创业者的策略优势指数；B——特定机会持续期内的预期收益；P_s——技术成功概率；P_m——市场成功概率；S——创业团队优势指数;C_d——利用特定机会创业的有型资产投资总额；J_d——利用特定机会创业的无形资产投资总额。需要注意的是，当且仅当$FR \geqslant R$（创业者的期望值）时，创业者才值得冒某些风险去利用特定的创业机会。

主题三　创新与创业

一、创新的内涵

中文“创新”一词出现较早不过词义与现代不同，主要是指制度方面的改革、变革、革新和改造，并不包括科学技术的创新。据目前所见资料，最早见于《魏书》：“革弊创新者，先皇之志也。”（《魏书》卷六十二）后世古籍中又数次出现“创新”一词，都大多与“革新”同义，主要是指改革制度。

《辞海》里讲“创”是“始造之也”，首创、创始之义；“新”是“初次出现，与旧相对”，才、刚之义。“创新”有三层含义，一是抛开旧的，创造新的；二是在现有的基础上改进更新；三是指创造性、新意。

在国外，美国经济学家熊彼特（Joseph Alois Schumpeter）于1912年最先在德文版《经济发展理论》一书中提出了“创新理论”，成为创新理论研究的鼻祖。他认为“所谓创新，就是建立一种新的函数，也就是把一种从来没有过的关于生产要素和生产条件的组合引入生产系统。”从总体上看，熊彼特侧重从经济发展视角论述创新在生产中的重要意义，但是创新概念的提出为学者们进一步对“创新”进行进行研究奠定了基础。“现代管理学之父”彼得·德鲁克（Peter Ferdinand Drucker）在《创新与企业家精神》一书中提出，创新是一个过程，是一项“有组织、有系统且富有理性的工作；创新是企业家展现其创业精神的特定工具，是赋予资源一种新的能力使之成为创造财富的活动，创新本身就创造了资源”。其关于创新的定义强调创新的意义和效果，认为创新需要改变现存的资源及财富创造的方式。

创新是一个综合性概念，随着社会的发展其内涵也在不断变化。创新的内在特性体现如表1–3所示。

表1–3 创新的概念内涵

内在特性	说明
立足现实	对现实存在的变革和超越，如科学发现、技术革新等皆源于对社会需求的思考。
批判继承	对已有观念和做法的突破，坚持一分为二地看待问题继承对好的方面，对不合时宜的方面批判改变。
尝试探索	并非一蹴而就，必须不断尝试和探索，从而实现复合规律的设想。
标新立异	敢于打破旧式束缚，提出新思想、开发新产品，或将原先没有的因素引入旧体系。

二、创新与创业

创新既是一种意识又是一种过程。根据熊彼特在《经济发展理论》一书中的描述，创新是生产手段的新组合，“生产意味着把我们所能支配的原材料和力量组合起来”①。

创新概念包含五种情况：①采用一种新的产品；②采用一种新的生产方法；③开辟一个新的市场；④掠取或控制原材料或半成品的一种新的供应来源；⑤实现任何一种新的工业组织。显然，熊彼特所提出的创新概念不是一种纯粹、单一的创造性智力行为，而是一种追求效率的经济意识和面向市场的实践过程。

创业既是一种价值观又是一种实践活动。市场经济作为一种社会资源配置和运作的方式比以往其他社会经济制度都更大限度地解放了人的能力，激发了个体创造性和主体积极性，它要求人们具有在顺境中求得发展、在逆境中寻找生机的“个人创业”的价值观。并以创业为人力资源开发利用的主要形式，将科学转化为技术、将知识转化为技能，将自我价值在社会实践与社会价值的创造过程中体现出来。

创业的本质是创新，创业也是创新的实现方式之一。与一般劳动相比，创业更强调创造出创新性价值。当今较为典型的创业大多诉求创新带来的新价值，这些新价值通过技术、产品和服务等方式的变革更好地为消费者服务，促进社会的发展和进步。

三、企业的创新框架

纵观当代企业，唯有不断创新，才能在竞争中掌握主动权，立于不败之地。创新是带有氧气的新鲜血液，是企业的生命。在全球经济一体化、信息化、网络化大的趋势下，科学技术日新月异，人类知识总量五年就会翻一番，经济生活瞬息万

①约瑟夫·熊彼特.经济发展理论——对于利润、资本、信贷、利息和经济周期的考察［M］.何畏，易家详，等，译.上海：商务印书馆.

变，每一位企业家，都应当学会用世界眼光从高处和远处审视自己，衡量自身，随时发现自己的弱点和缺点，通过改革，迅速加以克服，以求赶上和超越。否则，随时都有被淘汰的可能。

（一）企业的技术创新

技术创新是企业创新活动的核心内容，为组织实施和过程管理提供必要的支撑和保障。如今，越来越多的公司认识到其重要性。世界上大的跨国企业每年的研发投入都高达数十亿美元，主要用于支持研发机构和团队的创新实践，使企业保持旺盛的创新活力，在国际市场竞争中成为赢家。近些年来，我国的华为、海尔、联想等公司也加大了研发投入。更令人惊奇的是中小企业也锐意技术创新，在市场竞争中获取高效益。技术上的创新在产品的生产方法和工艺的提高过程中起着举足轻重的作用。一方面，技术创新提高物质生产要素的利用率，减少投入；另一方面，通过引入先进设备和工艺，从而降低成本。在企业的竞争中，成本和产品的差异化一直是核心因素，技术的创新可以降低产品的成本，同样，一种新的生产方式也会为企业的产品差异提供帮助，如果企业能够充分利用其创新力，就一定能在市场中击败对手，占据优势地位。当然技术创新本身具有高投入、高风险性，因此在技术创新的过程中，必须通过建立良好的市场环境和政策条件，充分激发企业创新的内在动力，为企业创造更大的价值。

技术创新逐渐成为企业一项极其重要的无形资产，而企业作为利益分配的主体，就意味着在照章纳税后，企业有权对技术创新收入进行自主分配。这样企业不仅可以有效补偿技术创新投入，而且还可以有效地激励研究与开发人员，尤其是对技术创新有突出贡献的人员实行特殊的报酬机制。再者，企业可以根据有效的经济原则，组建有效的研究和开发组织，按要素、贡献分配报酬，激励研究与开发的有效增长。

（二）企业的管理创新

管理创新是企业为了更有效地运用资源以实现目标而进行的创新活动。管理创新就是要引入新的管理思想、方法、手段、组织方式而实现的创新。美国管理学家哈梅尔（Hamel）将管理创新定义为：对传统管理原则、流程和实践的明显背离或对常规组织形式的背离。管理创新就是指以价值增加为目标，以战略为导向，以各创新要素（如技术、组织、市场、战略、管理、文化、制度等）的协同创新为手段，以培育和增强核心能力、提高核心竞争力为中心，通过有效的创新管理机制、方法和工具，力求做到人人创新、事事创新、时时创新、处处创新的创新活动或过程。管理上的创新可以提高企业的经济效益，降低交易成本，开拓市场，从而形成企业独特的品牌优势。

（三）企业的制度创新

企业制度创新是企业创新系统中的重要组成部分，是指一种更有效的约束本企业职员行为的一系列规则的产生过程，为企业技术创新的组织实施和过程管理提供支撑和保障。它通过激发企业职员的积极性和创造性，促进企业资源的合理配置利用，从而推动企业进步。企业之间的制度及相关知识基础的差异，使得企业的制度创新很不容易被模仿。

兰斯·戴维斯（Davis，Lance，1971）和道格拉斯·C.诺思（Douglass.C.North，1989）认为制度创新的全过程包括五个主要阶段，即形成“初级行动集团”阶段、“初级行动集团”提出制度创新方案的阶段、“初级行动集团”对已提出的各种创新方案进行比较和选择的阶段、形成“次级行动集团”阶段、“初级行动集团”和“次级行动集团”协作实施制度创新并将其变为现实的阶段。并认为这个过程是变化和发展。同时，制度创新存在时滞效应，具体表现在以下几个方面：一是认识与组织的时滞，即从认识外部利润到组织初次行动团体所需要的时间；二是发明的时滞；三是“菜单选择”的时滞，即搜寻已知的可替换的菜单和从中选定一个能满足初级行动团体利润最大化的创新时间；四是启动时间的时滞，即可选择的最佳创新和开始旨在获取外部利润的实际经营之间存在的时滞。

（四）企业的营销创新

营销创新是企业提升顾客价值、获得并维持竞争优势的有效途径。营销创新是一个非常艰苦的活动过程，需要经营者有强烈的创新意识和坚韧不拔的创新精神以及系统的创新理论的指导。目前来看，我国企业营销实践受市场对接环境的影响，许多企业已具备了紧迫的创新意识，但其中大部分企业却不知从何做起、如何努力。笔者认为，我国企业在创新过程中可选择的创新策略很多，宜结合自身特点以及市场环境等多种因素灵活运用。通常，可供选择的创新策略主要有：观念创新、市场创新、产品创新、服务创新和组织创新等。

观念创新就是企业适应新的营销环境的客观变化而形成正确的认识或看法。由于它是企业开展营销活动的指导思想，或者说它支配着企业市场营销活动，所以，它是企业营销创新的灵魂。营销创新最终目的是通过更好地满足消费者需求获得更大的市场份额和更多的经济效益，可以说，营销创新有较强的目的性。正因为如此，消费者需求（即市场）的变化为企业营销创新指明了方向。

市场创新除了选择企业有能力进入并获得收益的目标市场这一内容以外，还包括新市场的进占与拓展等内容，因为新市场能给企业带来创新收益。

一个企业是否具有生命力，其重要的标志就是它的产品是否能不断创新。不断满足消费者变化的需求是企业营销创新的直接目的，为此，企业产品需不断创新，产品创新是营销创新的核心内容。

服务作为一种特殊的产品，属无形产品，它与有形产品一样，也是市场客体的重要组成部分。

面对营销形势的新变化，企业必须着手建立战略联盟，调整营销机构，开展网络营销，强化营销沟通，实现营销组织的不断创新。因此，调整企业组织结构，消除部门之间的隔膜，提高营销效率和创新效率，相关职能部门共同致力于市场需求的满足就显得尤为必要。特别是，营销部门必须与研发部门密切配合，及时沟通信息，这是在市场竞争日趋激烈的环境下企业制胜的关键。

（五）企业的文化创新

企业的文化创新是指为了使企业的发展与环境相匹配，根据本身的性质和特点形成体现企业共同价值观的企业文化，并不断创新和发展的活动过程。企业文化创新的实质在于企业文化建设中突破与企业经营管理实际脱节的僵化的文化理念和观点的束缚，实现向贯穿于全部创新过程的新型经营管理方式转变。面对日益深化、日益激烈的国内外市场竞争环境，越来越多的企业不仅从思想上认识到创新是企业文化建设的灵魂，是不断提高企业竞争力的关键，而且逐步深入地把创新贯彻到企业文化建设的各个层面，落实到企业经营管理的实践中。

企业文化是企业制度和企业经营战略的要求在员工价值理念上的反映，反过来，企业文化也会对企业制度的安排以及企业经营战略的选择有一种反作用，因为人的价值理念支配人的选择及行为。所以企业文化的创新，必然会带来员工价值理念的创新，而这种价值理念的创新，会推动企业制度和经营战略的创新。由此可见，企业文化在企业制度和经营战略的创新上，具有非常重要的意义。

对企业来说，创新既是机遇，也是挑战。企业应该在国家政策的引导下，从企业的实际出发，进行大胆创新，把握创新的主动权，把握市场机会和技术机会，做出适合本企业的创新决策，不断提高创新水平，真正成为技术创新的主体，从而走上一条适合企业自身发展的创新之路，使企业始终保持旺盛的生机，不断取得新的发展。

【能力训练】

团队分享

团队成员共同分享有关创业的给你印象最深刻的一件事（可以是家人的、朋友的，也可以是公众人物的事件）。谈一谈为什么这件事对你来说是重要的事件，你从中受到什么启示。

【实践作业】

创业状况调查

通过学校就业网站或网络搜索、走访与调查、电话或网络或访谈老师与师兄、师姐等形式，对全国、本地区和本校学生创业状况做调查分析，将结果填写在表1-4中。

表1-4 本校大学生创业状况调查结果表

调查维度	调查项目	创业人数、创业状况及其主要特点
宏观	全国大学生近两年创业状况	
中观	本地区大学生近两年创业状况	
微观	本校学生近两年创业状况	
	所在院系或专业学生近两年创业状况	

第二章

创业动机与创业素质

chuang ye dong ji yu chuang ye su zhi

【课程目标】

1.了解创业的动机与目标，认识不同的创业目标对创业活动的影响。

2.了解创业精神的内涵，培育创业精神。

3.了解创业者具备的素质与能力，掌握提升创业者素质与能力的方法。

【案例导读】

打好人生这副牌

在上海市松江区文汇路大学城创业园区里有这样一位书生老板：20岁，她靠社会资助，走出乡村，考入复旦上海视觉艺术学院（现已更名为上海视觉艺术学院），21岁上大二时，她谢绝所有社会捐助，开始自筹学费，22岁，她以一份策划案赢得创业基金，开公司当老板，23岁，她延续利群阳光学子“点灯计划”，捐款资助贫困学生，24岁大四毕业，她的公司已涉足贸易、文化传播等多项业务，她却遭遇意外车祸，躺在了重症病房。病情好转后，她重启创业之路，继续她自强不息的阳光之路。她，就是梁晓芹。

梁晓芹出身贫寒，上大学后，她特别珍惜来之不易的学习机会，各门功课成绩都很突出。她边读书边勤工俭学，到学校餐厅里擦桌子，去图书馆管理图书，每一项工作都认真去做。通过一年的努力，梁晓芹获得了全国大学生“自强之星”和国家奖学金。大二时，她做了一个惊人的决定：不再接受任何好心人的捐款。“是好心人帮助我，我才能够来上海上大学，现在我想自己解决学费问题，让那些比我更需要帮助的人得到帮助。”

“想让全家人过得好，光干体力活不行，我有能力做得更多。”2009年，梁晓芹申请上海市大学生创业基金，经过多轮答辩，在大三时取得10万元的启动资金，成立尚影文化传播公司，当起了老板。起步并不顺利，晓芹的公司还没正式开张，就两次遇到骗子，损失数千元。“头回上当，过了一周才发现，但我一直挺乐观。坏事也能让人成长，早点碰到，免得以后栽更大的跟头。”创业的头两年，梁晓芹天天睡在办公室，“方便工作，又省房租。”两年下来，梁晓芹的生意日益红火，她瘦小的肩膀扛着摄像机走进企业、警营和政府机关，策划系列活动、拍摄宣传片、制作宣传手册、设计道旗、定制个性礼品等，别具匠心的创意和夯实的专业技术赢得了客户的交口称赞。“我觉得贫困对我来说是一笔宝贵财富。我要上大学，要养家，这些来自生活的压力带给我更大的动力。”

天有不测风云，2011年，晓芹遭遇了严重的车祸，骨盆重度粉碎性骨折，全身多处受伤。“走过大难之后，我很快就调整了工作状态。”梁晓芹说，“一定要有感恩的心，对好的、不好的事情，都要心怀感恩。那些曾经助我们一臂之力的人能够带来温暖，那些不好的事情，则能让人成长，要想到如果没有那些事情，在未来的日子里很可能会栽更大的跟头。如果常常这样想想，幸福感还是蛮强的！”

［**点评**］梁晓芹的创业故事展现了当代大学生的风采，体现了一名创业者应该具备的素质与精神。学习创业，对于大学生来说具有重要的意义。未来无论你选择按部就班地上岗就业，还是选择充满激情地自主创业，作为大学生，我们应该具备创业的意识，提升创业者的素质，培育自己的创业精神。

【理论知识】

主题一　创业的动机与目标

一、创业的动机

创业动机是指引起和维持个体从事创业活动，并使活动朝向某些目标迈进的内部动力。它是鼓励和引导个体为实现创业成功而行动的内在力量。说得通俗一点，创业动机就是有关创业的原因和目的，即为何创业的问题。行为心理学认为：“需要产生动机，进而导致行为。”创业的直接动机就是需要。

创业动机是推动个体或群体从事创业实践活动的内部动因，是使主体处于积极心理状态的一种内驱力，具有较强的选择性、倾向性和主观能动性。

创业者动机可分为两种类型：事业成就型和生存需求型。其中，事业成就型包括获得成就认可、实现创业想法、扩大圈子影响、成为成功人士、控制自己人生五个维度。生存需求型包括不满薪酬收入、提供经济保障、希望不再失业三个维度，如图2–1所示。

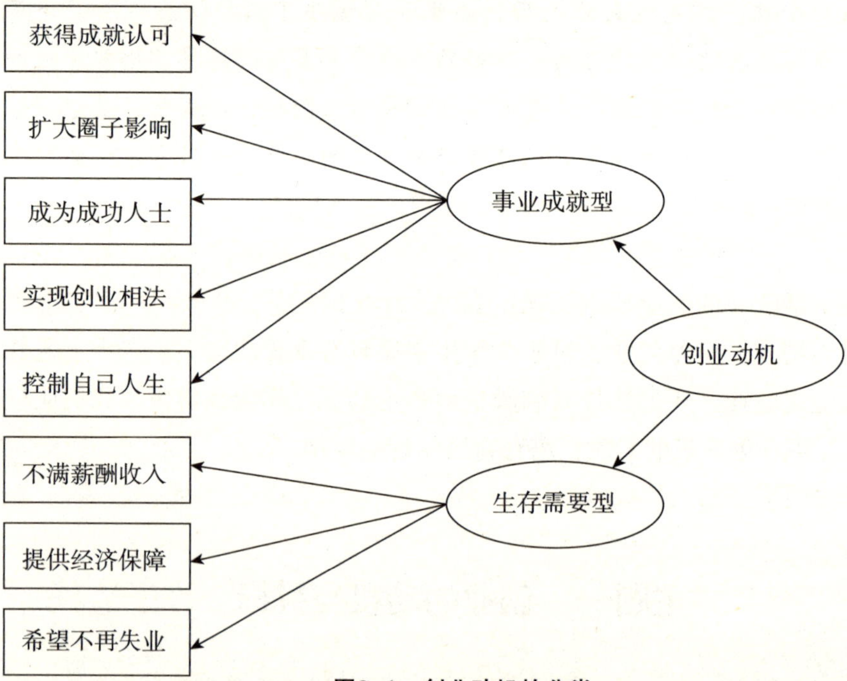

图2-1　创业动机的分类

根据美国学者艾克·奥提奥（Erkko Autio）等人的研究结果，创业的动机大体上可以归为以下四类：对成就的需要、对独立性的偏好、控制的欲望、改变家庭和个人的经济状况。大学生创业动机有一定的特殊性，归纳起来主要有以下四种类型：

（一）生存的需要

首先，由于经济的原因，许多家庭越来越难以负担昂贵的学费，助学贷款、奖学金制度也不能完全解决问题。在沉重的经济负担压力下，为了顺利完成学业，一部分学生只好利用课余时间打工来维持正常的学习和生活。在打工的过程中，有一部分具有创业素质的人会发现商机并且去把握它，开始走上创业的道路。

其次，当前我国高校城镇学生绝大多数是独生子女，培养他们的独立性已经成为社会的当务之急。目前已经有一部分学生开始独立承担自己的学习、生活费用，在他们中也产生了一定数量的创业先行者。这部分创业者通常以学习为主要目的，从事一些需要投入时间、精力较少的行业，对经济回报要求较低。

（二）积累的需要

美国耶鲁大学教授奥尔德弗（Alderfer）的ERG理论，将人的需求分为生存、相互关系和成长。这三种需求并不一定按照严格的由低向高的顺序发展，可以越级。当代大学生随着年龄的增长，对于相互关系和成长的需要会逐渐增强。一部分大学生为了增加自己的实践经验，丰富自己的社会阅历，或者为了自己以后的发展或实现自己的某个目标做好经济上的准备，在条件成熟的情况下也会利用课余时间走上创业道路。这个类型的创业者往往以锻炼为目的，承受失败的能力较强。同时由于压力较小，失败和半途而废的比例也比较高。

（三）自我实现的需要

心理学研究表明：25～29岁是创造力最为活跃的时期，这个年龄段的青年正处于创造能力的觉醒时期，对创新充满了渴望和憧憬。他们思维活跃、创新意识强烈，同时所受的约束和束缚较少，按照ERG理论对成长的需要也更为强烈。另外，由于大学生所处的环境，他们往往更容易接触一些新的发明和学术上的新成果，或者他们中的一部分人本身拥有具有自主知识产权的科研成果。为了能早日实现成功的目标，他们中的一部分人改变了自己的成功观念开始了创业生涯。

（四）就业的需要

当前，我国的大学生就业形势相当严峻，一方面表现为需求不足，另一方面表现为大学毕业生的工资待遇降低。在这种情况下，如不能找到一份自己满意的工作，有一部分大学生开始选择创业。

二、创业的目标

对于创业者而言，创业之前的思考是非常必要的，你对自己的目标有没有系统地思考，有没有和自己的人生规划结合起来，你有没有问过自己：你为什么要创业，你是否有足够的决心，你想要完成怎样的目标，你做了什么样的创业准备等。这些系统的思考，会让你重新审视自己对创业的内心看法。

不同的创业目标，将对创业活动带来不同的影响。例如一部分创业者认为，创业就是为了享受，或者过上奢华的物质生活及满足自己的各种享受。很多人有了钱就开始肆意挥霍，什么事情都敢做，不顾社会道德，失去了社会良知。这些行为都应该被唾弃，这些都不是正确的创业目标。一个人创业的目标不纯正，那么他就可能走上歧路，也不可能走得很远。

正确的目标应该和正确的人生观、世界观和价值观结合在一起，要同社会道德紧密结合，要和家庭幸福结合在一起，要阳光而充满活力，要不仅仅关注小我，还要造福他人和社会。正确的创业目标应该把个人的前途命运同国家的前途命运结合起来，把个人的奋斗融入社会的奋斗之中。正确的创业目标包括四个层次：

第一，满足个人的自我成长要求，实现自我价值。创业是一个人实现自我价值的途径之一，让自己不断成长，获得新的人生体验这是最基本的。

第二，创业的成功应惠及亲人和朋友。由于自己创业，不断努力，赚取阳光下的财富，能够让家庭过上幸福安逸的生活，让他们享受生活，让家人享受生命的快乐。创业也能去不断帮助朋友，帮助自己身边的人，这样才是真正开心的事。

第三，惠及社会和大众。一个创业成功者，应该把社会责任当作自己的责任，当自己有能力的时候，去帮助那些需要帮助的人，通过自己的奋斗，惠及更多的人。

第四，能造福国家、民族和人类。为国家的发展、民族的发展、世界的和谐发展做出自己的贡献。一个创业者的目标层次定得越高，他的成就会越大，企业会越持久。

创业者要为自己制定明确的目标，以鼓励自己为之奋斗，这其中包括财富目标，但不应仅仅定位在赚钱上，而应该树立综合的创业目标，以时刻激励自己去发挥自己的潜能和创造力，成为一名成功的创业者。

主题二　创业精神

一、创业精神的内涵

从管理学的视角来说，创业者与企业家的内涵是一致的。创业精神通常被人们称为企业家精神，它是创业者在市场竞争中不断开拓进取，创造新价值的精神概述。

现代管理学之父德鲁克提出创业精神其实更多地表现为一种创新性的活动或者行为，创业者通过这种行为对原有的资源进行重新组合，从而使得其产生了新的财富。德鲁克认为创业精神应该是社会所必需的一种创新精神，并且认为正是因为拥有了这种创新精神才会推动社会的发展。他又在他的著作中论述道：企业家们觉得在经济生活中，变革是最基本的一种状态，虽然企业家一般无法制造变革，但是他们一直关注并且追寻变革的脚步，在变革的过程中寻求机会，并且利用机会，这就是企业家及他们所拥有的创业精神。

创业精神是一个创新的过程，在这个过程中，新产品或新服务的机会被确认、被创造，最后被开发出来出产生新的财富创造的能力。也就是说，创业精神的本质在于创新，在于为消费者创造出新的满足、新的价值。

创业精神是创业者在创业过程中的重要行为特征的高度凝练，主要表现为勇于创新、敢担风险、团结协作、坚持不懈等。

（一）勇于创新

德鲁克认为，企业家精神中最重要的就是创新。他认为，创业者不仅仅指在经济活动中从事创新活动的人，无论他是做什么的，无论他是工人、农民、政府高官或者仅仅是学生，只要他在创新，那么我们都可以称之为创业者。这种对于创业者的理解虽然有些夸大，但这正德鲁克强调创新的意义。

（二）敢担风险

在创新的过程中创业者不可避免地要遇到挑战并承担风险，所以创新精神的内涵中必然包括了承担风险和挑战不确定性的冒险精神。不仅奈特在研究中强调了创业者的这一特征，熊彼特、卡森等学者都对创业者的创新精神中的冒险特征给予了认可。

（三）团结协作

单枪匹马可以成就一番事业，但是团结任何有利于成功的力量，成功的概率当然也会更大。在创业精神中个人英雄主义并不能成为主导力量，反而团队意识、合作精神是其价值核心。这也就是米尼斯所认为的个人在创业活动中经常要通过某一团队的资源去实现价值创造的过程。而在这种团队合作的过程中其实也是符合我们所说的创业者通过组合不同的要素形成一个新的生产关系，从而实现价值创造的过程。将不同的人组合到一起，开发其各自的优势资源从而达到利益最大化的合作过程也就是创业精神的一个重要体现。

（四）坚持不懈

创业者首先是一个从业者，如果没有一种对于事业执着追求的敬业精神，那么又如何迎接创业的挑战呢？美国学者西姆巴特认为创业精神蕴含着一种力量，这种力量是源源不断、蓬勃向上的，这种力量源于对成功、利润的孜孜以求。

二、创业精神的培育

创业精神的培育不可能在一朝一夕之间完成，需要在日常的生活学习中有意识地培养。

（一）通过知识和技能学习来培育

不论哪种层次的创业精神，都要求创业者或创新者掌握和运用一定的能力来解决问题。这些不是先天具备的，都是后天培养的。我们将能力分为知识、技能和特质。没有主动、持续的学习，很难获得有效、实用的知识和技能。树立正确的学习观，运用合理的学习方法，养成主动学习、持续学习的习惯，会有助于大学生获取知识和技能，培育创业精神。一是通过学科教学渗透，将创业意识、创业能力的培养渗透于知识学习、技能训练之中，既避免了空洞说教，又找到了依托和载体。同时增强学生学习的针对性和实用感。如以文科类为载体渗透创业意识培养，以理科和工科为载体渗透创业技能、能力的训练。二是开设创业教育类课程，如创业知识和创业技能训练课、创业教育学、创造技能与方法等。

（二）通过实践和实训活动来培育

创业精神是一些高度行为特征的集合，作为行为特征需要在行为的多次、反复的强化中形成。任何实践活动以及与创业相关的实训活动都需要参与者付出实际行动来完成。良好创业精神品质的形成重在实践训练，积极的实践能带来及时的反馈和成就感，也能带来节节成功的喜悦；切切实实地投入到创业实践中去，定能磨炼出坚强的创业心理品质。一是学校要构建创业实践基地为学生提供创业实践的便利，如创业见习基地、创业实习基地和创业园等，实现产、学、研一体化。二是社会要为大学生提供更多的创业岗位供学生选择，如勤工俭学岗位、社区服务岗位等，使其经受创业实践熔炉的考验。三是大学生自己课余时间主动参与创业实践，熟悉各种职业特点和自己的能力特点，积累创业经验，增长创业才干，减少将来创业的盲目性。大学生应多参与各种社会实践、校园活动、创新训练、沟通训练、拓展训练、创业实训、创业大赛、创业讲堂、创业社团等实践活动，会有助于强化自身的行为特征，培育创业精神。

（三）通过承继前人精神来培育

精神是物质的最高产物，与物质相比，它有承续性、超越性、广泛性、不可磨灭性等特点， 即某一精神产品可以代代相承，可以为不同的人群使用，可以用于不同的领域，不仅不被磨损而且可以发扬光大。创业精神自古有之，当代的创业精神已经构成一个精神体系，涉及创业意识、创业观念、创业责任、创业态度、创业激情、创业思维等方面。还可以再列出若干创业精神。如创业责任的精神内涵包括：诚信精神，人与自然和谐的精神，社会利益、集体利益、公众利益高于个人利益的精神等。列夫·托尔斯泰说过，正确的道路应该是这样的：吸取你的前辈所做的一切，然后再往前走。前人创业表现的精神都是我们宝贵的财富，我们应该好好学习、好好应用并发扬光大。

主题三　创业者的素质与能力

一、创业者的四大基本素质

人是创业成功的第一要素，而创业者则发挥核心作用。创业活动是由创业者主导和组织的商业冒险活动。要想创业成功，不仅需要创业者富有开创新事业的激情和冒险精神、面对挫折和失败的勇气和坚韧，以及各种优良的品质素养，还需要具备解决和处理创业活动中各种挑战和问题的知识和能力。

创业者基本素质大致包括身体素质、创业人格品质、心理素质、知识结构等。

（一）身体素质

身体素质是指创业者应该具有健康的体魄和充沛的精力，能够适应新创企业外部协调和内部管理的繁重工作。俗话说，万事开头难。创业与经营是艰苦而复杂的，创业者必然每天面临许多新困难、新挑战，创业阶段工作忙、时间长、压力大，如果身体不好，势必力不从心，难以承担创业重任。

（二）创业人格品质

创业人格品质是创业行为的原动力和精神内核。在创业人格品质中，使命责任、创新冒险、坚忍执着、正直诚信等意识品质与创业成败息息相关。创业是开创性的事业，尤其在困难和不利的情况下，人格品质魅力在关键时刻往往具有决定性的作用。

使命责任。使命感和责任心是驱动创业者勇往直前的力量之源。成功的创业者具备高度的使命感和强烈的责任意识，创业活动是社会性活动，是各种利益相关者协同运作的系统。只有对自己、对家庭、对员工、对投资人、对顾客、对供应商以及对社会拥有高度的使命感和负责精神的创业者，才可能赢得人们的信任、尊重和支持。

创新冒险。创新是创业精神的核心要素，创新意识和冒险精神是进行创业的内在要求。创业机会的发现和创意的形成需要进行创造性思维，发挥创造力。同样，机会的开发、资源的整合、商业模式的设计更是创新能力的集中体现。创业的开创性需要有冒险精神，需要有胆略和胆识。同时，在创业实践中也要有风险意识，要注意冒险精神和风险意识的平衡，保持理性思维，降低风险损失。

坚忍执着。创业是对人的意志力的挑战。面对险境、身处逆境能否坚持信念，承受压力，坚持到底常常决定创业的成败；最后的成功往往就在于再坚持一下的努力之中。

正直诚信。正直诚信是创业者必备的品质，它体现了成功创业者的人格魅力：讲信誉，守诺言，言行一致，身体力行，胸襟宽广，厚人薄己，敢于承担责任，勇于自我否定，尊重人才，以人为本，倡导团队合作和学习，帮助团队成员获得成就感，坚持顾客价值、公司价值和社会价值的创造。具有良好口碑的人格魅力可以帮助创业者凝聚人心，鼓舞士气，赢得更多合作者的信任和支持。

（三）心理素质

在市场经济中，机会与风险共存。只要创业，就必然会有风险，事业的规模越大，伴随的风险也就越大。没有承担风险的意愿与能力，创业时就会缩手缩脚，裹足不前，创业的理想也就成为空谈。愿意承担风险是创业者对事业追求的一种积极的心理状态。

创业是“摸着石头过河”，没有严格与统一的规范。创业者不可能凭借教科书的理论或他人的成功经验一蹴而就，而是需要在创业的过程中不断探索与实践，面对复杂的市场环境需要清醒的头脑与果断的决策。失误与挫折难以避免，能够冷静地面对挫折是创业者走向成功的重要条件。

创业之路是充满艰险与曲折的。自主创业就等于是一个人去面对变化莫测的激烈竞争以及随时出现的需要迅速正确解决的问题和矛盾，这需要创业者具有非常强的心理调控能力，能够持续保持一种积极、沉稳的心态，即有良好的心理品质。它是对创业者的创业实践过程中的心理和行为起调节作用的个性心理特征，它与人固有的气质、性格有密切的关系，主要体现在人的独立性、敢为性、坚忍性、克制性、适应性、合作性等方面，它反映了创业者的意志和情感。创业的成功在很大程度上取决于创业者的创业心理品质。正因为创业之路不会一帆风顺，所以，如果不具备良好的心理素质、坚忍的意志，一遇挫折就垂头丧气、一蹶不振，那么，在创业的道路上是走不远的。宋代大文豪苏轼说："古之成大事者，不唯有超世之才，亦必有坚韧不拔之志。"只有具有处变不惊的良好心理素质和愈挫愈强的顽强意志，才能在创业的道路上自强不息、竞争进取、顽强拼搏，才能从小到大、从无到有，做出属于自己的一番事业。

（四）知识结构

创业知识是进行创业的基本要素。创业实践证明，良好的知识结构对于成功创业具有决定性的作用，创业者不仅要具备必要的专业知识，更要掌握必备的现代科学、文学、艺术、哲学、伦理学、经济学、社会学、心理学、法学等综合性知识和管理科学知识。创业教育的知识结构包括专业、职业知识，经营管理知识和综合性知识。

专业、职业知识是从事某一专业或职业所必需的知识，专业知识对于创业者确定创业目标有直接作用。要想在某一领域开展创业活动，就必须深入了解该领域的活动及发展规律。可以说，专业知识就是对某一领域内发展规律的概括和总结。掌握的专业知识越多越深，创业活动就越能有效地开展。综观近年在高科技领域获得成功的创业者，无一不具备深厚扎实的专业知识。因此，大学生在校期间一定要学好专业知识。

在知识经济时代，"T"型知识结构越来越重要，不仅要掌握专业方面的知识，而且还应掌握与之相关的非专业知识。只有具备了深厚的专业知识与广博的非专业知识，才能正确分析形势，认清事物的发展趋势，把握全局，最终实现自己的创业目标。经营、管理知识是从事经营管理工作必须具备的知识，综合性知识是发挥社会关系运筹作用的多种专门知识，包括政策、法规、工商、税务、金融、保险、人际交往、公共关系等。在创业知识的构成中，经营管理知识、综合性知识是一种较高层次的知识，具有内部资源配置和社会关系运筹的特征。创业知识结构是基本的认知结构，为人们的心理和行为活动提供知识——信息框架和背景，其广度和深度决定创业活动的广度和深度。

创业者还需要具有相关的法律知识。随着市场经济的逐步成熟与完善，法律规范已经渗透到经济领域生产、交换、分配、消费的各个环节和层面，各类新型市场的培育与发展都离不开法律，具备法律素质、懂法和用法是人才素质结构中不可或缺的重要元素。创业者必须熟悉和了解市场、社会和企业等内外部环境的法律法规及其运行机制，规范自己和企业的行为，保护自己和企业的合法权益。

二、创业者的六大核心能力

创业者的能力是指创业者解决创业及创业企业成长过程中遇到的各种复杂问

题的本领，是创业者基本素质的外在表现。它也是创业者整体素质体系中的核心要素，从实践的角度看，表现为创业者把知识和经验有机结合起来并运用于创业管理的过程。它具体包括开拓创新、善于学习、组织管理、机会识别、整合资源、风险决策等方面的能力。

（一）开拓创新能力

开拓创新能力是成功创业者最重要的能力之一。开拓创新是创业的灵魂和赢得竞争优势的关键。一个优秀的创业者必须勇于开拓、敢于创新。

创业者必须具备创新能力，这是由经营管理活动的竞争性所决定的。而提高竞争力的关键在于发挥创业者的创新能力。只有不断地用新的思想、新的产品、新的技术、新的制度和新的工作方法来替代原来的做法，才能使企业在竞争中立于不败之地。

创业者不能仅仅躺在床上空想自己该如何创业，怎样发家致富，妄想哪一天天上掉馅饼，而是把自己的想法果断而迅速地付诸行动。可以想象，即使你有很好的致富点子，如果你不肯行动，那么财富也会与你擦肩而过。邓小平说得好，“没有一点闯的精神，没有一点‘冒’的精神，没有一股气呀、劲呀，就走不出一条好路，走不出一条新路，就干不出新的事业。”

（二）学习能力

大学四年学到的知识，有很大一部分在大学毕业时已陈旧、过时，因此学习的本质是学习方法和自学能力的培养。未来教育的特征之一就是终身教育。创业型人才的学习能力主要体现在以下三个方面：一是更新自己原有专业知识的能力；二是学习新知识的能力；三是综合各门学科知识的能力。许多西方发达国家对大学生能力要求的第一条就是自学能力。自学能力是能力结构中的高级阶段，获得学习能力，将终身受益。

（三）组织管理能力

在市场经济条件下，市场充满了竞争和风险，创业者要使自己的创业实践活动获得成功，必须重视经营管理。经营管理能力是创业者在管理上的体现。管理活动贯穿于组织运行过程的每一个环节，不仅是组织正常运行的前提，也是组织生存与发展的基本条件。创业者必须在创业中始终保持着常态的管理意识。管理主要是针对机会的捕捉和利用加以管理，有许多发明家，虽然擅长创新，也有创业的宏愿，但由于管理意识薄弱，以致错失良机，实现不了将创新成果向创业成果的转化，他们也没有意识到，只有通过常态的管理机制，才能更多更好地捕捉到种种发明创造。

创业者具有把各项生产要素有机组合起来，形成系统整体合力的杰出才能。创业者就是研究、开发、生产、销售等各个环节的协调者、组织者和领导者。为使创业者的组织才能充分发挥，创业者必须具备敏锐的判断力、坚忍的毅力，以及高超的管理艺术，尤其应具备以下两方面的能力：一是他必须对自己经营的事业了如指掌，有预测生产和消费趋势的能力；二是他必须善于选择合作伙伴，有组织或领导他人、驾驭局势变化的能力。

（四）人际协调能力

良好的人际关系是创业者成功的重要因素，要想创业成功，大学生还需要培养自己的人际协调能力。因为包括创业在内的任何活动都离不开人与人之间的交往。因此，大学生在校期间有意识地培养与他人的协作能力是获得他人和社会支持的重要前提，对大学生创业者创业成功具有重要作用。

创业者必须善于建立本行业的广泛社会网络，包括有关本行业的现代电脑网络。密集的行业网络沟通有助于创业者从广泛的社会网络中获取高回报的创业信息，促使创业者在巨型网络提供的信息精华中，吸取经验教训、培养创业精神，既勇于冒险，又坦然地接受失败。“网络”素质较高的创业者，由于掌握了极其丰富的发明、生产、销售等诸多信息，真正做到知己知彼，因而其决策之成功、回报之效益，为一般创业者所望尘莫及。

（五）机会识别能力

法国著名艺术家罗丹曾说过：“美是到处都有的。对于我们的眼睛，不是缺少美，而是缺少发现。”创业中的机遇也是如此，在稍纵即逝的“机会”面前，创业者能否敏捷捕捉、明知决断，将直接影响到企业的前途和命运。只有具备这种“机会敏感综合征”——以一种近乎病态痴狂的态度去等待、感悟、决断机会的人，才能不失时机地进行创业，成为合格的创业者。联想总裁柳传志于2000年4月在谈到联想大规模结构调整时指出，调整的最根本的目的就是主动迎接以互联网经济为代表的时代挑战。电子商务的崛起对联想的代理分销体系是个强大的冲击，因此，及时有效地向电子商务转向并为自身和其他厂商提供全面的系统集成解决方案是联想为之努力的方向。正如世界上最大的微处理器生产商英特尔公司总裁安德鲁·葛洛夫在所著书中写道：“在10倍速变化的时代里，企业领导者要随时察觉身边的变化，而且知道是什么在变，知道怎么去适应变化。”

（六）风险决策能力

创业者的决策能力集中体现在创业者的战略决策能力上，即创业者在对新创企业外部经营环境和内部经营能力进行周密细致的调查和准确而有预见性分析的基础上，确定企业发展目标、选择经营方针和制定经营战略的能力。虽然创业者有时也进行一些战术性决策，但更多的精力是用于战略决策。

创业与就业不同，它是一种高风险、高收益的投资行为，创业成功后的巨额收入是对创业者所承担的高风险的回报。那种想不承担风险就能致富的创业行为基本上是不存在的。对于创业者来说，想致富就必须敢于冒险。

三、创业者素质与能力的提升

立志创业的大学生，不妨通过以下途径提高自己的创业素质与能力。

（一）学习创业知识

一个创业者，在具备了强烈的创业意识和较高的创业素质时，还应该有丰富的创业知识的积累。创业知识是与创业密切相关的知识，致力于创业的大学生应该有意识地去获取和学习，只有充分准备创业知识，才能在创业的路途上走得顺当。创业知识包括与创业相关的法律知识、管理知识、经营知识以及与创业相关的专业知识等。

一般而言，可以通过以下途径了解创业知识，拓展创业常识：

1.大学课堂、大学图书馆与大学社团

创业者通过课堂学习能拥有一门过硬的专业知识，在创业过程中将受益无穷；大学图书馆通常能找到创业指导方面的报刊和图书，广泛阅读能增加对创业市场的认识；大学社团活动能锻炼各种能力，这是创业者积累经验必不可少的实践过程。

2.媒体资讯

一是纸质媒体，人才类、经济类媒体是首要选择。例如比较出名的《21世纪人才报》《21世纪经济报道》《IT经理人世界》等。二是网络媒体，管理类、人才类、专业创业类网站是必要选择。例如比较出名的中国营销传播网、中华英才网、中华创业网等。此外，各地创业中心、创新服务中心、大学生科技园、留学生创业园、科技信息中心、先导创业企业的网站等都可以学到创业知识。

3.与商界人士广泛交流

商业活动无处不在。你可以在你生活的周围，找有创业经验的亲戚、朋友、同学、网友、老师交流。在他们那里，你将得到最直接的创业技巧与经验。更多的时候这比看书本的收获更大。你甚至还可以通过Email和电话拜访你崇拜的商界人士，或咨询与你的创业项目有密切联系的商业团体，你的谦逊总能得到他们的支持。

4.创业实践

真正的创业实践开始于创业意识萌发之时。大学生的创业实践是学习创业知识的最好途径。间接的创业实践学习主要可借助学校举办的某些课程的角色性、情境性模拟参与来完成。例如积极参加校内外举办的各类大学生创业大赛、创业计划书大赛、发明专利展赛、工业设计大赛等。

直接的创业实践学习主要可通过课余、假期在外的兼职打工、求职体验、参与策划、参与市场调研、试办公司、试申请专利（知识产权局）、试办著作权登记（版权局）、试办商标申请（工商局）、业余参加某些职业知识与证书班培训等事项来完成；也可通过举办创意项目活动、参加或参观高交会展览、创建电子商务网站、谋划书刊出版事宜、尝试做自由撰稿人等多种方式来完成。

（二）积累创业经验

1.为别人工作

微软公司总裁比尔·盖茨曾说：“我不认为一定要在创业阶段开办自己的公司。为一家公司工作并学习他们如何做事，会令你受益匪浅，打好基础对我们非常重要。”大部分成功的创业者创业前都有过为别人打工的经历，这种经历使他们对本行业的情况了然于胸，在复杂的人际关系中游刃有余，整合资源的能力大大提高，并有可能积累到人生第一笔创业资金，这些直接构成了创业者所需的宝贵创业资本。

2.进入小公司历练

对多数大学毕业生来说，进入一个大型企业或外资公司是一个不错的选择，因为这样的企业相对来说比较正规，各方面保障措施和制度比较健全。对准备创业的大学生而言，进入一个小公司将会得到更好的锻炼。一个人在创业的行业里没有经验积累，最好先去找这种行业的某个企业打工，哪怕半年、三个月，完成一定的积累。创业者只有具备了行业的基本经验，才能逐步实现创业梦想。

3.建立创业人脉

人脉即人际关系、人际网络，体现为人缘、社会关系。稳健、强势的社会关系对创业者来说是十分重要的，尤其在当前市场经济条件下，拥有人脉对创业者顺利完成创业将起到极大的促进作用。而社会关系匮乏正是大学生创业者的一大弱势，大学生在创业前一定要多积累人脉资源。

【能力训练】

创业者SWOT分析

利用SWOT分析方法，对自己做SWOT分析，分析自己创业选择的优势与劣势，并给出相应的策略与应对办法。

【实践作业】

制订提升创业素质与能力的计划

分析自己的创业潜质，找到需要提升的创业素质与能力，并制订相应的计划。

第三章

创业团队组建与管理

chuang ye tuan dui zu jian yu guan li

【课程目标】

1.明确组建团队创业的重要性和组建原则。

2.掌握团队成员招募和选择的方法，掌握创业团队股权分配的方法。

3.掌握创业团队凝聚力建设和领导者管理团队的方法。

4.掌握创业团队的角色分工，以及创业团队利益分配的问题与决策。

【案例导读】

两次重组，“地摊王”的创业团队走上正轨

创业之路充满荆棘和坎坷，高泽宇在三年创业路上也经历了大起大落。

2006年10月23日，正在西安开发市场的高泽宇得到部分团队成员背叛的消息，于是立即回到乌鲁木齐。回到库房，眼前的景象让他目瞪口呆：库房里大量运动鞋被四名团员私分，现场人去楼空，一片狼藉，留下了40余万元的债务由高泽宇承担。他意识到，用感情维系来管理团队再也不管用了。

面对高额债务，高泽宇甚至有过轻生的念头。但一番痛苦抉择后，他决定重新振作起来，重组团队。经历过失败的他深谙财聚人散、财散人聚的道理，他要让每个人都树立主人翁意识。但由于缺乏管理经验，2008年5月，第二次团队危机也悄然爆发。五位和高泽宇从摆地摊时一同走来的创业伙伴此时对创业失去兴趣，开始拉帮结派。面对日益紧张的团队关系，事业继续拓展无望，高泽宇下决心解散团队。那天会上，除了不想创业的五个人，其余人获悉后都失声痛哭。他们堵住大门、高喊继续创业的样子让高泽宇热泪盈眶。回想创业以来的点点滴滴，他决定和剩下的十余个成员继续为共同的创业梦想而奋斗。

从摆地摊开始，高泽宇的身边始终围绕着一批有创业激情的大学生创业者，这让许多人感到好奇。从2006年就一直跟随高泽宇创业的赵志强说，完全是高泽宇的个人魅力使然。他难忘第一次旁听高泽宇与团队成员开会时的场景：从晚上10点至第二天凌晨5点，高泽宇激昂地与团队成员畅谈未来发展、梳理目前存在的难题。这种忘我的创业激情震撼了他，他预感高泽宇日后定会成功，下定决心要和他共同创业。

2008年5月至今，上下拧成一股绳的大学生团队进入了快速发展期，公司设有市场部、销售部、宣传部等，部门间权责明晰、责任明确，团队中以能力为先，谁能力强就负责主要事务。团队以高泽宇为主要负责人，主要管理者8名，团队成员20余名，另有大学生员工百余名，成员平均年龄不到24岁。如今，他们的运动品牌专卖店已经开了17家，2009年10月，专卖店扩张至50家；同时，

业务面也越拓越宽，2009年还开发了装修业务。

高泽宇常被同龄人称为“叔叔辈”，他外表成熟、稳重又健谈。他和时下的年轻人似乎没有多少共同点，他不爱上网、不会打游戏、不懂手机的各项功能；他每天只睡四个小时，剩余时间几乎全在发展事业上……高泽宇的公司以“万人体育用品有限公司”命名，饱含了他远大的理想抱负：吸纳更多的大学生共同创业。

如今，他的体育用品店和“地摊经济”成为许多大学生闲暇时的打工首选，部分学生还被选拔为团队成员。同时，他正在积极筹办大学生创业联合会，希望为有创业理想的大学生建立一个交流平台，并为他们提供实习实践基地，打造真正的万人创业局面。

[**点评**] 选择创业，就是选择一种生活方式，选择一种人生旅行的道路。创业，特别是“创大业”，需要一个强大的创业团队，而不能仅靠某个人的打拼。创业团队的组建和管理，需要考量很多因素。创业团队打造往往需要很长的过程。创业实践过程中只有经过充分磨合与历练，才能最终形成一支有战斗力和凝聚力的团队。

【理论知识】

主题一　创业团队的组建

一、团队组建的重要性与原则

创业团队，就是由少数具有技能互补的创业者组成的团队，创业者为了实现共同的创业目标和一个能使他们彼此担负责任的程序，共同为达成高品质的结果而努力。

共同创业有利于分散创业的失败风险；通过团队成员之间的技能互补可提高驾驭环境不确定性的能力，从而降低新创企业的经营失败风险；更为重要的是，共同创业具有更强的资源整合能力，能同时从多个融资渠道获取创业资金等资源，保证创业成功。

现代企业活动已经是非纯粹的追求个人英雄的行为，事实上成功的创业个案大都与是否有效发挥团队作用密切相关。虽然每一个创始人可能都有完全掌握新企业发展的欲望，并希望所有成员都能在他的指挥下行事。不过许多调查显示，团队创业成功的概率要远远高于个人独自创业。

团队能把互补的技能和经验组织到一起，超过了团队中任何个人的技能和经验。这种技能和技巧在更大范围内的组合使团队能应付多方面的挑战，比如创新、质量和客户服务，并形成一种协同工作的整体优势。

团队对待变化中的事物和需求是灵活而敏感的。在共同形成明确目标和方法的过程中，团队可以建立起能支持立即解决问题和提出倡议的交流方式。因此，团队能用比个人更为快速、准确和有效的方法打入大型组织的联系网，根据新的信息和挑战调整自己的行为方式。

团队能为加强组织发展和管理工作提供独特的社会视角。通过共同努力克服障碍，团队中的人们对相互的能力建立起信任和信心，并加强共同追求高于和超乎个人和职能工作之上的团队业绩的愿望。工作的意义和成员的努力都使团队价值深化，从而使团队的业绩最终成为对团队自身的激励。

团队有利于营造更轻松愉快的心理环境。团队的良好氛围与团队的业绩是相辅相成的，它能使团队的成员愿意为了实现团队的目标而一起工作，并且为了团队的业绩成果而相互信任。这种令人满意的心理环境支持创造了团队的业绩，也因团队的优异业绩而得以延续。

没有团队的创业企业也许并不必然失败（事实上也不乏个人创业成功的案例），但是要建立一个没有团队仍具有高成长潜力的企业却是十分困难的，一般而言，个人创业型的新企业成长较慢，因为风险投资者在投资新企业时，都会将团队因素列为重要的评估指标，而不愿意考虑这种个人创业型的投资。

如上所述，组建创业团队的重要性显而易见，组建团队同样也要遵循一定的原则，即团队成员间互补、精简高效和动态开放原则，如此才能有利于建立优秀的、有竞争力的团队，见表3-1。

表3-1　创业团队的组建原则

原则	说明
互补	弥补创业目标与自身能力间的差距，通过相互协作发挥出“1+1>2”的协同效应
精简高效	为了减少创业期的运作成本，最大比例地分享成果
动态开放	创业过程的不确定性决定了团队成员有流动性，该原则可以使真正完美匹配的人员能被吸纳到创业团队中来

二、团队成员的招募与选择

招募合适的成员是组建创业团队最关键的一步。关于创业团队成员的招募主要应考虑两个方面的因素：一是要考虑互补性，即考虑其能否与其他成员在能力或技术上形成互补。这种互补性有助于强化团队成员间彼此的合作，又能保证整个团队的战斗力，更好地发挥团队的作用；二是考虑适度规模。适度的团队规模是保证团队高效运转的重要条件。团队成员太少则无法实现团队的功能和优势，而过多又可能产生交流障碍，很可能会分裂成许多较小的团体，进而大大削弱团队的凝聚力。一般认为，团队的规模控制在2~12人为最佳。

不管何种类型的创业团队，都必须在创业前慎重选择成员。在团队初始组成时，其选择成员必须注意的问题有：

（一）团队成员加入的目的

根据马斯洛的需求层次理论，人的需求大体上可以分为5个层次：生理需要、安全需要、社交的需要、尊重的需要、自我实现的需要。团队成员基于哪个层次的需要而加入团队，对其在组织中的行为方式起着决定性作用。比如，对一个目前还缺乏基本生活保障的人来说，他更注重组织的获利能力，更迫切地想赚钱养家糊口，这就可能导致企业重视短期获利。而基于自我实现需要的成员，更注重企业的未来发展，想把事业做大，充分发挥自己的能力，企业对他来说是实现抱负的最好舞台，因此他更注重组织战略目标的确定和执行。

（二）团队成员的知识结构

在一个创业团队中，成员的知识结构越合理，创业越可能成功：纯粹的技术人员组成的公司容易形成技术为王、产品导向的情况，从而使产品的研发与市场脱节；全部是市场和销售人员组成的创业团队缺乏对技术的领悟力和敏感性，也容易迷失方向。因此，在创业团队的成员选择上，必须注意人员的知识结构，技术、管理、市场、销售缺一不可，并充分发挥个人优势。

（三）团队成员的性格、个性、兴趣

创业团队成员的性格、个性、兴趣特征都影响团队的稳定性。在创业初期，大家同甘苦、共患难，怀着满腔热情工作。在这种情况下，团队成员在性格上的差异、个性上的差异、兴趣爱好上的差异和处理问题的不同态度就容易被掩盖，从而表现出不同的行为方式。而一旦企业发展到某个阶段，由于个性冲突导致的矛盾就会激化，使创业团队出现裂痕，严重的还会导致团队分裂。

（四）团队成员的价值观念

在一个创业团队中，成员的价值观念和道德品质决定了今后企业文化的形成。甚至可以说，企业文化的源头就是企业创始人自身价值观念和道德品质的体现。有的人以诚信为本，有的人以利益至上；有的人认为“天下兴亡，匹夫有责”，具有极强的社会责任感，有的人则“事不关己，高高挂起”，只求独善其身。一个人的价值观念很难改变，因此，在创业团队形成之前，必须通过深入的交流和充分的了解，使价值观念相近、个人素质较高的人一起组成团队，这样创业成功的可能性更大。

在团队成员确定以后，企业的组织结构就可以基本确定了。组织结构的设计归根结底是组织中个体层次需要与组织目标相协调的问题，是个体价值发挥与群体绩效达成的问题。为了避免创业团队在今后的组织行为中因为利益分配、企业决策等方面产生分歧，在创业团队形成之初，必须通过公司章程或者协议的方式，确定公司发展目标、业务领域、出资及退股原则、利润分配方法、分歧解决原则，等等。尤为重要的是，创业团队要有好的分配制度，不仅充分照顾到现有团队成员的利益，还要考虑吸收新的成员或者员工时的股份再分配。

三、创业团队的股权分配

（一）股权结构类型

在创业企业中，股东的种类以及持股比例不同，从而导致不同的股权结构，概括起来，大概有以下三种类型：

1.高度集中型股权结构

在这种股权结构下，绝大多数股票掌控在少数股东的手中，尤其是第一大股东往往持股数目非常大，占有绝对控股地位，掌握着公司的控制权。相对于这些大股东，其他股东只占有公司少量的股票，在企业的经营决策、利润分配等方面都受制于大股东。创业企业中这种股权结构占多数。

2.适度分散型股权结构

在这种股权结构下，既有一定的股权集中度，又有若干大股东存在，主要是机构法人相互持股，控股者也多为法人股东。这种股权结构能促使股东适度有效地行使最终的控制权，既不忽视权力，又不滥用权力，从而有效地解决“委托—代理”关系下效率损失的问题，这是一种较为合理的股权结构。

3.过度分散型股权结构

在这种股权结构下，有相当数量的股东持有相当数量的股票，不存在大股东，股权高度分散，股东之间容易出现相互推诿、“搭便车”的现象，也就容易造成公司的控制权掌握在经营者手中，即所谓的“内部人控制”的现象。

创业者在安排产权的问题上应遵循以下原则：拥有完整的法人财产权利，有利于凝结创业团队，有利于获取创业需要但自己未直接掌握的关键资源，有利于关键人员掌握企业剩余的控制权和索取权，有利于提高创业活动的效率等原则。

（二）股权结构的设计原则

1.人力资本所有者与投资人共同分享利润

对于高科技企业而言，技术和产品的完整结合是完成产品研发和企业发展的必要条件，因此企业获得的利润是人力资本所有者和投资人共同的贡献，人力资本所有者和投资人共同分享利润是合理的。两者之间的分配比率最终经其反复博弈后确定。

2.采用期权制度

因为创业企业在研发新产品、销售产品的过程中不仅要产生现金利润，同时还要产生无形资产，因此人力资本所有者和投资人按比例分享企业的无形资产是合理的。但与现金利润不同的是，无形资产往往是和企业的发展联系在一起的，以企业为载体，难以分割。只有企业的股东才有权利享受企业的无形资产。因此，要想让人力资本所有者能像投资人一样享受企业的无形资产，就要想办法让人力资本所有者变成企业的股东。其中比较有效的方法就是期权制度，也就是说人力资本所有者首先得到的就是分红权和在一定时间内按原始价格收购一定比例股权的承诺，技术人员分到红利以后，从投资人手中收购部分股权，成为投资股东，再按原定比例与投资人一起分享企业的所有利润。

3.遵循股权动态变化的原则

对于创业企业而言，它们是在不断发展的，这就需要不断地为企业输入新鲜血液，不管是人力资本还是非人力资本，对于新加入的投资人和人力资本所有者，他们也要参加到企业的股权分配中去，这就要求企业的股权比例呈现动态变化。

主题二　创业团队的管理

一、创业团队凝聚力的建设

创业企业只有在目标的认同上凝聚在一起，才能形成坚强的团队，以激励团队成员团结奋进。因此，要有导向明确、科学合理的目标，把经营目标、战略、经营观念，融入每个员工头脑中，成为员工的共识。同时，必须把目标进行分解，使每一部门、每一个人都知道自己承担的责任和应做出的贡献，把每一部门、每一个人的工作与组织总目标紧密结合。

（一）培育共同的企业价值观

价值观的内化，首先在于企业领导者要以身作则、言行一致。还要不断把企业价值观向员工灌输，同时建立健全和完善必要的规章制度，特别是相应的激励和约束机制，使员工既有价值观的导向，又有制度化的规范。

（二）领导者自身的影响力

领导者是组织的核心，一个富有魅力和威望的领导者，自然会把全体员工紧紧团结在自己的周围。领导者的威望取决于他的人格、品德和思想修养，取决于他的知识、经验、胆略、才干和能力，取决于他是否严于律己、率先垂范、以身作则、全身心地投入事业中去，更取决于他能否公平、公正待人，与员工同甘共苦、同舟共济等。

（三）激发参与热情

奥运精神强调“重在参与”，企业团队精神的形成也有赖于员工的全员参与。只有全方位参与企业的经营管理活动，把个人的命运与企业的未来捆绑在一起，员工才会真正关心企业，才会与企业结成利益共同体、命运共同体。为了激发员工的参与热情，可以请员工提出合理化建议，让员工参加管理，实施“从群众中来，到群众中去”的群众路线，让员工成为股东，企业通过合理的激励机制，即通过建立有效的物质激励体系，使员工彻底消除给企业打短工的心理，使企业与员工之间形成荣辱与共、休戚相关的组织命运共同体。

（四）共同的危机和忧患意识

危机和忧患意识是团队精神形成的外在客观环境。不管我们承认与否，没有压力的企业是不存在的，世界500强每年排名的变化就说明了这一点。“我们的公司离破产只有12个月”，这是世界著名的微软公司总裁发出的声音。

（五）良好的协调和经常性的沟通

沟通主要是通过信息和思想上的交流达到认识上的一致，协调是取得行动的一致，两者都是形成集体的必要条件。企业中的各种例会、内部刊物、有线电视、内部联网、电话、文件传递、汇报总结、非正式接触等，都激活了组织信息的上下、左右各个方向的流动，从而形成团队的耳目。

二、领导者管理团队的方法

“一只狮子领着一群羊，胜过一只羊领着一群狮子。”这一古老的西方谚语说明了创业领导者的重要性。伟大的创业构想并不难产生，但实现创业构想却需要一位能够塑造愿景、坚持信念，并且具有领导团队魅力的伟大创业者。比如通用电气公司的韦尔奇、海尔集团的张瑞敏、阿里巴巴的马云，都是通过人格魅力迅速集结兵力，成立无坚不摧的创业团队。张树新说过：“对任何一个员工，或者合伙人永远的一句话，就是，这家公司因为你的加入而不同。我们最大的资产是人，既然如此，每个人能不能把他的最大潜力发挥出来，看你领导的能力，是不是发挥了所有人的潜能。”所以对创业者而言，如何组成、发展、凝聚团队，已成为一项必要的创业管理能力。

（一）塑造领导力

但凡创业时期的团队，人力资源必定是极其匮乏的。已有的人员不是缺乏知识技能，就是缺少经验素养，再加上社会关系生疏，可以调动借用的外部资源稀缺。创业者必须清醒地意识到，你是这个团队的领导人，应当对团队最终的结果负全部责任。作为创业者的你，就要培养增进自己对内点石成金的功夫、对外借力整合的能力。对员工和下属，必须在布道传经、授业解惑、指导说服、设立标准、转变观念、纠正习惯、校正行为等方面下功夫，以此来提高员工素养、培养团队精神、凝聚团队力量。只有这样，这个团队才有中流砥柱，员工才有主心骨，你才能赢得所有相关人员的尊重和信赖，才能使这个团队有战斗力、有持久力。

一份事业的成功，创业团队的核心领导者必须具有强大的凝聚力，这个凝聚力就是个人魅力。史玉柱在二次创业初期的很长一段时间内，身边的人连工资都没得领。但是有四个人始终不离不弃，他们后来被称为“四个火枪手”：史玉柱大学时期的“兄弟”陈国、费拥军、刘伟和程晨。马云创业时，初期的50万元是18名员工一起凑出来的，九年过去后，这18个人中有做到总裁级的孙彤宇，也有还是经理的麻长炜，但没有任何一个人从阿里巴巴流失。在联想的柳传志看来，领导人有两种类型：一种是孔雀型的，以个人魅力取胜；一种是老虎型的，以发号施令树威。从这种分类来看，史玉柱与马云均属孔雀型。无论在外界如何被误解、无论公司陷入如何困境，追随的人始终没有放弃对他们的信心。

（二）重视团队的力量

曾有管理专家这样说：“一流的老板是员工拼命为他拼；二流的老板是他和员工一起拼；三流的老板是自己拼；四流的老板没得拼。”也有管理专家说：“没本事的老板做事；有点本事的老板做市；很有本事的老板做势。”

一个企业的成功绝对不是一个人坚持的结果，而是一个团队坚持的结果。领导者的内心真诚是团队成员愿意不离不弃的真正原因。当你的企业不能给员工足够的物质利益时，你所能够让员工信赖的就是你的内心真诚和你的坚定理想。正如太平洋建设集团董事长严介和所说：“部下是第一上帝，丢了顾客还可以从另外的市场找回来，而部下只有一个。是部下创造了财富，是部下创造了太平洋建设，部下才是第一个上帝，才是最可爱的人。”创业团队的愿景、核心价值观和使命，是企业稳健发展的命脉，是企业战略决策清醒正确的保证，是照亮企业前进航程的灯塔。塑造愿景，沟通及宣扬愿景，说服他人共同追随愿景，是创业领导人的重要职责。

从创业的第一天起，马云就宣称，阿里巴巴会成为最伟大的电子商务公司，他让部将们相信，公司上市时，他们会得到更多报酬。几年前，阿里巴巴的员工特别辛苦，待遇也不好。也有人抱怨，宁愿不要期权，多发点工资。马云的解决方案是，“要有信心，我把我的股份稀释点给你们”。

（三）创造良好的创业氛围

“卖鱼，卖鱼，卖会飞的鱼！新鲜的鱼，会陪你聊天的鱼，快来买啊！”一个充满生机的鱼市，一阵阵热情洋溢的吆喝声，一条条活蹦乱跳的鱼飞到了顾客指定的地点。这是美国作家史蒂芬所著《会飞的鱼》一书中的卖鱼场面。本书中的主人公玛西雅来到肯尼街鱼市，依靠从那里学来的工作哲学，改变了整个团队成员的工作态度，在很短的时间内把没有活力的销售部门脱胎换骨，变成了一支具有生机与活力精干的超级团队，并使公司扭亏为盈。

对大多数管理者来说，缺少的不是理智，而是情感。员工归属感就如同企业的生命。凭借归属感，员工不仅可以释放出潜在的巨大能量，而且可以发展出一种坚强的个性；凭借归属感，员工可以把枯燥乏味的工作变得生动有趣，使自己充满活力；凭借归属感，可以感染周围的同事，让他们理解你、支持你，拥有良好的人际关系；更重要的是，凭借归属感，可以感染顾客，实现更大的销售业绩。今天，工作的目的不仅仅是生存，而是通过工作获取成就感。员工工作的目的包括一份满意的薪水、快乐地工作和一个好的工作环境。其中最重要的就是在企业中能快乐地工作。所以，不要总是对员工们板着面孔，总是高高在上，要做一个“远景规划者”“煽情高手”“内部员工的服务者”，做到这些，你一定会大受欢迎。

（四）注重团队成员间的沟通

通常来说，小企业由于人员少，下属和领导的沟通是比较方便的，沟通不应该成为薄弱环节。然而一些小企业领导的思想并不开放，以“一家之主”自居，因此也就不注重与员工沟通，久而久之，员工认为既然自己的意见不被采纳，也就没有沟通的必要了。事实上集体创造力往往比个人的创造力要强得多。而“哈佛管理”杂志也提出：要笼络员工的心，公平透明的决策过程比加薪更重要。下面的例子可以证明这一点：德国西门子公司曾收购陷入困境的欧洲Nixdod电脑公司，改名为SNI公司。几年后，SNI公司的员工从5.3万人削减到3.5万人，焦虑与恐惧在公司内蔓延。SNI公司的副总裁到任后，立刻与1万名员工展开一连串大小会议，分享他救亡图存的愿望，希望每个员工都加入，扭转公司的逆境。舒密勒如实诉说SNI公司的处境并不乐观，进一步的裁员势在必行。各部门如果不能展现自己的生命力，就要被裁撤。舒密勒提出明确严格的决策规则，然后征询志愿改革者的意见。在接下来的几个月内，志愿者由最初的30人增加到最后的9000人。在整个改革的过程中，员工与经理同样提出意见，大家也都了解了决策的来龙去脉。尽管20%~30%的提议会被否决。但是员工觉得大家都能表达意见的过程很公平，SNI公司在处境艰难时却令员工满意度大幅提升，并创造了欧洲企业史上的一个奇迹。一个对工作积极开拓的人，他的潜力和所创价值可能是无法估量的。显然，一个老板能不能使其属下的每个员工都贡献出构想、创造性与心力，是他能否成功的关键。一个有前途的创业者，应知道怎样利用每个员工的力量、利用整个团队的力量去开创卓越。

三、创业团队的角色分工

1981年贝尔宾首次提出团队中存在八种角色——创新者、信息者、领导者、推进者、监督者、凝聚者、公司工人、完美者。1993 年他又添加了一个新的角色："专家"，并改动了两个角色的名称：用"协调者"代替了"领导者"；用"实干家"代替了"公司工人"。综合各文献资料的描述，对九种角色的主要特征总结如下：

（一）协调者

成熟，办事有条理，自信并信任他人；清楚地知道团队其他成员的长处和不足，并能在完成团队任务时恰当地利用，能看到工作中的漏洞，及时采取措施弥补；时刻想着目标，能激发团队成员对共同目标的忠诚和热情；不借助权威而使人信服，是宽松和谐氛围中的支配者；智力和创造力一般，但视野宽广。

（二）推进者

性格开朗，充满活力，任性且急躁；任务型的团队成员，善于把团队的工作任务具体化，制订计划和方案并付诸行动；喜欢带头并推动别人去行动，是团队的推进器和火车头；能在压力很大时产生动力，引领团队，将事情推向前进；对成功有强烈的渴望，为此有时可能与其他团队成员发生争执，伤害到别人的感情，另外，还给团队内部的成员一种被驱使的不适感。

（三）创新者

智力超群，知识渊博，有创造力和想象力，是新思想的源泉，善于解决棘手的问题；喜欢与团队的其他成员保持一定的距离而运用自己的想象力单独开展工作；人际沟通技巧欠佳，很难接受别人的批评；过于关注创新，有时想法可能比较激进，不太顾及团队的需要和目标；忽略细节和礼节。

（四）信息者

外向，充满活力，善于与各类人进行沟通；能够把组织外的思想、信息带回组织，是对外建立联系的最好人选；善于发现新的机会，为团队提供新的思想，使团队不至于停滞、僵化；"三分钟"热情，新鲜感过后，容易失去兴趣。

（五）监督者

头脑冷静，不易激动，有很强的思维和分析能力，能慎重地对问题进行分析；善于对方案进行利弊分析，从而确保决策的均衡，避免使团队误入歧途；稳重、可靠，判断很少失误，很少从众；缺乏热情和想象力，过于具有批判精神，不能也不想激励他人。

（六）实干家

守纪律、有责任感；工作的实际组织者，将各种决策和想法变成明确的具体任务，并将之转变为实际的步骤去执行；组织能力强，具有自我约束和控制能力，能有计划、有系统地解决问题；对团队十分忠诚，总是把工作放在第一位，个人利益放在后面；保守，缺乏灵活性，出现新机遇时反应慢。

（七）凝聚者

喜欢社交，性情温和，具有很大的灵活性；善解人意，是团队内部信息的积极沟通者，是团队的黏合剂，防止和抵消了由监督者、推进者和专家偶尔引起的矛盾与摩擦；在关键时刻缺乏果断决策能力，容易受别人影响。

（八）完美者

勤恳，有条理；尽职尽责，严格按日程办事，确保所有工作都按计划完成，维护工作秩序；经常担心可能会出什么错，善于寻找错误和疏漏；坚持高标准的完美主义者；没有耐心，也不能容忍团队中那些漫不经心的成员；过于注重细节，不太喜欢授权和放权。

（九）专家

做事专一、投入；解决技术问题，提出专业意见；依赖技术，能提供稀缺的知识和技术；只对本领域的知识感兴趣，具有知识局限性。

从上述特征分析可以看出，各角色在团队中发挥着不同的作用。协调者是团队的领导和控制者；实干家是高效的组织者；监督者确保决策和团队方向的正确性；创新者为团队带来突破性的观点和思想，并提出最初解决方案；完成者制订计划，维持团队工作的秩序；推进者将计划和方案转化为具体的行动并落实；信息者联系外部，为团队带来新的信息；凝聚者协调内部，维护团队和谐；专家为团队提供智力支持。

在创业进程的不同阶段，所需要的团队角色是有差异的。一个角色多元化和平衡的创业团队将是比较高效的。创业初期，创业成员往往“身兼数职”，同时担任多个角色。

四、创业团队的利益分配

（一）形成分享财富的理念

创业团队的分配理念和价值观可以归结为一条简单的原则：首先，与帮助企业创造价值和财富的人一起分享财富。其次，吸引到风险投资的企业其最终目标往往是获得5～10倍于原始投资的报酬。从美国创业企业IPO的经验来看，创始人一般可以获得100万～300万股，价值1200万～4500万美元。由此我们就很容易理解为何寻找好的创业机会、建立优秀创业团队并采取分散型持股方式实行财富共享远比拥有公司多少股权份额重要。另外，成功的创业者往往不只是创建一个企业。因此，当前的企业可能并非其最后一家企业，最重要的事情是取得这次创业的成功。做到这一点之后，将来还会有很多商机。

（二）综合考虑企业与个人目标

如果一个企业不需要外部资本，就可以不考虑外部股东对报酬问题的态度或影响，不过还是需要考虑其他有关事宜。例如，如果一家企业的目标是在未来5～10年获得大量资本收益，那么就需要针对如何完成这一目标以及如何保持大家的长期敬业精神来达到这个目标等来制定报酬制度。

（三）规范制定报酬制度的程序

创业带头人要营造一个氛围，让每一个团队成员都觉得自己的付出应该对得起所得的报酬。每一个关键团队成员都必须致力于寻找有关合理制定报酬制度的最佳方案，使它尽可能公平地反映每位团队成员的责任、风险和相对贡献。

（四）实施合理分配方案

关于如何分配的问题，目前还没有任何有效的公式可以套用，也没有简单而行之有效的答案。在制定方案时，需要对各团队成员的贡献大小进行衡量，可以重点考虑以下几个方面：

1.创业思路

对创业思路提出者的贡献应当充分考虑。尤其是提供对原型产品或服务极为重要的商业机密、特定技术，或是对产品、市场进行了调研的当事者。

2.商业计划准备

制订一份优秀的商业计划往往需要花费很多的时间、资金和精力。因此，商业计划书制订者的贡献也应该适当考虑。

3.敬业精神和风险

一个把大部分个人资产投入到企业的团队成员，不仅要在企业失败时承担巨大的风险，还将牺牲一定的个人利益、投入大量的时间和精力并接受较低的报酬。因此，应充分考虑员工的敬业精神和所承担的风险。

4.工作技能、经验、业绩记录或社会关系

团队成员可能为企业带来工作技能、经验、良好的工作记录或是在营销、金融和技术等方面的社会关系。如果这些对于新创企业而言是至关重要的而且来之不易，那么就必须予以考虑。

5.岗位职责

团队成员在不同的岗位上为企业做贡献，而岗位所需技能和工作强度各不相同，应该考虑为不同的岗位分配不同的权重。

在衡量每一位团队成员的贡献率时，需要充分考虑上面列举的各项因素，团队成员不仅要自己协商，达成对各项贡献价值的一致意见，而且应该保持充分的灵活性，以适应今后的变化。

（五）综合考虑分配时机和手段

报酬分配制度往往会在企业发展的第一阶段就被制定出来并加以实施，不过这还应该按个人在企业整个周期内的业绩来定。创业团队可以综合采用月薪、股票期权、红利和额外福利，可以用作反映业绩变化的一种措施。但是运用上述手段的能力，在一定程度上取决于企业发展的程度。以现金报酬为例，我们把现金作为报酬分给员工还是留着用于企业发展，这其中存在一个平衡问题。因此，在企业成立的初期阶段，薪金往往需要维持在较低的水平甚至不发薪金，其他红利和福利等则先不考虑。薪金、红利和福利都要吞噬现金，而在企业盈利之前，现金往往优先用于支持企业的经营和发展。就算企业在获得盈利之后，现金的支付仍然会制约企业的成长。只有在企业顺利实现盈亏平衡后，薪金的提高才会促进企业的竞争力。至于红利和额外福利，可能还是保持在最低水平比较好，直至企业持续多年获利，才可以考虑进一步提高。

【能力训练】

分粥的最佳方法

有七个人组成的小团体，其中每个人都是平凡而且平等的，但不免自私自利。他们想通过制定制度来解决每天的吃饭问题——要分食一锅粥，但并没有称量用具。那么怎么分才最有效呢？

方法一：指定一个人负责分粥事宜。很快大家就发现，这个人为自己分的粥最多。于是又换了一个人，结果总是主持分粥的人碗里的粥又多又好。阿克顿勋爵做的结论是："权力会导致腐败；绝对的权力导致绝对的腐败。"

方法二：大家轮流主持分粥，每人一天。虽然看起来平等了，但是每个人在一周中只有一天吃得饱且有剩余，其余六天都饥饿难挨。大家都认为这种办法造成了资源浪费。

方法三：大家选举一个信得过的人主持分粥。开始这位品德尚属上乘的人还能公平分粥，但不久他开始为自己和溜须拍马的人多分。

方法四：选举一个分粥委员会和一个监督委员会，形成监督和制约。公平基本上做到了，可是监督委员会常常提出种种议案，而分粥委员会又据理力争，等粥分完时，粥早就凉了。

方法五：每个人轮流值日分粥，但是分粥的那个人要最后一个领粥。令人惊奇的是，在这个制度下，七只碗里的粥每次都是一样多。每个主持分粥的人都认识到，如果七只碗里的粥不同，他确定无疑将享用那份最少的。

问题：想一想，你还有更好的办法吗？

【实践作业】

组建最佳团队

1.制作广告

假设你想寻找合伙人共同创业，创办一家快餐连锁企业，请拟一份征集合伙人的广告。注意以下几个方面：

你是召集人，不一定是领导者；

创业的初始目标、计划；

你掌握的资源及你需要的资源；

所需伙伴的数量和特点；

你对股权分配、团队管理的设想；

有吸引力的回报及可能的风险；

其他你认为需要说明的问题。

2.三分钟演讲

张贴你的广告，并用三分钟演讲宣传你的优势，吸引同学加入你的团队。

同学共同评估，选出几位同学做团队创建者，并自愿加入一个团队。

3.评估团队结构

同学们从以下四个方面，分析哪个团队组成更好？每项25分，哪个队的分数高？落后的队谈谈，将如何赶超对方？

①团队成员加入的目的。

②团队成员的知识结构。

③团队成员的性格、个性、兴趣。

④团队成员的价值观念。

4.确定团队成员

团队创建者可以根据同学对下面五个问题的解答情况，决定其去留。

①团队中唯一权威主管问题。

②团队成员间的相互信任问题。

③妥善处理不同意见和矛盾。

④合理分配股权问题。

⑤妥善处理团队成员间的利益。

然后请团队中的一位成员，对本团队做出最后调整（增人或减人）。

5.团队展示

各团队经过讨论，完成表3-2，并进行集体展示。

表3-2 团队展示

团队名称	
设计LOGO	
团队口号	
团队愿景	
创业项目	
团队领导者	
团队成员及分工	
团队管理制度	

6.推选最佳团队

最后同学们重新评估这几个团队，推选出最佳团队。

第四章

创业机会识别与评估

chuang ye ji hui shi bie yu ping gu

【课程目标】

1.了解创业机会的定义、创业机会的期望价值，掌握识别创业机会的方法。

2.了解创意的来源与产生途径，认识创意与创业项目的差异性，识别创业项目的机会窗口。

3.了解机会成本对评估创业项目的重要影响，以市场为导向完善创业项目，绘制从创意产生到建立企业的路线图。

【案例导读】

回到农村创业的大学生

千辛万苦跳出“农门”，好不容易在县城有了一份不错的工作，可是他却辞职还乡，到农村创业。初次创业的失败，资金的严重不足，女朋友离他而去……一次次打击没能使他屈服，因为在他的心目中有一个执着的信念：不管致富创业的路子有多么坎坷，也要建一个让农村留守群体、孤残老人共同致富的温馨家园。

初次创业交学费

夏至过后，柞水小岭镇金米村王家山树木葱茏，李正森占地40多亩的香菇生产基地就坐落在这里，蓝顶白墙的厂房，3000多平方米的加工包装车间，150多个玻璃丝骨架大棚，棚上覆罩着巨大的遮阳网，棚内堆放着的一垛垛菌袋上，一株株乳白色、灰褐色的香菇，如同新生婴儿伸出的小手，又像一把把撑开的小伞。棚外烈日炎炎，热气逼人，棚内却只有25℃，清凉舒爽，十多个菇农忙碌地穿梭其间。

“那个腿脚不灵便的是户下的一个叔叔，除过几位远房亲戚外，在这里打工的都是当地的贫困户。”李正森一一介绍着，好像介绍家庭成员一样。“上半年公司销售20多万元，除正出菇的菌袋外，现在着手搞的是反季节香菇，棚内的菌袋已转色，过段时间就可大量出秋菇了。去年栽培香菇、白灵菇、平菇等食用菌200万袋，出售鲜菇70多万斤，收入达120多万元。”说起这些不俗的业绩，李正森露出了灿烂的笑容。

1986年出生的李正森从小在农村长大，心地善良、乐于助人，村里老人担水烧柴困难，他总是主动跑去帮忙。每当听到大人们谈论哪个村民无钱看病时，他就幻想着自己将来当了大老板，让那些可怜的乡邻都能在自己的公司上班挣钱。

2009年，李正森从安徽建筑工业学院毕业，在县城找到了一份建筑工作。由于所学专业对口，加之吃苦耐劳，工作有魄力，很受公司经理的喜欢。一天，李正森回老家瓦房口镇看望父母，和同村一个15岁的少年同坐一车，这孩子的学习成绩非常优秀，可由于父亲残疾家里贫困，考上了重点高中但没有上。这再次刺激了李正森的那个童年梦想：创业办厂，带领乡亲们一起走上致富路！

2009年秋，当地政府鼓励大学生回乡创业，村里引进了肉鸡养殖企业。在建筑公司上班仅两个月的李正森辞去工作，信心百倍地搞起了肉鸡养殖，租地、贷款、建棚，他把周边一些留守老人和残疾朋友请来打工，连自己的父母也拉进来帮助管理。令他没有想到的是，第一次购买的4000只鸡苗在路上就热死了一半，等到卖成品鸡时，收购经理说2000只的养殖规模太小，相应的人工成本就会过高，不但赚不了钱还要亏本。第二次购回的6000只鸡苗总算养大，可市场肉鸡价格大跌，当他拿到卖鸡款看着空荡荡的鸡棚时，眼泪唰唰落下，赔了20多万元，他三天三夜没睡着觉。第四天强撑着给村民付工资时，乡亲们都知道他赔了，让他先还银行贷款再说，但他执意先给村民付了工资。李正森回乡首次创业的一腔热情就这样被浇灭了。

瞅准项目种香菇

李正森引种香菇纯属偶然。2010年夏季，李正森为了弥补养鸡的亏损，就跟着一个朋友搞起了猪苓购销。有一次，他到安康宁陕县收购猪苓，看到当地的食用菌产业很红火，就动了栽培食用菌的心思。他发现柞水以前都是用椴木栽培香菇木耳，随着人们对生态环保的重视，当地椴木食用菌产量必然会越来越少，而袋料生产香菇在柞水还很有限，这应该是一个致富商机，李正森瞅准了这一项目。宁陕的一位经理了解到他的创业经历后，被李正森憨厚耿直、富有同情的心所打动，就同意和李正森合作。

2010年底，在小岭镇政府的扶持下，李正森在金米村租地40多亩，注册资金300万元成立了陕西正森农业生态有限责任公司，他还注册了“正森”绿色食品商标。2012年李正森投资建设玻璃丝骨架大棚150个，购买高效灭菌炉、自动装袋机、电动翻料机等食用菌生产配套设备50余台，同时配套建设了装袋车间、菌种室、接种室、锅炉房、仓库、冷库和加工包装车间。

金米村既是板栗大村，又是核桃改良大村，每年林木科管会产生大量的树木枝条，还有大量植物秸秆。自从在金米村建起食用菌公司后，他就从村民手中收购这些树木枝条、废弃秸秆和玉米芯、麸皮、玉米糠等，让这些往日的废弃物变成了钱串串。李正森还在生态循环经营上多动心思，对食用菌进行专业化生产、加工、销售，将食用菌培养基使用后又作为有机肥料还田，整个产业流程确保不给环境造成损害，公司采取“公司+协会+农户”模式，充分发挥龙头企业的示范带头作用，统一培训、统一管理、统一回收、统一正森品牌销售，提高了菇农抗御市场风险的能力，带动了周边农民发展优质、高效、生态、安全农业。2012年3月，在陕西正森农业生态有限责任公司的带动下，金米村组建了金米食用菌产业协会，村上33户农民加入协会，依托正森农业生态有限公司发展食用菌，仅去年村上生产食用菌150万袋，产鲜菇1750吨，年产值达1000万元。

勾画创业新蓝图

在当地，有文化、有知识的农民不多，县上就把李正森聘请为农业科技推广员。每隔一段时间，小岭镇、红岩寺镇、瓦房口镇就要邀请李正森去给农民讲解食用菌种植、科学施肥等实用知识。在他的指导下，公司周边100多户村民跟着一起搞起了香菇种植，家家收入可观。久而久之，大家亲切地称他为老师。为了创业和上课，李正森还花费大量的时间自学。在他简陋的办公桌上，堆放着一摞摞书报杂志，大部分都是食用菌栽种技术方面和农民创业的书籍，里面密密麻麻地记满了李正森的感受。

李正森喜欢看书，27岁了还没有女朋友，父母常为此发愁，他总说把公司打理好了再谈。2012年，李正森荣获柞水县“农业产业化经营明星”“科普示范带头人”等多项荣誉称号。面对这些荣誉，李正森并不在意，他打算开辟出更大的创业天地。中央一号文件鼓励农村土地合理流转，还鼓励农业规模化种植，这更加坚定了李正森圆梦的信念，他加大了经营规模，全力打造一个集农家采摘体验园、食用菌深加工、稀有食用菌研究室等为一体的现代化食用菌工厂。今年他又购进原材料500吨，设备20余台，预计产值达1500万元，一年可增加农民工资性收入200万元，户均收入达2万元左右。“我就想，利用自己在大学所学的知识，把公司建成农村留守群体、孤残老人共同致富的温馨家园，希望我的未来不是梦。”

[**点评**] 我国的农村市场大，潜力无限，吸引着越来越多的大学生去农村创业。大学生应该正确认识这一现象，一方面，农村的商机不逊于城市，并有很多扶

持大学生创业的政策，是大学生实践创业的理想舞台，在经济上取得回报的同时，也能更好地为社会服务，体现自身价值；另一方面，不要把去农村创业想得特别简单、容易，要做好适应新环境、吃苦耐劳、艰苦奋斗的心理准备。不论是在哪里创业，在选择创业行业时，要充分了解该行业及自身的情况。

【理论知识】

主题一　创业机会及其识别

一、创业机会的定义

学者卡森（Casson）认为，创业机会是指在新的生产方式、新的产出或新的生产方式与产出之间的关系形成过程中，引进新的产品、服务、原材料和组织方式，得到比生产成本更高价值的情形。从这个概念可知，创业机会并不简单等同于新产品、新服务、新原材料和新的组织方式。换言之，创业机会就是通过把资源创造性地结合起来，迎合市场需求（或兴趣、愿望）并传递价值的可能性。因此，创业机会实际上是一个动态发展的概念，含义模糊，但会随着时间的推移逐步明确。

经济学家科兹纳（Kirzner）认为，机会的最初状态是“未精确定义的市场需求或未得到利用/未得到充分利用的资源和能力”。后者可能包括基本的技术，未找准市场的发明创造，或新产品服务的创意。潜在的消费者可能很清楚自己的需要、兴趣或问题，也可能不明确自己的需要。即使消费者不清楚他们想要什么，当创业者把新产品推荐给他们并向他们说明产品的好处时，他们也能识别这个新产品给他们带来的价值。和有发展潜力的新能力或新技术一样，未得到充分利用的资源也有为潜在消费者创造和传递价值的可能性，尽管这种新价值的形式还不确定。例如，金属和玻璃的合成技术在没有已知明确的用途之前就已经发展起来了；新药品化合物在未知其有效的应用条件下就已经被创造出来了。

随着市场需求被创业者精确定义出来，未得到利用或充分利用的资源也被更精确地定义为潜在的用途，创业机会就从其最基本的形式中发展起来，形成了一个商业概念。这一概念的核心观点是如何满足市场需求或如何利用资源。这一商业概念在创业者的开发下将变得更加复杂，包括产品/服务概念（提供什么）、市场概念（提供给谁）、供应链/市场营销/经营概念（如何将产品/服务提供给市场）。

创业机会发展到其最复杂的形式，正式的现金流、活动日程安排和资源的需求都被添加到模型中来。这些附加物使商业概念变成了一个完整的商业计划。一些企业就是从不完整或不系统的商业计划中产生的，更有一些企业是在商业计划刚刚明确和细化后就创立了。

从创业机会的最初形式到商业机会和新企业的形成，理论上是一个有序的系统化过程。但在实践中，这一过程很少是有序或完全系统化的。在创业者的不断开发下，机会从一个简单的概念发展得越来越复杂。

二、创业机会的期望价值

创业机会识别过程是一个不断调整反复权衡的过程。不同的创业者可能愿意关注不同的创业机会，即使是同一个创业机会，不同的人对其评价也往往不同。在影响机会识别和开发的各项因素中，主要可以分为两个方面，即机会的自然属性和创业者的个人特性。

（一）机会的自然属性

机会的特征是影响人们是否对之进行评价的基本因素。创业者选择这项机会是因为相信其能够产生足够的价值来弥补投入的成本，创业机会的自然属性很大程度上决定了创业者对其未来价值的预期，因而对创业者的机会评价产生重大影响。

（二）创业者的个人特征

对于机会识别来说，更重要的因素应当来自创业者的个人因素，这是因为从本质上说，机会识别是一种主观色彩相当浓厚的行为。事实上，即使某一机会已经表现出较好的预期价值，但是并非每个人都能对这一机会进行开发，并且坚持到最后的成功，因此创业者的个人特征对于机会识别来说更为重要。

创业者与机会识别相关的个人特征包括：①警觉性。创业者比一般的经理人更加渴望信息，更倾向于在信息搜索上花更多的时间，搜索方式也有所不同。②风险感知。机会评价与创业者的风险感知显著相关，而创业者的风险感知又取决于创业者的自信心、不依赖计划、渴求控制等因素。③自信。成功的创业者需要有执着的信念，并且能够坚持他们的事业直至成功。创业者的自信能够增强他们对机会的感知。④已有的知识。创业者更加关注与他们已经拥有的信息、知识相关的机会，并且创业者拥有的知识将在技术开发、机会识别、机会开发三个方面影响机会的发现。⑤社会网络。创业者的社会网络对机会识别相当重要，拥有大量社会网络的创业者与单独行动的创业者在机会识别上有显著差异。但这些个人因素并非独立存在，在某种程度上，它们彼此之间也存在一定的相关性。

三、创业机会的识别

对某一创业机会进行识别，通常需要对如下内容进行分析和判断。

（一）特定创业机会的原始市场规模

即特定创业机会形成之初的市场规模。固然，多数市场机会有着成长的可能，但原始市场规模往往是极为有限的。因此，分析、判断某一创业机会的原始市场规模是极为重要的，特别是原始市场规模决定着新创企业最初阶段的投资活动可能实现的销售规模，决定着创业利润。

这里需要说明的是：①一方面，原始市场规模越大越好。因为某个新创企业即使占领了很小的市场份额，只要原始市场规模足够大，它也可能获取较大的商业利润。另一方面，即大市场往往可能吸引过多的竞争者，甚至是强有力的竞争者，这对资本能力弱、技术能力差、运营能力低的新创企业来讲，无疑是不利的。因此，所谓原始市场规模越大越好，主要是对那些资本能力、技术能力、运营能力强的新创企业而言的。②对于那些资本能力弱、技术能力差、运营能力低的新创企业来讲，原始市场规模较小的创业机会可能更为可取。因为在这种创业机会下，新创企业可能只面对较少、较小、较弱的竞争者，并且可以根据市场的成长性和发展进程不断调整自己，使自己适应于市场的发展。

（二）特定创业机会存在的时间跨度

一切创业机会都只存在于一段有限的时间之内，这是由特定行业的商业性质决定的。在不同行业，这一时间的长度差别很大。一般而言，特定创业机会存在的时间跨度越长，新创企业调整自己、整合市场、与他人竞争的操作空间就越大。对于某个新创企业来说，只要操作得恰到好处，就可能在市场中一展宏图。

这里需要说明的是：①“特定创业机会客观上将存在的时间跨度”与“创业者自己估计的该机会的时间跨度”，两者并非是一致的。换言之，人是有理性的，创业者自己估计的特定创业机会的时间跨度，有可能长于实际的时间跨度，也可能短于实际的时间跨度。但无论如何，对这一时间跨度有一个估计是绝对必要的。②特定创业机会的时间跨度是变化的。因为特定的创业机会对应于特定的商品需求和行业需求。假如有替代性商品和替代性行业出现，特定创业机会的时间跨度就可能缩短。换言之，特定创业机会的实际时间跨度是替代品竞争的函数。

（三）特定创业机会的市场规模随时间增长的速度

客观地看，这一速度决定着利用某一创业机会创业的新创企业的成长速度，并与新创企业的成长速度存在着互动关系。一般而论，这速度越快，新创企业就会有越大的可资利用成长空间。

当然，这里也需要注意以下几点：①现实中，特定创业机会可能带来的市场规模总是随着时间变化的。如移动通信技术、产品和服务进入中国时，它的市场规模是极为有限的。一些人甚至认为，这一行业在中国不可能火爆起来。然而，随着我国市场经济的发展、企业商务空间的扩大，以及居民生活流动性的增强，移动通信在我国迅速成长起来，发展成通信行业的骨干力量，成为政府、企业、居民不可或缺的伴侣。②特定创业机会可能带来的风险和利润也会随着时间而变化，特别是股市运营、房地产经营、耐用品产销和高新技术创业等，其风险和利润都是随着时间而变化的。在特定创业机会存在期的某些时段，可能比其他时段更具有商业潜力，创业者只要在特定机会的整个存在期的一段时间内利用好相应机会，就可能谋求到较佳的商业利益。③在迅速成长的商业空间中，新创企业才可能逐步成长壮大。创业者需要根据特定创业机会的市场成长速度，不断调整企业自身的成长战略和运营策略。特别是当创业者推动新的创业项目时，需要通过对特定创业机会的时间跨度及其进程的分析，来确定相应商业计划的时间期限，以使特定的商业计划更为可行和可靠。

（四）特定的创业机会是不是较好的创业机会

客观地看，即便某个创业机会有着较大的原始市场规模，存在着较大的时间跨度，其市场规模也会随着时间以较高的速度成长，创业者也需要进一步分析、判断该机会是不是较好的创业机会。

较好的创业机会有以下特征：

1.在前景市场中，前五年的市场需求稳步且快速增长

不难设想，如果某个创业机会的市场需求不能稳步而快速增长，新创企业将不可能驻足于足够大的盈利空间，也就不可能迅速成长起来，在激烈的市场竞争中，新创企业无疑会纷纷落马，这对创业者是极为不利的。

2.创业者能够获得利用特定创业机会所需的关键资源

这里所称的资源，包括利用特定创业机会所需的技术资源、资本资源、财力资源、资讯资源、公共关系资源等。理性地看，某个创业机会再好，即便存在巨大的盈利空间，若创业者缺少利用该机会所需的关键资源，那他也无法利用这一机会。

3.创业者不会被锁定在“刚性的创业路径”上，而是可以中途调整自己的创业路径

市场千变万化，科技日新月异，政府政策不断调整，创业者需要根据这些变化不断调整自己的“创业路径”。所说的创业路径，即创业的战略思路、组织结构、运营策略、市场技巧、技术路线等。如果创业者利用特定创业机会的创业路径是不可调整的，无论是因为主观的原因，还是客观的原因，创业者都不可能真正抓住和利用相应的创业机会。

4.创业者可以通过创造市场需求来创造新的利润空间，牟取额外的企业利润

创新经济学告诉我们，市场是可创造的；企业要占领市场、获取利润，往往需要靠自己去创造新的市场需求。典型的例证，四川成都彩虹电器集团发展微型电热器具之初，北京四通集团创业伊始发展电脑打字机，都是通过创造市场需求来创造和扩大利润空间，占领市场，获得额外企业利润的。尽管当时存在着对电热器具、打字机的市场需求，但若这些企业不去创造市场对于微型电热器具、电脑打字机的

特定需求，或者这些需求是不可创造的，或者这些企业创造市场需求的努力得不到潜在用户的响应，那么这些新创企业的创业努力就不可能获得市场的利润回报，这些企业也不可能获得较大、较快的发展。

5.特定创业机会的风险是明朗的，至少有部分创业者能够承受该机会的风险

在风险面前无所作为，是企业经营的大忌之一。然而，如果某一创业机会的风险不明朗，无法搞清风险的具体来源及其结构，那么创业者就无法把握风险、规避风险或抑制风险，就无法降低风险损失、提高风险收益。因此，一个好的创业机会，其风险必须是明朗的，且有一定数量的创业者承受相应的风险，否则，该创业机会就无所谓“机会”了。

（五）特定创业机会对某个创业者自身的现实性

即使某个创业机会是较好的机会，但对于特定的创业者而言，他还需要进一步分析其现实性，判断“这一机会是否是自己可以利用的机会？创业者是否值得利用这一机会？”

对特定的创业者而言，为了做出理性判断，他必须回答如下问题：

1.自己是否拥有利用该机会所需的关键资源，诸如相应的企业运作能力、技术设计与制造能力、营销渠道、公共关系等

面对某个创业机会，企图利用这一机会的创业者不必拥有所需的全部资源，但他必须拥有利用这一机会的关键资源。否则，要么创业无法起步，要么在创业中受制于人。例如，有一家企业投入市场的掌上电脑十分畅销。但不难设想，如果该企业缺乏产销掌上电脑的多数关键资源，他就无法生产并销售这一产品，更不要说借此创业。

2.自己能否“架桥”跨越“资源缺口”

在特定的创业机会面前，多数情况下，企业不可能拥有所需的全部资源，但他必须有能力在资源的拥有者与自身之间架起桥梁，以弥补相应的资源缺口，前述的某掌上电脑产销公司，尽管其自身没有研制开发该类产品的能力，但他有能力动员相应的设计公司和制造厂商加入自己的创新与创业活动。如该公司将自己的设计思想按契约传递给某家专业设计公司，设计公司为其设计出了符合功能要求的产品方案；将生产订单委托给某些制造企业后，制造企业为其生产出令消费者满意的产品。可以说，这家公司以掌上电脑起步的创业，是创业者架桥跨越资源缺口、成功创业的一个典型案例。将此例推而广之，不难看到，在市场经济中，创业者只有勇于和善于架桥跨越资源缺口，组合利用市场资源，才可能取得创业的成功。

3.遇到竞争力量，自己是否有能力与之抗衡

现实中，一旦某个创业机会逐渐显露，就会有不少的创业者、竞争者蜂拥而

上，这是十分平常的现象。但是，假若某个创业者想利用特定机会并获得创业的成功，他就必须具备与其他创业者、竞争者进行竞争的能力。

4.是否存在可以创造的新增市场以及可以占有的远景市场

理性地看，某个创业机会是否值得创业者利用，除了要有足够大的原始市场规模之外，其市场也应是可创造、可扩展的，具有足够的成长性，存在远景市场。创业者真正可把握的是“可创造的市场部分”，而不是“顺其自然成长的市场部分”。

5.利用特定机会的风险是否可以承受

显然，创业者要想利用某个创业机会，他就必须具备利用该机会的风险承受能力，包括承受相应的技术风险、财务风险、市场风险、政策风险、法律风险和宏观环境风险的能力。就特定的创业者而言，如果利用特定机会的风险是该创业者不可承受的，而他硬要“甘冒风险、知难而进”，那在创业之初就可能自取灭亡。

总体上看，面对特定的创业机会，创业者只有拥有利用该机会所需的关键资源，能够架桥跨越资源缺口，有能力与可能遇到的竞争力量抗衡，可以创造新的市场并有能力占有前景市场份额，同时，能承受利用该机会的风险，这一机会才是该创业者可资利用的创业机会。

主题二　创意筛选与创业项目

一、创意的来源与产生途径

创意（Idea）是一种思想、概念或想法。创意活动是创业的开端，一个好的创意像一颗优良的种子，是创业成功的前提条件。

社会经济的发展和科学技术的进步，会不断激发人们的想象和需求，为创业者不断提供新的创业机会。有句话说得好：“没有饱和的市场，只有饱和的思想。”一般来讲，创意来源于三方面：①趋势的把握；②没有解决的问题；③闲置的资源。

创意一般是经过系统的分析后产生的，也会有瞬间的闪现。对个人来说，产生创意的途径大致可分为五个阶段：准备、孵化、洞察、评价和阐述，如图4–1所示。

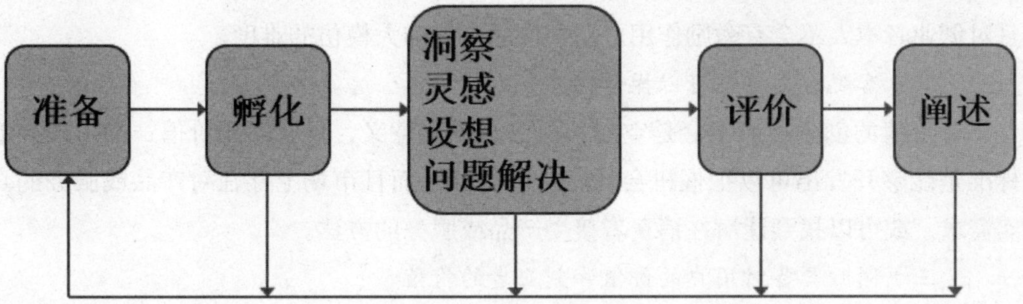

图4-1 产生创意的五个阶段

从图4-1中我们可以清楚地看到五个阶段的联系，如果在某个阶段，创业者停顿下来或没有足够的信息使认识继续下去，他的最佳选择就是返回准备阶段，以便在继续前进之前获得更多知识和经验。

准备：创业者带入机会识别过程中的背景、经验和知识。创业机会都是给有准备的人，创业者需要经验以识别创业机会。大多数初创企业的创意来自个人的先前经验。

孵化：个人仔细考虑创意或思考问题的阶段，也是对事情进行深思熟虑的时期。有时孵化是有意识的行为，有时是无意识行为并出现在人们从事其他活动时。

洞察：识别闪现，此时问题的解决办法被发现或创意得以产生。有时，它被称为“灵感”体验。

评价：创造过程中仔细审查创意并分析其可行性的阶段；许多创业者错误地跳过这个阶段，他们在没有确定创意可行之前就去设法实现它。

阐述：创造性创意变为最终形式的过程，细节已构思出来，并且创意变为有价值的东西，诸如新产品、服务或商业概念等。

二、创意与创业项目的差异

创意是一种创新，一种思想创新、思路创新、市场创新或模式创新等。只有通过创意，才能发现潜在商机，才能形成有价值的创业项目。

创意是具有创业指向同时具有创新性甚至原创性的想法，是将问题或需求转化成逻辑性的架构，让概念物象化或程序化，而不是单纯的奇思妙想。

有价值的创业项目源自创意的产生。有价值潜力的创意一般具有以下基本特征：

（一）独特、新颖，难以模仿

创业的本质是创新，创意的新颖性可以是新的技术和新的解决方案，可以是差异化的解决办法，也可以是更好的措施。另外，新颖性还意味着一定程度的领先性。不少创业者在选择创业机会时，会关注国家政策优先支持的领域，这其实就是在寻找领先性的项目。不具有新颖性的想法不仅将来不会吸引投资者和消费者，而且对创业者本人不会有激励作用。新颖性还可以加大模仿的难度。

（二）客观、真实，可以操作

有价值的创意绝对不会是空想，而要有现实意义，具有实用价值，简单的判断标准是能够开发出可以把握机会的产品或服务，而且市场上存在对产品或服务的真实需求，或可以找到让潜在消费者接受产品或服务的方法。

（三）同时具备对用户的价值和创业者的价值

创意的价值特征是根本，好的创意要能给消费者带来真正的价值。创意的价值要靠市场检验。好的创意需要进行市场测试。同时，好的创意必须给创业者带来价值，这是创业动机产生的前提。

产生创意并发展成清晰的商业概念意味着创业者识别到机会，至于发展出的商业概念是否值得投入资源开发，能否成为有价值的创业项目，还需要认真论证。

三、创业项目的机会窗口

一个具体的创业机会存在的时间是短暂的。杰弗里·蒂蒙斯（Timmons）在他的著作里描述了一般化市场上的“机会之窗（Window of Opportunity）”。一个市场在不同阶段，其成长的速度是不同的。在市场快速发展的阶段，创业的机会随之增多；发展到一定阶段，形成一定结构后，机会之窗打开；市场发展成熟之后，机会之窗就开始关闭。选择那些机会之窗存在时间长一些的市场机会，创业企业可获利的时间也可长一些，取得成功的概率就大一些。这样的机会，其期望价值自然高一些。

机会窗口，即特定商机存在于市场之中一定的时间跨度。市场规模和机会窗口的长度构成了风险和回报的基础。机会的时间跨度越大，市场规模越大，机会窗口越大，创业者才可能抓住这个机会。否则，创业者可能无法抓住这个机会。

产生创业机会窗口的原因主要有三点：第一，一些因不均衡冲击产生的机会常常被其他冲击带来的新机会所取代，而现有机会就会结束。第二，即使没有发生新的冲击，竞争也会耗尽机会的利润。带来机会的信息一开始不对称性显著，随着有关机会的信息逐步扩散，这种不对称性逐渐消失。当创业者开发机会时，他们将机会内容以及如何追求机会的信息传递给其他人。尽管这样的模仿一开始使得机会得到承认，但也制造了竞争，使差异消失。当其他创业者进入到达一定的比例，新进入者的收益超过成本，创业利润被越来越多的人分享时，人们追求机会的刺激就会减少。第三，在机会开发的过程中，有关机会的信息在资源所有者之间扩散，资源所有者可以根据创业者提高资源价值的行动，提高资源的价格以分享一部分创业利润。总之，信息的扩散和利润诱惑的减少，将减弱人们追求某具体机会的动力。

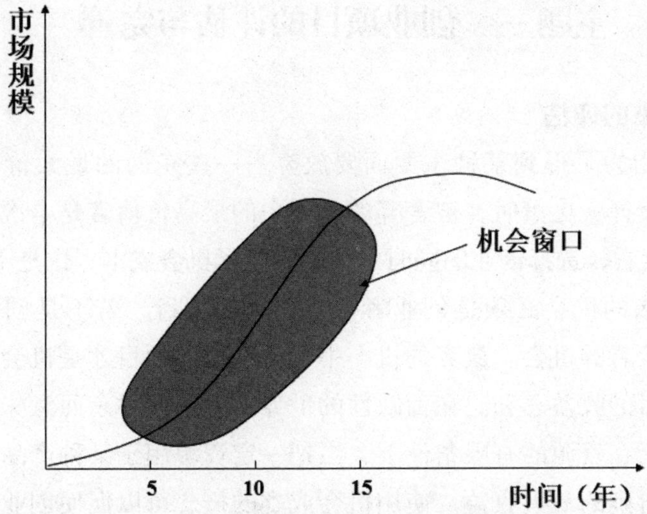

图4–2 创业的机会窗口

如图4–2，第一个阶段是机会窗口尚未开启的阶段，市场发展速度不快，前景也不明朗，但竞争者少，创业者往往拥有先入者的优势，但风险较大；第二个阶段是机会窗口开启到关闭的阶段，这时市场进入了快速增长阶段，市场规模不断扩大，可以稳定盈利了，但市场竞争比较激烈，进入门槛逐渐提高，利润率逐渐降低；第三阶段市场已基本成熟，趋向于稳定，市场规模增长放缓，外部企业很难再进入，机会窗口基本关闭了。

创业者在机会窗口的哪个阶段进入市场，很大程度上决定了创业的成败。成功的创业者往往能在机会窗口尚未开启的第一阶段就先人一步抓住它，并毫不动摇地坚持发展，不能急功近利，追求短期效益。

机会窗口敞开时间的长短对创业成功十分关键。机会窗口并不是永远打开，有的机会窗口打开时间很长，有的则非常短。美国的一项对创业投资的研究调查发现，当机会窗口的时间短于三年，新事业投资失败率高达80%以上；如果机会窗口的时间超过七年，则几乎所有投资的新事业都能获得丰厚回收。具体到机会的开发利用时，创业者当然希望机会窗口存在的时间长一些，可获利的时间也长一些。这个周期的长短取决于许多因素。首先，是建立限制其他创业者模仿的机制，如商业秘密、专利保护或垄断合同，这些都可以延长机会的生命。其次，减缓信息扩散的速度。最后，如果其他人无法模仿、替代、交易或获得稀有的资源，也可以通过减少过剩，延长机会的持续时间。

主题三　创业项目的评估与完善

一、机会成本的评估

机会成本是指为了得到某种东西而要放弃另一些东西的最大价值；也可以理解为在面临多方案择一决策时，被舍弃的选项中的最高价值者是本次决策的机会成本。从创业的角度看，选择创业的同时意味着产生了机会成本，这是不可避免的。

机会成本所指的机会必须是创业者可以选择的项目，若不是创业者可选择的项目便不属于决策者的机会。放弃的机会中收益最高的项目才是机会成本，即机会成本不是放弃项目的收益总和。在稀缺性的世界中选择一种东西意味着放弃其他东西。机会成本是指在资源的有限条件下，当把一定资源用于某种产品生产时所放弃的用于其他可能得到的最大收益。使用机会成本的概念可以促使创业者比较合理地分配和使用资源。

评估创业的过程，往往要从多个选择中做出唯一的决策，即需要做出机会成本的判断。一个好的创业项目，并不一定适合所有创业者。几乎每一个初次创业者都会发现，忽略其他市场机会是一件非常困难，甚至相当痛苦的事情。但我们要意识到，并不是市场越多，成功的可能性就越大，相反，过多的市场会分散我们的注意力，只会降低成功的可能性。对创业者来说，成功意味着你既要有能力选择一个市场，又要敢于果断放弃其他市场。通过挑选可以制胜的唯一市场，你的企业可以轻松巩固市场地位，在耗尽现有资源之前努力获得正向现金流。

在你最感兴趣的多个市场机会中，可以依据以下七点作为筛选标准，直到选出对你来说最好的市场机会。

1.目标顾客是否拥有雄厚资金？如果顾客没有钱，这个市场就缺乏吸引力。因为它是难以持续的，无法提供正向现金流支持企业的发展。

2.目标顾客是否容易接触你的销售团队？公司启动之后你更希望直接向顾客销售产品，而不是通过第三方销售产品。这是因为，你的产品需要进行快读迭代开发，来自顾客的直接反馈对于这一过程至关重要。此外，你的产品属于全新事物，甚至可能是破坏性的创新产品，第三方销售可能并不了解怎样创造需求。

3.目标顾客有没有充分理由购买你的产品？顾客愿意为了你的产品放弃其他选择，还是对市场上各种解决方案持无所谓的态度？很多情况下，你会发现要面对的麻烦是顾客对所有产品都无所谓。

4.在合作伙伴的帮助下，你能否当天交付完整的产品？谁也不愿意买个新的发电机自己安装到车里，哪怕这个发电机比顾客车上那个好得多。他们要买的是车，也就是说，顾客想购买的是整体解决方案，而不是买来一堆零件自己去组装。因此，无论你的产品是什么，你都不可避免地需要和其他供应商合作，在整体解决方案中加入自己的产品。你需要说服其他制造商和经销商，让他们相信把你的产品添加进去物有所值。

5.市场上有没有劲敌阻碍你的发展？实际上，很少存在毫无竞争的市场，让你可以自由自在地说服顾客掏钱购买你的产品。那么，在顾客眼里这些竞争对手的实力如何？它们能阻止你和顾客建立业务关系吗？作为顾客的新选择，你该怎样在竞争中脱颖而出？注意不要从你的角度或技术角度去观察，而是要调查顾客的真实想法。

6.赢得当前细分市场后，你能否胜利进军其他市场？控制当前市场机会之后，通过对产品或销售策略进行微调，你的产品能否销售到毗邻市场？或者，你必须对产品或销售策略进行重大修改才能进入其他市场？关注登陆市场固然重要，但无法扩展业务规模最终会功亏一篑。

7.该市场是否和创业团队的价值观、热情和目标保持一致？你必须确保创始人的个人目标和这里提出的其他标准互不冲突。无论选择哪个市场，我们必须在创业团队可接受的时间限度内尽快实现既定目标。

二、以市场为导向完善项目

一个创业项目，只有经过市场的考验，才能判断是不是一个切实可行的项目。在完善创业项目时，要始终以市场为导向，去判断创业项目的可行性。

你必须对目标市场进行深入调查。市场调查就是指运用科学的方法，有目的地、有系统地搜集、记录、整理有关市场营销的信息和资料，分析市场情况，了解市场现状及其发展趋势，为市场预测和营销决策提供客观、正确的资料。创业者在准备创业时，需要进行原始市场调查。直接与顾客沟通，观察他们的行为模式，这些都能帮助你更好地了解到底哪个市场机会最值得开发。在进行市场调查时，不能简单地依赖百度搜索或其他调研机构发布的调查报告。换句话说，如果市场中有一份调查报告详细说明了你需要的所有信息，那就太迟了，这个商机早就有人开发过了。与此相反，你应该和潜在顾客直接沟通，了解他们的处境、问题、机会和市场信息，以此方式搜集大量的第一手资料。这方面是没有捷径可走的，创业者必须做好市场调查，尽管在和潜在顾客直接沟通之前你可以通过其他方式对顾客和市场稍作了解，但他们丝毫不能削弱直接沟通的重要性。可以说，通过间接渠道获取的市场信息大部分是浮于表面和毫无价值的。

你应该对你筛选出来的市场完成以下信息调查，从而逐渐完善你的创业项目：

1.最终用户。使用你的产品的具体对象是谁？最终用户往往是“拥护者”，他们决定着你的产品能否被成功采用。你已经对最终用户范围进行了限定，但是通过原始市场调查你会发现这些群体还可以继续细分。

2.应用。最终用户会使用你的产品做什么？你的公司能为他们的工作生活带来怎样的巨大改善？

3.收益。最终用户使用你的产品会产生哪些实际价值？不要谈产品特征或性能，而是要考虑你能给最终用户带来哪些好处？能为他们节省时间、省钱，还是帮他们增加收入？

4.领先顾客。那些最有影响力，能够成为意见领袖并促进新技术应用的顾客通常被称为"灯塔顾客"，他们非常受尊重，只要他们购买的产品，其他人会毫不犹豫地效仿，为商家带来显著信誉。

5.市场特征。你要开发的市场会促进还是阻碍新技术的采用？

6.合作伙伴。你必须和哪些公司合作，推出和顾客业务高度整合的解决方案？

7.市场规模。如果能实现100%的市场渗透，你的潜在顾客数量会有多少？

8.竞争对手。有没有竞争对手生产和你类似的产品？包括现有和开发中的产品？记住，你要了解的是顾客的观点，不是你自己的看法。

9.互补性资产。为得到全面的解决方案，让你的产品全面发挥功能，顾客还需要什么？你可能要把自己的产品和其他厂家的产品捆绑在一起，以便顾客购买你的产品或是享受到产品的全部功能。最起码，你应当搞清楚顾客要购买哪些其他产品才能使用到你的产品。

三、创业路线图

从创意的产生到一项业务开展的决策过程分析，再到最终登记注册企业，创业的路线可以用图4–3表示。

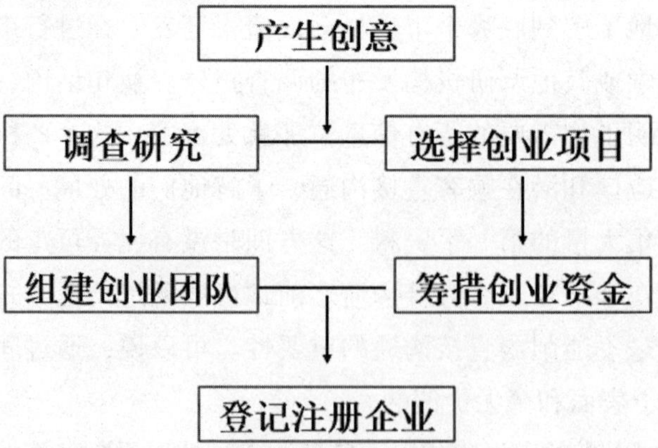

图4–3 创业路线图

一个新企业往往是伴随一种创意而诞生的。调查研究也是创业相当重要的一环。市场调查主要是寻找目标市场可能的商机，为自己进入该商业领域提供定性定量依据。根据创意，在调查研究的过程中，不断完善创业项目。

企业的创办者不可能万事皆通，他可能是技术方面的天才，但对管理、财务和销售可能是外行；他也可能是管理方面的专家，但对技术却一窍不通。因此，建立一个平衡并有能力的创业团队，对创办企业来说是十分必要的。大学生在创业时常常碰到的问题是创业资金问题，即创业的钱从何而来。只有组建了创业团队，并筹措到了创业资金，下一步就是创办新企业了。

企业的创建需要进行大量的准备工作，每一步都不可或缺。创意能否变成行动，关键看其能否形成一个可行的创业项目；资金往往成为新创企业的“瓶颈”，创业融资在企业的创建过程中至关重要；创业团队是推动创业活动前进的根本动力。当创业团队确定创业项目并获得启动资金之后，就可以按照法定程序进行注册登记了。注册登记包括确定企业的组织形式，设计企业名称，向工商行政管理机关提出企业登记注册申请，领取《企业法人营业执照》等内容。

【能力训练】

机会漫步

1.环顾四周（你可能在教室里，也可能在室外）观察周围的一切事物，尝试想出尽可能多的相关公司。例如，你看到了桌子，想到了家具厂、油漆厂、经营木材的企业等。你有5分钟的时间，应该至少想出20个、50个甚至更多公司。看看谁想出来的最多。

2.与同学交流，通过了解同学想出的公司，进一步激发自己，想出与此相关以及提供支持的其他公司，形成你的公司清单。

3.几人一组组成团队。团队需从清单中选出一家公司，并想出能让该公司发展得更好或与众不同的方法。此时不要受限于创意的可能性，尽力想出理想的办法。5分钟后，与大家分享团队的创意。

4.选择一个小组，针对其创意进行集体讨论：这个创意对潜在顾客的价值是什么？然后回到现实中思考能提供这种价值的方法有哪些？这些已经实现的创意是如何改善人们生活的？

5.对活动进行反思。我们应该意识到：潜在的创意和机会无时无刻不在身边，所以构思创意从来就不应该成为问题。但是，他们应该将能否真正给顾客和社会带来价值视为这些创意能否成为创业机会的首要因素。

【实践作业】

寻找并评估自己的创业机会

寻找身边的创业机会，并根据本章的理论方法，进行分析评估机会的价值。

表4–1　创业机会评估表

标准	专家与同行评分	极好（3分）	好（2分）	一般（1分）	总分
产品生命长久（3年）					
易操作性					
市场接受度					
不存在任何致命缺陷					
成长潜力					

第五章

市场定位与调研分析

shi chang ding wei yu diao yan fen xi

【课程目标】

1.了解市场分析的含义与特点，明确市场调研的目标与流程。

2.了解利基市场的定义，掌握利基市场的切入策略，明确获得目标市场的途径。

3.掌握市场竞争的分析方法，以及构建竞争壁垒的方式，掌握利用SWOT分析法提升产品竞争力的方法。

4.掌握制定营销战略的方法，了解创新对营销模式的意义。

5.了解市场调查的实施要点，能够撰写市场调研分析报告。

【案例导读】

一位毕业生的创业经验

毕业生小黄在校时曾参加市政府落实创业政策的恳谈会。会上，小黄想建立大学生求职网站的想法得到了市长的赞赏。在市长的鼓励下，这个满怀创业激情的小伙子开始酝酿他的网站基本框架。由于自己并不会编写电脑程序，他需要找到专业技术人员来帮助他设计网站。小黄在校内张贴招聘启事，但苦寻数月未果，加上进入大四了，只好暂时收起创业梦想，决定先就业，养活自己再说。

大四最后一学期，小黄参加了一场又一场的招聘会，可始终没有找到令他满意的单位。但从与用人单位的接触中他了解到，用人单位也有着自己的烦恼：由于多方面原因，大多数用人单位仅能通过一两次招聘面试便要签订用人协议，因为对应聘者缺乏足够的了解，所选的人并不十分满意。于是他更坚定了这样一个想法——办一个不同寻常的求职网站。他要为企业和大学生之间搭建起一个长期稳定的接触平台，企业可以通过这个平台了解和跟踪学生在校期间的各方面表现，大学生也可以对企业有了更多的了解和选择。

小黄立刻召集几个好友，编写商业计划书，并先后走访了20多家单位进行市场调研，与人力资源管理负责人沟通他的想法，70%的受访者都表示支持。“我会用两到三年的时间推广网站，吸纳大学生和企业登录，并向企业收取一部分会员费。等点击量有了一定提升，广告将成为网站盈利的又一渠道。未来再继续推出一系列网站连带产品，我相信这会有更好的发展前景。”不过，尽管小黄制订好了创业计划书，确立了盈利模式，进行了市场调研，同时也得到了家人的启动资金支持，但小黄还忽略了创业的一个关键因素——组建得力的团队。临毕业前小黄才向身边好友再次发布信息寻找网站建设人才，结果只找到了一个会做网站的高中同学。由于人手不够，编好程序恐怕需要两年的时间，小黄的创业梦只能暂时搁浅。“刚开始我以为这不是问题，懂程序的人多，肯定能吸引到人才。其实高校具备这方面技术的人往往经验不多，而有经验和能力的人又不愿意放弃自己的工作跟着我创业。”

“合理的创业方案、资金和团队是创业的三大要素，缺一不可，之前我对这一点认识不够。”小黄说，“等再积累几年，我还要继续追逐我的创业梦想！”

[**点评**]创业实践活动是一项复杂的实践活动，这种实践活动本身具有很大的不确定性。而大学生创业活动，需要具备一系列的主客观条件才能顺利启动。大学生创业前，需要深入分析自身优势与劣势，找到客观环境的机会，规避现实可能的风险。大学生选择创业时，一定要注意把握理性与激情的“度”，提高创业成功率。

要想创业成功，大学生应该丰富自己的社会经验，培养自己对挫折和失败的理性认识；提高市场意识，加深对创业的理解，克服自身的缺点。除此之外，还要掌握一些创业的技巧：不跟风、不赶潮流，专注自己的领域；不以缩减技术投入为代价，过早地追求利润。这样才能在竞争残酷的当今社会，拥有一个能够长远发展、属于自己的企业。

【理论知识】

主题一 市场分析概述

一、市场分析的含义与特点

市场分析是对市场规模、位置、性质、特点、市场容量及吸引范围等调查资料所进行的经济分析。

市场分析是一门综合性科学，涉及经济学、统计学、经济计量学、运筹学、心理学、社会学、语言学等学科。市场分析已经成为现代企业管理人员不可缺少的分析技术。

狭义的市场分析就是市场调查研究。它是以科学的方法收集消费者的购买和使用商品的事实、意见、动机等有关材料，并予以研究分析的手段。而广义的市场分析就是对从生产者到消费者或用户这一过程中全部商业活动的资料、情报和数据，做系统的收集、记录、整理和分析，以了解商品的现实市场和潜在市场。因此，广义的市场分析不仅是购买者或用户的心理和行为，而且还对各种类型的市场营销活动的所有阶段加以研究。表5-1为市场分析的特点研究。

表5-1 市场分析的特点

特点	说明
客观性	强调调研活动必须运用科学的方法，保证所获信息的真实性
系统性	按照预定计划和要求去收集、分析和解释有关资料
资料和信息	市场分析应向决策者提供经过加工处理过的资料形成的信息
决策导向	作为决策服务的管理工具

二、市场调研的目标与流程

市场分析的主要目的是研究商品的潜在销售量，开拓潜在市场，安排好商品地区之间的合理分配，以及企业经营商品的地区市场占有率。通过市场分析，可以更好地认识市场的商品供应和需求的比例关系，采取正确的经营战略，满足市场需要，提高企业经营活动的经济效益。

对初创企业来说，市场分析的最主要目的是充分了解未来市场的机会与威胁。初创企业的市场分析主要包括三个方面：市场环境分析、消费者分析和竞争对手分析。可以从以下六点进行分析：

（一）社会购买力总量及其影响因素

1.居民货币收入

由于居民的购买力来源于其货币收入，所以，居民货币收入的多少，是决定居民购买力大小的最主要因素。从市场营销角度出发，通常考虑居民个人收入、可支配收入和可随意支配收入三个项目。

2.居民非商品性支出

居民的货币收入并非全部用于购买商品，有一部分要用于文化、娱乐、生活服务开支，以及交纳税金、票证费、党团工会组织费等非购买商品的货币支出。非商品支出在货币收入中所占比例高低，会影响居民消费品购买力的大小。

3.结余购买力

居民的结余购买力表现为储蓄存款、手存现金和各种有价证券，三者经常变动。结余购买力有期初结余购买力和期末结余购买力两种，期初结余购买力大小会对本期市场产生影响，而期末结余购买力大小则决定了对下期市场的冲击力。

4.流动购买力

就某一地区来说，当地居民购买力的大小，还要受流动人口引起的货币流入和流出的影响。货币流入大于流出，当地的购买力就会增加；流出大于流入，当地购买力就会减少。通过对购买力总量及其影响因素的调查分析，可使企业对所在地区的市场容量情况有一个整体的了解，为企业在计划期安排业务计划、确定生产和销售规模提供重要依据。

（二）购买力投向及其影响因素

购买力投向是从卖方角度观察购买力投向变动，将所搜集到的社会商品零售额资料按商品主要用途（如吃、穿、用、住、行等）进行分类，计算各类商品零售额占总零售额的比重，并按时间顺序排列，以观察其特点和变化趋势，它直接反映了一定时期全国或某地区的销售构成，在一定程度上反映了商品的需求构成。

影响购买力投向变动的主要因素有：①消费者购买力水平和增长速度的变化；②消费条件的变化；③商品生产和供应情况；④商品销售价格的变动；⑤社会时尚及消费心理变化；⑥社会集团购买力控制程度等。

（三）消费者人口状况

消费者人口状况主要包括总人口、家庭及家庭平均人口、人口地理分布、年龄及性别构成、职业状况、教育程度及民族传统习惯等。

（四）消费者购买动机和行为

消费者购买动机和行为主要是弄清购买动机产生的各种原因，以及消费者的购买模式和习惯。即了解消费者在何时购买、何处购买、由谁购买和如何购买等情况，以便采取相应的诱发措施。

（五）市场供给

市场供给由三部分组成：居民供应量、社会集团供应量和生产资料供应量。一般要分析：商品供给来源及影响因素、商品供应能力、商品供应范围。

（六）市场营销活动

市场营销活动内容主要包括：竞争对手状况、销售渠道、商品实体和包装、价格、产品寿命周期和广告等。

通过调查，可将本企业的现有条件与竞争对手进行对比，为制定有效的竞争策略提供依据。销售渠道也有很多，可以对消费者采取直销方式，也可转手销售，如通过批发商、零售商等。具体分析表如5-2所示。

表5-2　市场营销活动中竞争对手和销售渠道分析汇总

竞争对手	销售渠道分析
1.有没有直接或间接的竞争对手？ 2.竞争对手的所在地、活动范围？ 3.生产经营商品的品种、质量、价格、服务方式及在消费者中的声誉和形象。 4.对手技术水平和新产品开发经营情况。 5.对手的销售渠道、宣传手段、广告策略。 6.现有竞争程度、范围和方式，以及潜在竞争对手状况。	1.现有销售渠道能否满足销售商品的需要？ 2.销售渠道是否通畅？如不通畅，阻塞的原因？ 3.各个环节的商品库存是否合理？能否满足随时供应市场的需要？ 4.每个环节对商品销售提供哪些支持？ 5.市场上是否存在经销某种或某类商品的权威性机构？ 6.市场上经营本商品的主要中间商，对经销本商品的要求有哪些？

商品实体分析是对商品本身各种性能的好坏程度所做的分析，主要包括以下几个方面：

（1）商品性能。商品的有用性、耐用性、安全性、维修方便性等方面。

（2）商品的规格、型号、式样、颜色和口味等信息。

（3）商品制作材料。

价格从宏观角度看，主要是对市场商品的价格，水平、市场零售物价指数和居民消费价格指数等方面的分析。从微观角度看，价格的信息包括：①国家在商品价格上有何控制和具体的规定；②企业商品的定价是否合理，如何定价才能使企业增加盈利；③消费者对什么样的价格容易接受，以及接受程度，消费者的价格心理状态如何；④商品需求和供给的价格弹性有多大、影响因素是什么等。

产品生命周期包括导入期、成长期、成熟期和衰退期四个阶段。

促销，主要指广告与推销。广告的内容包括广告诉求、广告媒体和广告效果等。推销主要分为人员推销和营业推广两个方面。

主题二　利基市场与目标市场

一、利基市场的概念与特征

在现代市场经济条件下，任何一个企业都不可能为这一市场的全体顾客服务，而只能满足于市场上某一部分顾客的某种需求，这是由顾客需求的多样性、变动性，以及企业所拥有的资源有限性所决定的。因此，在现代市场上总是存在着一些被大型及实力较强的企业所忽略或无法顾及的市场，而这些市场的存在为另一些企业提供了生存和发展的机会。这种有利的市场位置，叫作利基市场。而在市场竞争中，不与主要的企业竞争，只是精心服务于利基市场的企业，称为市场利基者。利基者通过专业化市场营销来进取利基市场的战略就是市场利基者战略。

没有强大的资金实力支持，初创企业往往不具备挑战市场领导者的可能，而随着竞争激烈程度的加大，新企业制定市场追随者战略可能带来多重危机，那么，以市场利基者的身份去撕开市场的缺口，是很多初创企业的选择。

菲利普·科特勒在《营销管理》中给利基下的定义为：利基市场是更窄地确定某些群体，这是一个小市场并且它的需要没有被服务好，或者说“有获取利益的基础”。通过对市场的细分，企业集中力量于某个特定的目标市场，或严格针对一个细分市场，或重点经营一个产品和服务，创造出产品和服务优势。

理想的利基市场具有以下六个特征：

1.狭小的产品市场，宽广的地域市场

利基战略的起点是选准一个比较小的产品（或服务），这是利基战略的第一要素，集中全部资源攻击很小的一点，在局部形成必胜力量，这是利基战略的核心思想；同时，以一个较小的利基产品，占领宽广的地域市场，是利基战略的第二个要素，产品有非常大的市场容量，才能实现规模经济，经济全球化的市场环境正好为其提供了良好条件。

2.具有持续发展的潜力

一是要保证企业进入市场以后，能够建立起强大的壁垒，使其他企业无法轻易模仿或替代，或是可以通过有针对性的技术研发和专利，引导目标顾客的需求，引领市场潮流，以巩固和提升企业在市场上的领导地位；二是这个市场的目标顾客将有持续增多的趋势，利基市场可以进一步细分，企业便有可能在这个市场上持续发展。

3.市场过小、差异性较大，以至于强大的竞争者对该市场不屑一顾

既然被其忽视，则一定是其弱点，反过来想，我们也可以在强大的竞争对手的弱点部位寻找可以发展的空间，所谓弱点，就是指竞争者在满足该领域消费者需求时所采取的手段和方法与消费者最高满意度之间存在的差异，消费者的需求没有得到很好的满足，这正是足可取而代之的市场机会。

4.企业所具备的能力和资源与对这个市场提供优质的产品或服务相称

这就需要企业审时度势，不仅要随时测试市场，了解市场的需求，还要清楚自身的能力和资源状况，量力而行。

5.企业已在客户中建立了良好的品牌声誉，能够以此抵挡强大竞争者的入侵

6.这个行业中最好还没有统治者

二、利基市场的切入策略

（一）适合初创企业开拓的利基市场

一般来说，初创企业可以开拓的利基市场有以下五类：

1.自然利基市场

为了追求规模经济效应，很多大企业一般采用少品种、大批量的生产方式，这就自然为中小企业留下了很多大企业难以涉及的“狭缝地带”，这些“狭缝地带”即为自然利基市场。很多中小企业正是选择这些自然利基市场投入经营，在与大企业不发生竞争的情况下成长起来的。

2.协作利基市场

对于生产复杂产品的大企业来说，不可能使每一道工序都达到规模经济性的要求。大企业为了谋求利润最大化或节省成本，避免“大而全”生产体制的弊端，而去与外部企业进行协作，这种协作关系为中小企业提供了生存空间，即协作利基市场。如日本丰田公司一次发包的企业就有248家，这248家企业还要向4000多家企业二次发包。

3.专利利基市场

拥有专利发明的中小企业，可以运用知识产权来防止大企业染指自己的专利技术向自己的产品市场渗透，从而在法律制度的保护下形成有利于中小企业成长的专利利基市场。

4.潜在利基市场

现实中，常有一些只得到局部满足或根本未得到充分满足或正在孕育即将形成的社会需求，这就构成了潜在的市场需求空间，即潜在利基市场。如在电脑行业，竞争激烈，新产品不断涌现，但对于人们常用的从几兆到几百兆之间的数据交换需求却被广大电脑厂商忽略。深圳市朗科科技有限公司总裁邓国顺看到了这一潜在的社会需求，发明了体积小（只有拇指大小）的移动存储器——优盘，在行业掀起了一场革命，当然公司借此获得了迅速发展。

5.替代利基市场

美国著名的企业战略学家波特教授在通过严密的竞争者分析后，得出结论：“最好的战场是那些竞争对手尚未准备充分、尚未适应、竞争力较弱的细分市场”。对方的虚弱点就是我方理想的攻击点。如果企业有能力比竞争对手提供令消费者更满意的产品或服务，即能够有力地打击竞争者的弱点，那么，该市场就可以作为自己的目标市场，这正是“避实击虚”思想在市场竞争战略上的应用。

（二）可供选择的专业化定位

市场利基的关键因素是专业化，通过专业化来体现集中化，可供市场利基者选择的专业化定位有：

1.最终用户专业化

公司可以专门为某一类型的最终用户提供服务。如北大方正主要是通过切入日本新闻媒体客户而将排版系统成功打进日本市场的。

2.垂直专业化

公司可以专门为处于生产与分销循环周期的某些垂直层次提供服务。如新疆德隆投资控股并整合的电动工具产业链，以低成本优势在国内生产，然后收购美国电动工具分销渠道实现市场全球化之目的。

3.小顾客专业化

很多大公司遵循80∶20法则，集中80%的精力满足20%的重量级客户，对盈利贡献较低的小客户视而不见，我们可以反其道而行之，集中100%的精力去满足那些大公司看不上的小客户群体。如海尔率先打入美国市场的小容量冰箱正好满足了美国大学生的需求。

4.特殊顾客专业化

公司可以专门向一个或几个大客户销售产品。如湖南外贸嘉利公司整合国内柠檬酸生产基地，按照高标准的品质要求重点供应宝洁美国总部对柠檬酸原料的需求，成为不景气的外贸企业中的一枝独秀。

5.产品或产品线专业化

公司只经营某一种产品或某一类产品线。比如在实验设备行公司在日本经销27个不同种类的家庭自制甜点——都是小批量生产，并且按照阿米什的配方与当地风味相结合来创作。

6.加工专业化

这类公司只为订购客户生产特制产品。

7.服务专业化

向大众提供一种或数种其他公司所没有的服务。例如，一家银行可以独辟蹊径，接受客户用电话申请贷款，并将现金交予客户。

8.销售渠道专业化

这类公司只为一类销售渠道提供服务。例如，某家软饮料公司决定只对加油站提供一种大容量包装的软饮料。

三、获得目标市场的途径

企业进行市场细分和选择目标市场后，一个重要的问题就是：如何进入目标市场？以怎样的一种姿态和形象占领目标市场？获得目标市场可以通过以下途径：

（一）领先市场

这是指企业选择的目标市场尚未被竞争者所发现，企业率先进入市场，抢先占领市场的策略。企业采用这种定位策略，必须符合以下几个条件：①该市场符合消费发展趋势，具有强大的市场潜力。②本企业具备领先进入的条件和能力。③进入的市场必须有利于创造企业的营销特色。④有利于提高市场占有率，使本企业的销售额在未来市场的份额中占有40%左右。

（二）挑战市场

这是指企业把市场位置定在竞争者的附近，与在市场上占据支配地位的，即最强的竞争对手“对着干”，并最终把对方赶下现在的市场位置，让本企业取而代之的市场定位策略。企业采取这种定位策略，必须具备以下条件：①要有足够的市场潜力。②本企业具有比竞争对手更丰富的资源和更强的营销能力。③本企业能够向目标市场提供更好的商品和服务。

（三）跟随市场

这是指企业发现目标市场竞争者充斥，已座无虚席，而该市场需求潜力很大，企业跟随竞争者挤入市场，与竞争者处在一个位置上的策略。企业采用这种策略，必须具备下列条件：①目标场还有很大的需求潜力。②目标市场未被竞争者完全垄断。③企业具备挤入市场的条件和与竞争对手“平分秋色”的营销能力。

（四）补缺市场

这是指企业把自己的市场位置定在竞争者没有注意和占领的市场位置上的策略。当企业对竞争者的市场位置、消费者的实际需求和自己经营的商品属性进行评估分析后，如果发现企业所面临的目标市场并非竞争者充斥，存在一定的市场缝隙或空间，而且自身所经营的商品又难以正面抗衡，这时企业就应该把自己的位置定在目标市场的空挡上，与竞争者成鼎足之势。采用这种市场定位策略，必须具备以下条件：①本企业有满足这个市场所需要的货源。②该市场有足够数量的潜在购买者。③企业具有进入该市场的特殊条件和技能。④经营必能盈利。

当然，目标市场的获得并不是一劳永逸的，而是随着目标市场竞争者状况和企业内部条件的变化而变化的。当目标市场发生下列变化时，就需重新调整目标市场的方向：①当竞争者的销售额上升，使企业的市场占有率下降，企业出现困境时。②企业经营的商品意外地扩大了销售范围，企业在新的市场上可以获得更高的市场占有率和较高的商品销售额时。③新的消费趋势出现和消费者群的形成，使本企业销售的商品失去吸引力时。④本企业对经营战略和策略做重大调整时等。总之，当企业和市场情况发生变化时，都需要对目标市场的方向进行调整，使企业的市场策略符合突出企业特色、发挥企业优势的原则，从而取得较高的营销利润。

主题三 行业竞争与营销战略

一、市场竞争分析

（一）竞争形式分析

市场经济条件下，企业的竞争主要表现在两种方式上：

1.价格竞争

企业进行价格竞争的条件是成本降低，如果不能降低成本，降价竞争就会使企业利润下降，从而损害企业的利益，要想在竞争中居于有利的地位，企业必须努力降低成本。在市场价格竞争中，企业的价格竞争优势，实际上就是企业的成本竞争优势。

作为企业市场竞争的基本形式，价格竞争可能引发企业所不愿意看到的结果，即轮番降价造成的价格战。价格竞争的主要手段就是降价，当一个企业率先降价时，必然会招致其他企业的报复，引起其他企业跟着降价，轮番降价的结果是企业利润的普遍下降，使大家都不能从价格竞争中获得好处，虽然从一般意义上讲，几个竞争可以促使企业提高劳动效率，不断改进老产品和生产经营，最终使消费者受益，但在某些情况下，价格战的恶性竞争，可能使企业的正常生产经营难以进行，更谈不上有能力进行研究与开发、进行创新了，所以，为了避免这种恶性竞争，越来越多的企业需求通过非价格竞争的手段进行市场竞争。

2.非价格竞争

非价格竞争是通过产品差异化进行的竞争，一般是在不改变产品价格的情况下，通过改变产品的某种属性，形成本企业产品与竞争企业产品之间的某些差异，以吸引更多的消费者购买。与价格竞争比较，非价格竞争较为隐晦，所以相对来讲不容易招致竞争企业的报复。能收到良好的竞争效果，许多企业将非价格竞争作为常规的竞争手段。

非价格竞争被人们认为是企业竞争手段的发展，是企业市场竞争的高级形式，但非价格竞争必然导致企业生产经营成本的增加，比如产品质量的改进，往往是以增加生产经营的投入为代价的。

（二）识别竞争者

竞争者是微观环境的构成要素之一，市场上几乎每一个机会都有竞争者在竞争，企业的营销活动总是受到各种竞争者的包围，因此，企业要善于识别竞争者，并制定相应的竞争策略。

一个企业的竞争者包括现实竞争者和潜在竞争者，凡是满足相同的市场需求或服务于同一目标市场的企业，无论是否属于同一行业，都可能使企业的潜在竞争者威胁更大。企业即不能患“营销近视症”，也不能患“营销远视症”，必须仔细辨别谁才是真正的竞争对手。一般情况下，竞争者包括以下四个层次：

（1）提供相似产品的企业：提供相似产品或服务给相同的顾客群。

（2）提供同类产品的企业：把制造相同产品或提供相同服务的企业都看作自己的竞争对手。

（3）满足同一种需求的竞争者：把所有提供相同的产品（核心产品相同）的企业都看作竞争者。

（4）所有与自己争夺同一目标顾客的企业：谁在与自己争夺同一目标顾客群体，谁就是你的竞争对手。

（三）分析竞争者的策略

明确了企业的竞争者以后，还要明确竞争者的目标和竞争策略。

1.竞争者目标

一个竞争者的目标是由规模、历史、目前的经营能力、资金状况等因素决定的。企业必须注意了解这些因素，还必须注意不断监视和了解其竞争者的市场行为，观察其目标取向，不只掌握其当前位置，还要看它可能要进入的目标市场，从而制定自己的对策。如：当发现竞争者开辟了一个新的细分市场时，也就意味着产生了新的市场机会；发现竞争者试图打入自己的目标市场时，也就意味着企业面临新的市场威胁，需要认真对待。经营者的目标可能对企业的经营模式有很大的影响。

2.竞争者的竞争策略

竞争者之间可能采取相似的策略，也可能采取不同的策略，竞争策略越是相似，竞争就越发激烈，根据竞争企业采取的竞争策略的特点，可以将竞争者划分为不同的策略群体。

（1）凡采取类似竞争策略的企业，可以划归为同一策略群体，由于策略相近，所以竞争更为激烈（平价商店）。

（2）不同策略群体间也存在竞争。第一，属于不同策略群体的企业具有相同的目标市场，从而形成相互之间争夺市场的竞争。第二，不同策略群体之间策略差异的不明确性，使消费者混淆了企业间的差别。第三，企业策略的多元性，使不同策略群体企业的策略发生了交叉。第四，某一策略群体中的企业可能改变或扩展自己的策略，加入另一策略群体行列。

（四）分析竞争者的优劣势

获取竞争者优劣势的信息非常困难，一般情况下要通过细致的市场调查获得，或者借助二手资料整理分析，也可以通过合法的渠道获取其内部信息，了解竞争对手的优劣势，可以制定有针对性的竞争策略，以避其锋芒，攻其弱点，出其不意，利用竞争者的错误获取市场竞争优势。

竞争者的优劣势通常表现为以下几个方面：①产品：产品组合，市场适应性等；②销售渠道：销售渠道的效率、深度和广度、服务能力等；③市场营销管理水平：调研能力、新产品开发能力、销售队伍结构情况，营销组合等；④生产与经营：人才、技术、专利、成本、原料来源及成本；⑤研究与开发能力；⑥资金实力；⑦组织管理等。

（五）分析竞争者的反应行为

在不同的经营理念和指导思想下，由于竞争者的策略、目标、优劣势不同，其对市场上的降价、促销、新产品的推出等竞争行为可能做出不同的反应。企业必须对这一切精心详细地研究，判断竞争者的反应，并制定本企业的竞争策略。一般情况下，竞争者的反应大致有以下几种：①迟钝型竞争者：对市场竞争措施的反应不强烈，行动迟缓。原因：资源限制：过于自信；不重视对手未能及时获取信息等。②选择型竞争者：对不同的市场竞争措施有不同的反应。原因：降价措施反应迅速；改进产品，强化促销等非价格手段反应不同。③强烈反应型竞争者：对市场竞争因素的变化十分敏感，一旦受到竞争者的挑战，会迅速做出强烈的市场反应。原因：这些竞争者一般都是市场上的领先者，具有某些竞争优势。④不规则型竞争者：对市场竞争形势变化的反应通常是随机的，使竞争者感到不可捉摸。

二、构建竞争壁垒的方式

在综合考虑企业成本约束及市场有效竞争约束的条件下，产品、营销、企业文化、知识等要素可以作为企业构建竞争壁垒的选择。

（一）构建产品壁垒

产品壁垒策略，产品是企业开展营销活动的主要载体，也是向顾客提供价值让渡的主要载体。因此，企业要想在市场中创建有效的壁垒，产品是一个不容忽视的领域。由于产品包括核心产品、基本产品和附加产品的三个层次理论，产品壁垒的创建也应从这三个方面加以考虑。

核心产品，就是能给顾客带来最核心利益的产品，创建核心产品壁垒的关键就是要把握核心技术。

基本产品，就是产品能给顾客带来的外围利益，如飞机的基本产品就是其安全性、经济性、快捷性等。企业可以通过技术改进来提高企业基本产品的利益（如汽车行业，不断通过技术改进，如增加ABS系统等来增强汽车的便利、快捷、安全性能），进而创建基本产品壁垒。

附加产品的利益，目前企业间产品的竞争更多地集中在附加产品领域，因此企业认真研究如何构建附加产品壁垒就具有极强的现实意义。如航空公司的附加产品主要集中在航班的服务、正点率、航班提供的饮食等方面。谁能在其他条件相同或相似的环境下，提供更有价值的服务（如服务更全面、更加人性化等），谁就将建立自己的附加产品壁垒，进而在竞争中确立自身领先的市场地位。

（二）构建营销壁垒

（1）营销理念壁垒，企业营销竞争的核心就是营销理念之争。但并不是说企业的营销理念越先进越好，而应是最适应企业实际与市场环境要求的营销理念才能真正对企业营销竞争力的提升有所帮助。只有真正实现先进营销理念的中国化再造与企业化再造以后，营销理念才能内化到企业的“血液”中，才能真正形成企业独特的营销思维、营销语言、营销行为，才能真正创造出适应企业特点与市场要求的营销模式，才能真正成为企业的营销理念壁垒。

（2）营销技术壁垒，同样的营销技术具有不同的营销效果，在市场竞争中并不鲜见。究竟在何种约束条件下（如企业自身的资源、消费者特点、竞争对手的反应等）应用何种营销技术、应用到何种程度、如何应用、营销技术间如何加强协同配合，等等，就成为企业构建自身营销壁垒的又一方向。企业的营销技术壁垒，包括价格壁垒（如格兰仕通过设置价格壁垒牢牢把握了微波炉市场的主导权）、渠道壁垒（如TCL的网络优势为其市场优势的取得立下了汗马功劳）、关系壁垒（如安利在对直销还存在很多不理解甚至错误认识的中国市场环境中，通过良好的政府关系确立了对自身有利的市场优势），等等。

（3）营销信息壁垒，随着知识经济的发展，信息在企业营销活动中的重要性日益显现，甚至已经成为企业营销活动能否有效运行的关键。但在企业的营销实践中，信息在不同企业中所扮演的角色却大相径庭。建立信息壁垒的核心就是一个“快”字，简单地说就是企业要“快知道、快反应”。谁能在信息的收集、整理、提炼及有效应用方面先行一步，谁就会成为未来市场的主导者。

（三）构建企业文化壁垒

企业文化壁垒，随着产品同质化竞争的趋势越发明显，企业作为竞争的主要载体也逐渐走上了前台。今天的顾客，不再过多追求消费的实体利益满足，而是转为对消费的心理利益的渴望，更加强调以消费为载体张扬与释放自身个性。心理利益的满足度已经成为决定目标消费者是否形成、实施购买决策的重要、关键变量。而企业文化的特点决定了其在一定程度上可以满足顾客的心理需求，而成为企业构建自身营销优势的重要一环。

（四）构建知识壁垒

知识壁垒，就是指企业凭借在某一领域、行业所具有的独特知识优势，构建阻碍其他企业进入的知识壁垒，进而掌握行业发展的话语权、主导权。知识壁垒的典型表现就是专利壁垒和“标准”壁垒。而“标准”壁垒，则是指企业利用自身的先发优势将企业的标准（如技术标准）提升为行业标准，将整个行业纳入企业的发展框架（如IT行业的发展就是典型案例）。

需要强调的是，上述有关壁垒营销的具体选择并不是完全孤立的，而是内在统一的，为企业提供了一个实施壁垒营销的决策平台。企业可以根据自身的行业特点、市场竞争环境、企业所处的发展阶段及未来的发展战略等对上述几个具体的壁垒营销策略进行基于企业整体经营考虑的整合、设计、安排。

三、用SWOT法提升竞争力

SWOT分析法又称态势分析法，是将对企业内外部条件各方面的内容进行综合和概括，进而分析组织的优劣势、面临的机会和威胁的一种方法。SWOT方法自形成以来，被广泛应用于企业战略研究与竞争分析，成为战略管理和竞争情报的重要分析工具。分析直观、使用简单是它的主要优点。即使没有精确的数据支持和更专业化的分析工具，也可以得出有说服力的结论。表5-3为SWOT法的具体内容。

表5-3　SWOT法详解

SWOT法各要素	详细解析
S（Strength）	
优势	有利的竞争态势；充足的财政来源；良好的企业形象；技术力量；规模经济；产品质量；市场份额；成本优势；广告攻势等。
W（Weakness）	
劣势	不利的竞争弱势；组织机构的内部因素，具体包括：设备老化、管理混乱、研发落后；经营不善等。
O（Opportunity）	
机会	新产品、新市场、新需求、市场壁垒接触、竞争对手失误等。

利用SWOT法提升产品竞争力，具体步骤是：

（一）分析因素

运用各种调查研究方法，分析企业所处的各种环境因素，即外部环境因素和内部能力因素。外部环境因素包括机会因素和威胁因素，它们是外部环境中直接影响企业发展的有利和不利因素，属于客观因素。内部环境因素包括优势因素和弱点因素，它们是企业在其发展中自身存在的积极和消极因素，属主动因素。在调查分析这些因素时，不仅要考虑企业的历史与现状，而且要考虑企业未来的发展。

（二）构造矩阵

将调查得出的各种因素根据轻重缓急或影响程度等排序，构造SWOT矩阵。在这个过程中，要将那些对企业发展有直接的、重要的、大量的、迫切的、久远的影响因素优先排列出来，而将那些间接的、次要的、少许的、不急的、短暂的影响因素排在后面。

机会（SO）战略是一种发展企业内部优势与利用外部机会的战略，是一种理想的战略模式。当企业具有特定方面的优势，而外部环境又为发挥这种优势提供有利机会时，可以采取该战略。例如良好的产品市场前景、供应商规模扩大和竞争对手有财务危机等外在优势，配以企业市场份额提高等内在优势可成为企业收购竞争对手、扩大生产规模的有利条件。

机会（WO）战略是利用外部机会来弥补内部弱点，使企业改劣势而获取优势的战略。存在外部机会，但由于企业存在一些内部弱点而妨碍其利用，可采取措施先克服这些弱点。

威胁（ST）战略是指企业利用自身优势，回避或减轻外部威胁所造成的影响。如竞争对手利用新技术大幅度降低成本，给企业很大成本压力；同时材料供应紧张，其价格可能上涨；消费者要求大幅提高产品质量；企业还要支付高额环保成本等等，但若企业拥有充足的现金、熟练的技术工人和较强的产品开发能力，便可利用这些优势开发新工艺，简化生产工艺流程，提高原材料利用率，从而降低材料消耗和生产成本。另外，开发新技术产品也是企业可选择的战略。新技术、新材料和新工艺的开发与应用是最具潜力的成本降低措施，同时它可提高产品质量，从而回避外部威胁影响。

威胁（WT）战略是一种旨在减少内部弱点，回避外部环境威胁的防御性技术。当企业存在内忧外患时，往往面临生存危机，降低成本也许成为改变劣势的主要措施。

（三）制订计划

在完成环境因素分析和SWOT矩阵的构造之后，便可以制定相应的行动计划了。制定计划的基本思路是：发挥优势因素，克服弱点因素，利用机会因素，化解威胁因素；考虑过去，立足当前，着眼未来。运用系统分析的方法，将排列与考虑的各种因素相互联系并加以组合，得出一系列企业未来发展的可选择对策。

四、营销战略的制定

战略是实现长期目标的方法，是为谋求生存和发展而做出的长远性、全局性的谋划方案。市场营销战略指企业为适应环境、市场的变化而站在战略高度，以长远的观点，从全局出发来研究市场营销问题，策划新的整体的市场营销活动。营销战略的内容主要由四部分构成，即市场细分战略、目标市场选择与定位战略、营销组合战略，以及营销费用预算管理。

（一）市场细分战略

市场细分是根据消费者对产品的不同欲望和需求、购买行为及购买习惯，把整体市场分割成不同的小市场群。它是基于顾客需求和消费行为的差异而对市场进行的划分。

中小企业可以依靠现代市场营销的市场细分方法，在市场中寻找一个良好的发展机会。企业通过对市场营销的研究和市场细分，可以了解各个购买者群体的需求情况及目前满足程度，由此发现哪些顾客群的需求没有得到满足或没有充分满足，从而通过满足水平较低的市场部分，来寻求可能存在着的最好的市场机会。

（二）目标市场选择与市场定位战略

目标市场选择，就是企业确定其具体的服务对象，即企业确定哪些人属于自己产品的购买者，购买者的地域分布、需求爱好以及购买行为的特征等。企业有许多进入市场的机会和途径，但并不是所有的机会和途径都适合于中小企业。中小企业在选择目标市场时，必须把握好选择目标市场的标准，比如市场规模、市场增长速度、竞争对手的优势等。市场定位的实质就是使本企业与其他企业严格区分开来，使顾客明显感觉和认识到这种差别，从而在顾客心目中占据特殊的位置。中小企业无论采用何种方法进行市场细分，都要敢于对某些市场机会说“不”，缺乏正确的市场界定将会稀释企业的资源，使其无法战胜资源相对集中的竞争对手，无法建立自己的核心市场力量。

（三）市场营销组合战略

1.产品策略

中小企业经营的轴心是产品，而中小企业产品战略的核心和关键是产品创新，中小企业应随着外部环境的变化，利用自身灵活性的特点，不断进行产品创新。中小企业可以利用世界先进技术进行模仿性创新，因为它目的性强、投资少、周期短、成功率高等，可以为中小企业赢得竞争上的时间和成本优势。名牌也可以为企业带来巨大的竞争优势，对品牌进行投资，培养知名品牌，是产品策略的重要方面，中小企业可以利用其品牌信誉，进行低成本品牌扩张。

2.定价策略

企业应根据自身所处的市场状况、产品销售渠道及竞争状况等因素采取不同的定价策略，具体包括渗透定价、撇脂定价和满意定价策略。

3.分销渠道策略

中小企业生产的规模成本比较高，与大企业相比在资金和人力资源方面相对缺乏，不可能像大企业那样建立庞大而完备的销售网络和渠道，因此中小企业可以依靠中间商队伍来发展壮大自己。

4.沟通策略

常见的促销方式有人员促销、广告、营业推广和公共关系等。中小企业知名度低，资金势力薄弱，可以把主要精力放在人员促销和广告上。

（四）营销费用预算管理

费用的投入是为了实现未来某段时期内的销售目标，是对未来收益的预支，因此，预算管理要从经营的角度出发，按费用收、支两条线进行，避免费用使用的无序化。对于营销预算管理，中小企业无法脱离粗放式管理，又缺乏对未来市场的合理规划，造成资源使用的无序化、大量的费用被浪费和销售的虚假繁荣。中小企业要想做好营销预算管理，必须注意：①制订严密的工作计划与预算管理计划，对市场精耕细作，以指导营销工作的开展。②企业的高层管理者要高度重视、积极参与。③将营销预算编制同公司营销战略相联系，强调预算规划思路的系统性。④制定的预算有弹性，要含有对未来变化与竞争的思考，有必要的反馈与调整机制。⑤将预算管理同激励机制、绩效指标联系起来。

五、营销模式的创新

当前市场环境下，同行业同产品的竞争日益加剧，新企业要想提高自己的市场竞争能力，必须依靠营销模式的创新来挖掘新的消费者和竞争其他品牌的消费者。营销模式的创新强化了企业的市场观念更新和销售职能，能促进企业的快速发展，有利于企业管理机制的调整和改革。营销模式的创新是新产品的开发、新市场的开拓、新生产要素的发现，新生产经营管理方式的引进及新组织形式的实施；是企业经营的最佳策略。只有进行了营销模式的创新，才能在竞争中站稳脚跟。

新企业营销模式的创新应该从企业自身发展战略的高度和层次去认识，并将之建设成为发展战略的有机组成部分，以此为依据给予持续的资源投入和机制保证，同时开展相关辅助环节和业务流程的调整优化和重塑，提升其匹配能力和支持力度。

新企业营销模式创新应该从自身在行业市场中的地位及其资源市场占有情况这些经济实力出发来制定量力而行的营销策略，以确保资源的有效负荷和最大效能的发挥，既不能保守，也不能冒进。新企业的一大软肋就是资金少、技术薄弱、管理水平较低以及市场份额市场占有率较低，这也是众多新企业在制定营销策略中的重要出发点和依据，以防止营销策略过于宏大给企业带来的沉重负荷和经济负担，但同时新企业营销策略的制定如果过于保守，会导致营销的投入跟不上企业市场份额的增长。

新企业营销模式创新中应该在新的电子商务蓬勃发展的背景下充分考虑网络营销平台的应用模式和方案开发问题，研究将传统营销策略向网络营销策略转移和有效衔接的具体方法，以发挥网络营销平台形式多媒体化、成本低廉化、反应快捷化的优势。借助网络营销新企业可以克服诸多资源实力和关键组织障碍来赢得同大企业同台竞技的机会并且具备获得相对优势的可能性，新企业借助网络营销可以突破传统营销策略的壁垒而将自己的产品和服务以低成本传达到目标客户群体之中，同时对市场的新需求、新变化做出快捷反应。

主题四　市场调研及其实施

一、市场调查的实施要点

（一）明确调查目标与对象

进行市场调查，首先要明确市场调查的目标，按照企业的不同需要，市场调查的目标有所不同。企业在制定经营战略时，必须调查宏观市场环境的发展变化趋势，尤其要调查所处行业未来的发展状况；企业在制定市场营销策略时，要调查市场需求状况、市场竞争状况、消费者购买行为和营销要素情况。初创企业要根据项目的实际情况，制订市场调查的目标。

市场调查的对象一般为消费者、零售商、批发商，零售商和批发商为经销调查产品的商家，消费者一般为使用该产品的消费群体。在以消费者为调查对象时，要注意到有时某一产品的购买者和使用者不一致，如对婴儿食品的调查，其调查对象应为孩子的母亲。此外还应注意到一些产品的消费对象主要针对某一特定消费群体或侧重于某一消费群体，这时调查对象应注意选择产品的主要消费群体，如对于化妆品，调查对象主要为女性；对于酒类产品，其调查对象主要为男性。

（二）市场调查的主要内容

调查内容是收集资料的依据，是为实现调查目标服务的，可根据市场调查的目的确定具体的调查内容。

1.经营环境调查

（1）政策、法律环境调查：调查你所经营的业务、开展的服务项目有关政策法律信息，了解国家是鼓励还是限制你所开展的业务，有什么管理措施和手段。当地政府是如何执行有关国家法律法规和政策，对你的业务有何影响。

（2）行业环境调查：调查你所经营的业务，开展的服务项目所属行业的发展状况、发展趋势、行业规则及行业管理措施。比如，从事美容美发行业，应该了解该行业国内及本地区的发展状况，国际国内流行趋势和先进美容技术，该行业的行业规范和管理制度有哪些。从事服装业的，应该了解服装行业的发展趋势，流行色和流行款式，服装技术发展潮流等。“家有家法，行有行规”，进入一个新行当，应充分了解和掌握该行业的信息，这样，才能有助于你尽快实现从“门外汉”到内行的转变。

（3）宏观经济状况调查：宏观经济状况是否景气，直接影响老百姓的购买力。如果企业效益普遍不好，经济不景气，你的生意就难做，反之你的生意就好做，这就叫作大气候影响小气候。因此，掌握大气候的信息，是做好小生意的重要参数。经济景气宜采取积极进取型经营方针，经济不景气也有挣钱的行业，也孕育着潜在的市场机遇，关键在你如何把握和判断。

2.市场需求调查

如果你要生产或经销某一种或某一系列产品，应对这一产品的市场需求量进行调查。也就是说，通过市场调查，对产品进行市场定位。比如你经销某种家用电器，你应调查一下市场对这种家用电器的需求量，有无相同或相类似的产品，市场占有率是多少。比如你提供一项专业的家庭服务项目，你应调查一下居民对这种项目的了解和需求程度，有无其他人或公司提供相同的服务项目，市场占有率是多少。市场需求调查的另一重要内容是市场需求趋势调查。了解市场对某种产品或服务项目的长期需求态势，了解该产品和服务项目是逐渐被人们认同和接受，需求前景广阔，还是逐渐被人们淘汰，需求萎缩。了解该种产品和服务项目从技术和经营两方面的发展趋势如何，等等。

3.顾客情况调查

这些顾客可以是你原有的客户，也可能是你潜在的顾客。顾客情况调查包括两个方面的内容：一是顾客需求调查，例如购买某种产品（或服务项目）的顾客大都是什么人（或社会团体、企业），他们希望从中得到哪方面的满足和需求（如效用、心理满足、技术、价格、交货期、安全感等），现时优质的产品（或服务项目）能够或者为什么能够较好地满足他们某些方面的需要等。二是顾客的分类调查。重点了解顾客的数量、特点及分布，明确你的目标顾客，掌握他们的详细资料，如果是某类企业和单位的话，应了解这些单位的基本状况，如进货渠道、采购管理模式，联系电话、办公地址，某项业务负责人的具体情况和授权范围，对某种产品和服务项目的需求程度，购买习惯和特征。如果顾客是消费者个人，应了解消费群体种类，即目标顾客的大致年龄范围、性别、消费特点、用钱标准，对某种产品和服务项目的需求程度，购买动机、购买心理、使用习惯。掌握这些信息，将为你有针对性开展业务做准备。

4.竞争对手调查

在开放的市场经济条件下，做独家买卖太难了，在你开业前，也许已有人做相同或类似的业务，这些就是你现实的竞争对手。也许你开展的业务是全新的，有独到之处，在你刚开始经营的时候，没有现实的对手；一旦你的生意兴旺，马上就会有许多人学习你的业务，加入你的竞争行列，这些就是你潜在的对手。“知己知彼，方能百战不殆”，了解竞争对手的情况，包括竞争对手的数量与规模，分布与构成，竞争对手的优缺点及营销策略，做到心中有数，才能在激烈的市场竞争中占据有利位置，有的放矢地采取一些竞争策略，做到人无我有，人有我优，人优我更优。

5.市场销售策略调查

重点调查了解目前市场上经营某种产品或开展某种服务项目的促销手段、营销策略和销售方式主要有哪些。如销售渠道、销售环节，最短进货距离和最小批发环节，广告宣传方式和重点，价格策略，有哪些促销手段，有奖销售还是折扣销售，销售方式有哪些，批发还是零售，代销还是传销，专卖还是特许经营等，调查一下这些经营策略是否有效，有哪些缺点和不足，从而为你确定采取什么经营策略、经营手段、提供依据。

（三）常见的市场调查方法

根据不同的标准，市场调查可以分为不同的方法。

1.按调查范围不同

市场调查可分为：市场普查、抽样调查和典型调查三种。

市场普查，即对市场进行一次性全面调查，这种调查量大，面广，费用高，周期长，难度大，但调查结果全面、真实、可靠。一般下岗职工做的一些业务，没有能力，也没有必要搞这种大规模的市场普查。

抽样调查，据此推断整个总体的状况。比如你经销一种小学生食品和用品，完全可选择一两个学校的一两个班级小学生进行调查，从而推断小学生群体对该种产品的市场需求情况。

典型调查，即从调查对象的总体中挑选一些典型个体进行调查分析，据此推算出总体的一般情况。如对竞争对手的调查，你可以从众多的竞争对手中选出一两个典型代表，深入研究了解，剖析它的内在运行机制和经营管理优越点，价格水平和经营方式，而不必对所有的竞争对手都进行调查，这样难度大、时间长。

2.按调查方式不同

市场调查可分为：访问法、观察法和试销或试营法。

访问法，即事先拟定调查项目，通过面谈、信访、电话等方式向被调查者提出询问，以获取所需要的调查资料。这种调查简单易行，有时不一定正规，在与人聊天闲谈时，就可以把你的调查内容穿插进去，在不知不觉中进行市场调查。

观察法，即调查人员亲临顾客购物现场，如商店和交易市场，亲临服务项目现场，如饭店内和客车上，直接观察和记录顾客的类别、购买动机和特点、消费方式和习惯、商家的价格与服务水平、经营策略和手段等，这样取得的一手资料更真实可靠。要注意的是你的调查行为不要被经营者发现。

试销或试营法，即对拿不准的业务，可以通过营业或产品试销，来了解顾客的反应和市场需求情况。

3.从小企业市场调查实用的角度

可以从以下方面进行：亲自考察市场；查阅行业资料；与行业专家或者企业家交谈或请教；参观行业展览会、新产品发布会、参加行业协会活动；与有关顾客交谈；听取亲朋好友对做生意和选择行业的看法；联系进出口商等。

二、撰写市场调研分析报告

撰写调查报告是市场调查的最后一项工作内容，市场调查工作的成果将体现在最后的调查报告中，调查报告将提交企业决策者，作为企业制定策略的依据。市场调查报告要按规范的格式撰写，一个完整的市场调查报告格式由题目、目录、概要、正文、结论、建议、附件等组成。

主要内容应包括：

第一，说明调查目的及所要解决的问题。

第二，介绍市场背景资料。

第三，分析的方法。如样本的抽取，资料的收集、整理、分析技术等。

第四，调研数据及其分析。

第五，提出论点。即摆出自己的观点和看法。

第六，论证所提观点的基本理由。

第七，提出解决问题可供选择的建议、方案和步骤。

第八，预测可能遇到的风险、对策。

具体内容如下：

1.标题

标题和报告日期、委托方、调查方，一般应打印在扉页上。

关于标题，一般要在与标题同一页上，把被调查单位、调查内容明确而具体地表示出来，如《关于某市家电市场调查报告》。有的调查报告还采用正、副标题形式，一般正标题表达调查的主题，副标题则具体表明调查的单位和问题。

2.目录

如果调查报告的内容、页数较多，为了方便读者阅读，应当使用目录或索引形式列出报告所分的主要章节和附录，并注明标题、有关章节号码及页码，一般来说，目录的篇幅不宜超过一页。

3.概述

概述主要阐述课题的基本情况，是按照市场调查课题的顺序将问题展开，并阐述对调查的原始资料进行选择、评价、做出结论、提出建议的原则等。主要包括三方面内容：

第一，简要说明调查目的。即简要说明调查的由来和委托调查的原因。

第二，简要介绍调查对象和调查内容，包括调查时间、地点、对象、范围、调查要点及所要解答的问题。

第三，简要介绍调查研究的方法。介绍调查研究的方法，有助于使人确信调查结果的可靠性，因此对所用方法要进行简短叙述，并说明选用方法的原因。例如，是用抽样调查法还是用典型调查法，是用实地调查法还是文案调查法，这些一般是在调查过程中使用的方法。另外，在分析中使用的方法，如指数平滑分析、回归分析、聚类分析等方法都应做简要说明。如果部分内容很多，应有详细的工作技术报告加以说明补充，附在市场调查报告的最后部分的附件中。

4.正文

正文是市场调查分析报告的主体部分。这部分必须准确阐明全部有关论据，包括问题的提出到引出的结论，论证的全部过程，分析研究问题的方法，还应有可供市场活动的决策者进行独立思考的全部调查结果和必要的市场信息，以及对这些情况和内容的分析进行评论。

5.结论与建议

结论与建议是撰写综合分析报告的主要目的。这部分包括对引言和正文部分所提出的主要内容的总结，提出如何利用已证明为有效的措施和解决某一具体问题可供选择的方案与建议。结论和建议与正文部分的论述要紧密对应，不可以提出无证据的结论，也不要没有结论性意见的论证。

6.附件

附件是指调查报告正文包含不了或没有提及，但与正文有关必须附加说明的部分。它是对正文报告的补充或更详细的说明，包括数据汇总表及原始资料背景材料和必要的工作技术报告，例如为调查选定样本的有关细节资料及调查期间所使用的文件副本等。

【能力训练】

逐步升级的市场测试

1.每个团队确定一个待讨论的创业项目，这个项目最好是团队一直在思考的事情。

2.每个团队合作设计针对项目的前三个市场测试，前提是第一个测试是可行的，然后再进行第二个，依此类推。关键是要构思出低成本的第一个测试，可以参考下表进行设计：

关键任务	个人负责的任务	截至时间
所需资源	如何使用资源	
预期结果	评价指标	与实际结果的偏差

关键任务，需列出开展市场测试所需要完成的关键任务；所需资源，需列出财务和非财务资源，按照用途进行细分；预期结果，指你希望了解到的关键内容是什么；评价指标，指你如何评价测试的成功程度，如服务的顾客数量、顾客响应等；与实际结果的偏差，能够考察你的实际结果与预期结果相比是更好还是更差，以及能否解释原因。

3.选择几组团队，展示其市场测试方案，请其详述第一个也就是最低成本的市场测试。围绕如何进一步降低成本展开充分讨论。对那些最具创造性、低成本的测试，要给予特别关注。

【实践作业】

完成市场调研分析报告

根据团队的创业项目，制定你的市场调查方案，并实施调查，完成市场调研分析报告。

第六章

产品服务与商业模式

chan pin fu wu yu shang ye mo shi

【课程目标】

1.了解产品、服务的盈利模式，掌握增加产品附加值的方法，了解影响产品定价的关键要素。

2.了解产品、服务的核心技术保护及其重要意义，了解著作权与商标的基本知识，掌握产品创新的方法。

3.了解产品推广的重要意义，掌握产品宣传与广告策划的制定方法。

4.掌握开发和创新商业模式的方法。

【案例导读】

创业失败了，谁的错

有一家公司Everpix，创始人有很强的背景，其产品被誉为“最佳大量图片储存方案之一”，融资百万美元，可惜最终还是挺不过“三年之痒”宣布倒闭。

公司两名创始人是法国人Latour和Quennesson，Latour和Quennesson 都在苹果工作过。十几年前，Latour 曾将自己创立的动态图像处理软件公司卖给苹果。Quennesson有数学和物理背景，拥有六项与动态图像、图像处理以图形用户界面相关的专利，2006年加入 Quartz Composer 的时候认识 Latour。

2009年，两人一起离开苹果。Latour 加入Cooliris——一个图片浏览上有新意的移动应用，并帮助它设立日本办公室。但不久，在女友陪伴旅游亚洲的途中，Latour开始发现照片的储存与管理成为巨大的麻烦。然后他带着早期的想法与 Quennesson 一起讨论，后者正对用数学、科学支持开发一款更好的图像应用感兴趣。Quennesson说：“人们拍下越来越多的照片，但自相矛盾的是，他们开始越来越少地回顾照片。你不打算回顾自己拍下的人生瞬间，这有违常理。那是最重要的东西——你的生活！因此这是个显而易见的问题。”

2011年8月，Latuor 建立名为“33cube”的公司，依托公司终于可以开始推动新产品的计划了。为了保证产品开发进度，他们参加了 TechCrunch Disrupt 创业大赛，并闯进了最终一轮，TechCrunch 也被 Everpix “用后不管”的自然用户体验、流畅的反应、漂亮的设计所吸引。之后，Everpix开始融资、孵化。这期间，Disrupt、Facebook、Dropbox 等公司还对 Everpix 产生兴趣，希望把它买下来，但被后者拒绝。创始人希望按照自己的心意来规划产品。之后团队花了六个月的时间来开发产品，这对于一个初创公司来说，从创立到拥有一个产品，需要非常长的一段时间。

另外，当创始人注意力集中在产品时，他们忽略了投资人最关心的问题：

公司成长。Everpix有图片分享的功能，但没有多少用户注意到。当时团队考虑过，当用户希望分享图片时，是否要让别人注册一个账户才能观看和下载。但团队觉得这样的设计很丑陋，最终还是没有执行。更糟糕的是，180万元的启动资金几乎全都投入到产品上，没有给营销推广留下多少钱。在其他图像服务获得上百万用户的时候，Everpix 的用户量还不到19 000。5月份开始，Everpix 走向崩坏。

以 Latour 的工作经历和他背后的投资者，他可以约到那些顶级的投资公司。但这些投资公司在被美丽的产品打动后，却留下一次次冷冰冰的打击。有一个有名的投资公司合伙人，约谈两次后，就发了一封电邮给 Latour："你们看上去是一个很有天赋的团队，而且一些相关的信息也表明你们是，但每个人都为这一点担心：当下这个时代，能否基于一款图片的免费服务，从而催化出收入过亿的付费订阅业务。"而另外一家投资公司合伙人也说，"你们的团队，接触下来很愉快，但弱点在很难说明未来会有上亿美元的前景"。

而当 Latour 为融资的事情焦头烂额的同时，Everpix 的投资人Index Venture开始对公司丧失信心，拒绝成为公司的 A 轮融资的领投人。Index中的一名合伙人 Neil Rimer说："虽然产品非常棒，而且拥有一小批极忠实的拥趸，但我们仍然没办法确认，其他人是否也会对 Everpix 产生共鸣，而且跟投。"

到了最后关头，Latour 决定寻求收购。不过，由于签署了保密协议，他无法透露更多的消息。如果从 Everpix 的故事来看，他们的问题好像在于在产品上的投入过多。然而，这种投入并非没有回报，Everpix 在 App Store 平均评价为 4.5 颗星，拥有超过1000 条评论。而且投资界不看好，不代表时代不看好，或许他们错过了一个千载难逢的机会——但也许，下一个 Everpix 出现的时候，投资者们会积极地迎上去，时代总是在变的。

[**点评**] Everpix的失败从不同角度，可能有不同的看法。其项目"看上去很美"，但商业模式不够清晰，使投资者看不到可能发生的赢利；在运营上，过于关注产品的研发，对营销不够重视，总是期望通过融资维持企业的发展，一旦融资不到位，企业就会面临崩溃，这相当于企业的财务管理出现了很大的漏洞。创业者需要明确一点，生存，才能发展。新企业要把生存作为企业的首要任务，然后再去寻求发展。在企业创办后，管理企业的过程，也是一个寻求平衡的过程，问题的产生与解决、研发与营销的兼顾、理性与感性的交锋，这些都需要创业者进行平衡。就像任何一个生命一样，企业从诞生之初就有追求成长和发展的内在冲动。我们要把握住新创企业成长的脉络，科学管理，促进企业的发展。

【理论知识】

主题一　产品与服务分析

一、产品、服务的盈利模式

盈利模式是对企业经营要素进行价值识别和管理，在经营要素中找到盈利机会，即探求企业利润来源、生产过程以及产出方式的系统方法。

盈利模式分为自发的盈利模式和自觉的盈利模式，前者的盈利模式是自发形成的，企业对如何赢利，未来能否赢利缺乏清醒的认识，企业虽然盈利，但赢利模式不明确、不清晰，其赢利模式具有隐蔽性、模糊性、缺乏灵活性的特点；后者，也就是自觉的赢利模式，是企业通过对赢利实践的总结，对赢利模式加以自觉调整和设计而成的，它具有清晰性、针对性、相对稳定性、环境适应性和灵活性的特征。

在市场竞争的初期和企业成长的不成熟阶段，企业的赢利模式大多是自发的，随着市场竞争的加剧和企业的不断成熟，企业开始重视对市场竞争和自身赢利模式的研究。作为创业者，我们应该尽可能地明确产品或服务的盈利模式，这能加大我们创业成功的可能性。

企业需要选择一个适合自己的赢利模式。由于各行业宏观和微观经济环境处于不断变化的之中，没有一个单一的特定赢利模式能够保证在各种条件下都产生优异的财务结果。美国埃森哲咨询公司对70家企业的赢利模式所做的研究分析中，没有发现一个始终正确的赢利模式，但却发现成功的赢利模式至少具有三个共同点。

首先，成功的商业模式要能提供独特价值。有时这个独特的价值可能是新的思想；而更多的时候，它往往是产品和服务独特性的组合。这种组合要么可以向客户提供额外价值；要么使得客户能用更低的价格获得同样的利益，或者用同样的价格获得更多的利益。例如，美国的大型连锁家用器具商场Home Depot，就是将低价格、齐全的品种以及只有在高价专业商店才能得到的专业咨询服务结合起来，作为企业的赢利模式。

其次，胜人一筹的赢利模式是难以模仿的。企业通过确立自己的独特性，如对客户的悉心照顾、无与伦比的实施能力等，来建立利润屏障，提高行业的进入门槛，从而保证利润来源不受侵犯。比如，直销模式（仅凭“直销”一点，还不能称其为一个商业模式），人人都知道其如何运作，也都知道戴尔公司是此中翘楚，而且每个商家只要它愿意，都可以模仿戴尔的做法，但能不能取得与戴尔相同的业绩，完全是另外一回事，这就说明了好的商业模式是很难被人模仿的。

最后，成功的赢利模式是脚踏实地的。脚踏实地就是实事求是，就是把赢利模式建立在对客户行为的准确理解和假定上。比如说，企业要做到量入为出、收支平衡。这看似不言而喻的道理，要想年复一年、日复一日地做到，却并不容易。现实当中的很多企业，不管是传统企业还是新型企业，对于自己的钱从何处赚来，为什么客户看中自己企业的产品和服务，乃至有多少客户实际上不能为企业带来利润、反而在侵蚀企业的收入等关键问题，都不甚了解。

总之，成功的赢利模式必须能够突出其独特性。这种独特性表现在它怎样界定顾客、界定客户需求和偏好、界定竞争者、界定产品和服务、界定业务内容吸引客户以创造利润。优秀的赢利模式是丰富和细致的，并且它的各个部分要互相支持和促进；改变其中任何的一个部分，它就会变成另外一种模式。

二、增加产品的附加值

日本的产品设计家平岛廉久认为：商品提供给消费者的价值有两种：一种是硬性商品价值，是指商品实际能提供给消费者的功能，如化妆品就是保护皮肤，服装就是御寒；另一种是软性商品价值，指能满足消费者感性需求的某种文化，如香水就是品牌的高贵感、魅力感等。在同质商品大量涌现的当代，人们在购买商品时，挑选的不是硬性商品价值，而是能满足人们感性追求的软性商品价值。 由于消费已日益从“物”的消费转向“感受”的消费，日益倾向于感性、品位、心理满意等抽象标准，所以，产品附加值在市场上的地位就越来越高了，它与产品卖点难以分割，逐渐融为一体。

（一）文化附加值

随着人们生活水平的提高，人们购买商品不仅为了满足生活的基本需求，而且要求获得精神上的享受。这表现在消费者对产品的要求已不仅仅停留在图实惠、功能多、结实耐用上，更讲求消费的档次和品位，要求商品能给人以美感和遐想，即“文化味”要浓，能集实用、装饰、艺术、欣赏、情感于一体。 变形金刚玩具就是利用文化附加值实现产品的盈利，它先推卡通影片，并不推商品，收获了“粉丝”之后，商品推销就开始了。如果按常规先推出变形金刚玩具再来花钱打广告，这种传统方式虽然也能盈利，但显然失去了文化附加值的增值，获得的利润是不可同日而语的。

（二）历史附加值

历史，潜藏着数不清的商品开发灵感，更蕴含着无穷尽的附加值开发机会。许多平凡普通的产品，一旦和历史结缘，往往会身价倍增。 黑土地餐馆、忆苦思甜餐馆、怀旧餐厅、香港海洋公园的集古村、新加坡的中国宫廷宴……都因在开发历史附加值上做足了文章而获得了成功。中华民族5000年的历史，为我们产品的附加值开发提供了肥沃的土壤，在全球经济一体化的今天，外国人的历史也可为我所用。

（三）未来附加值

未来本来是不存在的，但在创意商人的眼中，它不仅鲜活地存在，而且闪耀着无限的商机。美国迪士尼乐园中，那些天真烂漫、神秘奥妙、童心灿烂的节目把人类对未来的想象力和幻想力发挥到了极致，每年3000多万名的游客充分证实了梦幻式的未来附加值之巨大的市场潜力。有专家指出：在娱乐化趋势中，人将是一项很重要的资源和资产，幻想则是最有价值的商品。“绿色”附加值，实质上就是未来附加值的一部分，它最大的优点是能为企业的可持续发展开辟广阔的前景。在信息社会，在互联网时代，在掌握信息、资料、数据等方面，人与人之间的差距越来越小，然而在展望（预测、想象、幻想）未来方面，人与人之间的巨大差距就暴露无遗了，差距就是商机，差距就是新的市场空间。

（四）情感附加值

现代市场对产品已经从“量的需求”阶段、“质的需求’阶段转向了“情感需求”阶段。产品本来是冷冰冰的物质，但一旦给它注入了人的感情因素（也可称为心理因素），它就活起来了，有生命气息了，有人的爱恨恩怨、悲欢离合了，也就更能唤起人们的购买欲望了。一家食品厂生产的儿童营养饼干，掺入钙素成分，饼干上标有“好好学习，天天向上”的字样，这种饼干富含营养钙素，还有名句名言，创意新颖，颇受小朋友们的喜爱。

（五）趣味附加值

经济学家沃尔夫也在《娱乐经济》一书中提出，消费者不管买什么，都会在其中寻求娱乐的成分。在这种“乐趣导向消费”的趋势下，市场上的产品和服务也会相应地提供娱乐功能或与娱乐活动相结合，形成娱乐经济。并认为，未来多数产业成功的关键，在于能否成功结合娱乐。在企业的服务、功能都差不多的情况下，必须提供一整套的服务，特别是增加休闲娱乐方面的附加价值，才能吸引顾客。“娱乐”已经不是一个特定、有界限的行业，因为很多事情都可以换个方式做，提供娱乐，变得轻松、愉快。现代人特别是城市人的工作、生活压力普遍过大，需要更多的放松，而带有幽默诙谐趣味的产品有助于他们实现精神的放松，这个市场潜力无限。

（六）技术附加值

技术自身也是产品或可以成为产品，但技术更多的却融合在其他产品中，使产品变得更好，这种融入的技术也可称作产品的技术附加值。２０世纪下半叶人类进入了高新科技时代以后，产品的技术附加值就越来越多地出现了。太阳能住宅、宽带网住宅、智能化小区……实质上就是含有现代技术的住宅商品，凭着这些技术附加值形成的卖点，开发商在营销时要顺利得多。

（七）品牌附加值

一个完整品牌在市场上的根本意义在于：赋予产品最深层、最大限度的附加值，从而提供给消费者一个最有力的消费理由。 在某些情况下，品牌附加值也可称为商标附加值、形象附加值。普通的产品一旦与著名品牌连在一起，身价立即倍增。写字楼、住宅、家电甚至西瓜、蔬菜、水果莫不如此。越来越多的中国企业家已经认识到，企业不能只像过去那样单纯经营产品，获取平均利润，必须着意经营企业品牌这一无形资产，取得超额利润。

产品附加值并不只有上面所讲的几种，还可以列举出服务附加值、自然附加值、特色附加值、精神附加值、速度附加值……需要注意的是，附加值的新品种将随着时代的发展而发展，附加值的开发是一条不断创新的路，新企业用好产品附加值，能够让顾客更快地接受你的产品。

三、产品的定价

定价是一个会发生变化的要素，新企业需要先启动定价流程，然后根据市场反馈对价格不断进行修正，产品价格经常会根据市场条件的变化发生改变。有些企业对产品每天定价（如加油站），甚至随时更改价格（如机票）。在创业初期，你要做的是确定定价策略，而不是精确的产品价格。定价策略对企业的赢利能力有非常重要的影响，制定定价策略的目的即在获得更多收入和吸引更多顾客之间建立平衡。

（一）成本不应成为确定价格的要素

你应当基于产品为顾客创造的价值，而不是基于产品成本定价。成本定价法会让企业严重陷入被动。以软件行业为例，边际成本（复制软件备份的成本）几乎为零，如果按照成本定价企业还怎么赚钱？与此相反，你应当利用产品的价值定位，确定产品能为顾客创造多少价值，然后从中抽取一定比例作为产品价格。这个比例一般要根据行业竞争情况而定，不过20%是比较合理的起点，即为顾客留80%的价值，因为他们采用你的新产品也是要承担风险的。有些公司（如微软和英特尔）会凭借其市场垄断优势把产品价格定得很高，不过盲目追求短期收入可能为初创企业带来长期问题。如果顾客感觉到企业定价太高，当其他公司开发出替代产品或价格更低的产品时他们会迅速流失。

利用产品创造的价值来定价，具体分成比例应根据你的商业模式和顾客需承担的风险程度确定。例如，采用按月支付服务费的模式，顾客定期付费，还可以随时取消服务，承担的风险较小，因此产品定价要比预付费模式高得多，因为后者会让顾客承担更大的风险，即在尚不了解产品收益的情况下预先全额支付费用。

不要向无关人员透露产品的成本，特别是销售团队，因为好的销售人员会动用所有资源达成销售，甚至不惜成本价格交易。当然，这也正是企业招聘他们效力的原因。如果透露了成本信息，可能导致销售人员对产品定价的负面讨论，进而造成员工士气、生产率和赢利能力的下降。

（二）了解顾客采购权限，确定关键价格点

了解顾客采购权限能有效减少销售摩擦。例如某医疗企业在开发新市场时了解到，消费者购买此类产品可以从医疗保险中最高获得5000元的费用报销，如果产品定价超过5000元，顾客必须自行支付超出的部分，从而对销售过程造成不利影响。考虑到这一因素，尽管该产品独特的价值定位支持更高的产品定价，但该企业还是选择把价格定为5000元，此举有效地缩短了销售周期并降低了顾客获取成本。结果这家公司销售量大增，迅速抢占大量市场份额，如果当初定价超过5000元肯定不会如此顺利。

（三）了解顾客可选替代方案的价格

你应当从顾客的角度了解市场上有没有替代产品可以选择，以及顾客愿意为这些产品（包括他们当前使用的产品）支付的价格。注意调查哪些替代产品可以为顾客提供相似的收益、这些替代产品的价格如何，以及和你的产品有何差异。

（四）不同类型的顾客支付不同的价格

创业者常常会发现，产品销售数量只有你想象中的一半，但产品的第一批购买者愿意支付你预想的两倍的价格。也就是说，根据顾客在采购时间上的早晚差异，不同类型的顾客会支付不同水平的价格，因此针对顾客类型采用差异化定价策略可保证企业获得更高利润。

1.技术粉丝

他们是最早购买产品的人，他们热爱技术，对任何新产品都会积极采购。这个群体包括普通消费者，也包括在大学实验室、国家实验室或在大型企业中工作的人。他们通常只买一件产品，但因为是急需和优先采用，他们愿意支付高得多的价格。

2.早期采用者

他们对产品价格不敏感，凡事喜欢争先，希望获得更多关注和附加服务，是定价策略中不可忽略的群体。

3.早期多数派（实用主义者）

他们是企业赖以实现可持续业务的群体，也是我们通常在讨论和规定定价策略时主要考虑的价格点。

4.晚期多数派（保守主义者）

这个顾客群体处于产品销售周期后半段，此时产品的定价策略已经非常清晰明确。这个群体喜欢严格定义的、保守的价格方案。

5.观望迟疑派

这个群体处于产品销售周期末端，此时你的企业很可能已经成功出售。

（五）涨价总比降价难

一开始把价格定高一些以后再打折，肯定要比定价低不断涨要容易得多。通常，早期采用产品的顾客要比晚期采用的顾客预算更充足，而后者更倾向于以较低的价格采购已经不算最新的技术。如果一开始将价格定得很低，你会发现很难说服顾客再接受提高的价格。有时，企业需要根据对市场信息的了解提高市场价格，但能成功做到这一点的企业很少。

主题二　产品的核心技术与保护

产品的核心技术是指某领域的同类产品在市场竞争中起最关键作用的一种或多种技术，通常代表了企业的核心能力，具有先进性、核心价值性、不可复制性、形成完整体系等特点。基于此，国内外大型企业都制定了严格且规范的核心技术保护和管理措施，以防止核心技术外泄，其中以知识产权保护作为最重要的举措之一，然而单纯的专利、商业秘密、商标和著作权越来越不足以形成对核心技术的全方位保护。作为初创企业，也要意识到保护核心技术的重要性，并采取相关措施进行保护。

对于视核心技术为命脉的企业来说，为其制定一套完善和系统的知识产权保护体系尤为重要。在考虑完善保护机制时，企业应充分考虑所在行业的特殊性，制定一系列符合商业运作模式的体系。这套体系应不仅具有可操作和实施性，还应能够起到对核心技术的有效保护作用，且这套体系还应较全面，能够涵盖从知识产权取得与维持、制度与流程、检索与分析、交易与谈判、研发与货币化、融资与权利质押、风险与预防、纠纷与解决等方面。

（一）判断企业核心技术和保护类型

企业应首先从众多技术中筛选出对企业发展起着决定作用的核心技术，并对这些技术进行系统、详细和全面的统计和分类。这些核心技术不仅应包括现有的关键技术，还应包括正在或计划研发的新型技术；其不仅应包括自主开发的技术，还应包括与其他企业联合或委托他人研发的项目技术。这项统计和分类的工作旨在全面识别和确认企业的核心技术，以将全部核心技术像对超市货品一样逐一进行编号，并随时可从统计清单中将其轻松获取。这项工作通常可由公司的技术或管理部门完成，但应设有专人定期、及时地更新技术统计清单。

知识产权保护分为多种类型，而企业应当分析、挑选并确定最合适的知识产权类型作为核心技术进行保护。对技术所采取的知识产权保护类型通常包括专利（含外观设计）、商业秘密、著作权、植物新品种等。对不同类型技术的保护可能适合采用不同知识产权类型。例如，医药、机械制造等企业常对其核心技术采取专利和商业秘密的保护，软件制造、动漫和影视制作企业多采用著作权来保护其创造的产品，而餐饮企业多采用商业秘密来保护产品配方。

一些企业还对一系列的技术分拆开来进行保护，即对一部分技术采取一种知识产权的保护方式，而对另一部分采取另一种保护方式。例如，企业可将一项技术中较易被反向工程破解的部分申请专利，而用商业秘密来保护较难被反向工程破解的部分，以利用不同知识产权类型的各自优势保护核心技术。因此，企业应对每一项核心技术进行分析，以对这些技术应采取何种知识产权保护类型逐一做出抉择。

另外，相同的技术在不同的国家和地区也可能会因法律不同而适合于不同的保护类型。例如，手机制造企业的图形用户界面（GUI）在美国可能会受到外观设计专利的保护，但在欧盟和澳大利亚则可能会授予专利不同的外观设计法律的保护，而在其他国家还可能受到著作权法的保护。因此，对于在多个国家开展业务的企业，其在不同地区可能需要对同一项技术采用不同类型的知识产权来进行保护。

（二）确认知识产权归属和主体

企业应了解核心技术的知识产权所有人是否系己方公司所有，避免日后因为权属的问题产生纠纷。这些纠纷多发生在职务创造、委托创造、从第三方受让技术和主要研发参与人身兼多个企业职务等情况中。因此，企业不仅应熟知在这些情况下产生的知识产权归属的法律规定，而且应对劳动合同和合作合同中的条款认真把关，确保对产生的技术之知识产权归属进行确定，避免可能发生的分歧。

另外，一些企业集团内部分支机构较复杂，其集团常包括若干具有独立法人资格的下属子公司。企业应明确了解核心技术知识产权归属于集团公司还是某一子公司，这对于日后管理和保护集团公司核心技术知识产权和出售子公司股权时避免纠纷都具有重要意义。为了强化对核心技术知识产权进行的统筹化管理，另一些企业还单独设立一个管理集团知识产权的子公司，由其控制和持有集团的所有知识产权。这种模式虽然并不适用于所有企业，但其强化集团知识产权管理的方式也值得参考和借鉴。

由于不同地区知识产权方面的法律不尽相同，对于在多个国家和地区开展研发和经营的企业来说，应当了解如何在不同区域内保护核心技术，及时向相关地区的法律专家就知识产权保护进行咨询，争取在开展研发和经营业务的国家和地区均可有效保护核心技术的知识产权，确保在行业内的跨国技术优势地位。

（三）评估知识产权的权利稳定性

知识产权的权利稳定性取决于该权利是否建立在稳定的法律权利基础之上、权利人对权利的行使是否不受干扰和质疑。这种权利的稳定性取决于多方面，其中包括技术专利被认定无效的可能性、商业秘密保护下的技术是否已被公开或盗取、著作权保护下的技术是否达到著作权法律保护的“作品”最低要求、是否有其他企业主张自己是技术的知识产权权利人等。

此外，企业在行使知识产权权利时，是否违反反垄断法的规定也会产生权利稳定性的问题。一些在创业板上市的企业最核心的资产是知识产权带来的价值。一旦该权利不再存在，企业市场价值可能就将一落千丈。对于那些已经在市场上立足的大型企业来说，其一项重要知识产权的稳定性受到质疑，也会给企业带来较大的负面影响。因此，核心技术知识产权的权利稳定性越高，企业及其核心技术的市场价值就会越稳定。由此看来，一方面，企业应考虑提高核心技术知识产权的权利稳定性；另一方面，企业在保护核心技术之初，就应对采用的知识产权进行细致的稳定性评估，以做好准备，应对日后可能发生的不利情况。

企业应对核心技术知识产权建有完善的管理和维护方法，由专门的技术部门牵头，在法律部门的协助下，对此实施系统和具体的管理和维护工作。这些工作不仅包括及时将核心技术知识产权权利化（如将核心技术申请成为专利、进行著作权登记备案或采取商业秘密方式对之进行保护），而且还应包括对知识产权情报监测和预警。

此外，这些部门的工作还应涵盖针对市场竞争对手的战略保护措施。这些措施包括：利用专利组合进行专利网布防、探索与相关企业进行交叉许可或达成技术联盟的可行性、主动对竞争对手的专利提起无效程序或申请反垄断法律审查、与核心技术人员签订保密和竞业禁止协议等。实施这些措施主要是为了巩固和加强企业在技术领域的领军地位和强化对核心技术知识产权的保护，并在法律允许的范围内针对竞争对手采取必要的战略。

（四）探讨知识产权商品化的可行性

知识产权的商品化指的是将已经获得了知识产权保护的技术进行转让、许可、投融资等交易行为。对核心技术知识进行产权商品化的过程是在市场上价值化的过程，其权利人可直接从该过程中获得经济收益，这也是核心技术战略知识产权保护的一部分。

对核心技术知识产权商品化的优越性显而易见。在商品化中变现的资产还可以继续用来扩大企业再生产或投入下一步的技术研发。对于一些在行业内处于技术领军地位的企业来说，其可以在研发企业下一代技术时将现有的、仍在市场上被使用的前一代技术许可给其他企业，将收到的许可费补充到下一代技术的研发资金中，进一步巩固其在市场上的技术领先地位。此外，企业也可将核心技术知识产权作为出资成立新公司或投资新项目来扩大再生产。对于资金紧张的企业来说，其核心技术知识产权还可以作为优良融资担保物以解燃眉之急。

企业应与有经验的法律专家探讨将核心技术知识产权商品化的可行性，并根据企业的特殊情况由发展规划部门和/或法律部门牵头、由资金管理部门和/或技术部门协助，将核心技术知识产权的市场价值最大化，并将该整个商品化的计划纳入企业保护核心技术的宏观策略之中。

（五）分析潜在法律风险及防范策略

若企业核心技术的知识产权存在争议和纠纷，这势必会影响其影响力和价值，进而降低投资者和客户对企业的忠诚度和信心。对此，第一，企业应尽量避免核心技术侵犯他人知识产权情况的发生；第二，针对他人侵犯自己核心技术知识产权的情况，企业也应积极主动地采取维权措施；第三，在面对已经出现的纠纷时，企业应采取灵活务实的方式及时化解纠纷。

当企业将新产品推向市场或研发一项新技术时，有必要进行全面的法律风险评估，以确定其是否有可能侵犯他人的知识产权。例如，在开发一项新技术时，企业有必要查明研发人员与其前雇主签署过的保密协议是否可能导致企业侵犯后者的商业秘密。而在将新产品推向市场之前，企业也有必要搞清该产品是否可能侵犯他人的专利权。如美国部分州（例如路易斯安那州和华盛顿州）还立法禁止生产商使用侵犯他人知识产权的IT产品来制造产品。因此，有意向美国出口产品的企业还应检查在生产过程中是否使用过盗版的软件或侵权硬件，以评估出口产品是否可能会被禁止销售。如果能把这些工作都事先做好，企业可以有效降低和控制侵权的法律风险，减少甚至避免纠纷的发生。

另外，在发现他人侵犯自己核心技术知识产权时，企业积极采取维权措施，以制止侵权行为的发生，避免因纵容侵权行为而导致市场占有率被不法行为所蚕食。这些维权措施都会对保护企业核心技术产生重要影响。但在采取维权措施之前，企业也应慎重选择有效的方式。例如，在提起专利侵权诉讼之前，企业可以预见侵权人可能对其专利提起无效程序。在这种情况下，企业应事先对其专利权的稳定性进行评估。若其专利被认定无效的可能性大，则企业应慎重选择以专利侵权诉讼的方式作为维权措施，或考虑以要约许可“侵权人”使用核心技术专利等较为稳妥的方式，来解决涉嫌“侵权”的纠纷。此外，企业在向侵权人发出警告时，也应防备侵权人主动对企业提起的不侵权确认诉讼。总之，企业在维护核心技术知识产权时，应避免出现“维权未成反被攻击”的情况。

当他人针对核心技术提起诉讼时，企业应积极采取应对措施。其中，最直接的方法是针对对方的具体诉讼请求制定出有效的诉讼抗辩策略。在专利诉讼中，被告常用的反击方法有公知技术抗辩、主张自己的产品或方法没有落入对方的专利保护范围内的不侵权抗辩、主张对方的专利无效或已过保护期、提出管辖权异议等。从商业策略的角度上来看，被告也可尝试与原告和解，以合理的价格获得原告专利许可；或是与对方达成交叉许可的安排。此外，被告还可以考虑针对原告另行提起诉讼，以另起的诉讼作为谈判筹码，迫使原告在其提起的诉讼中回到谈判桌上来。当然，被告也可将这些常见的策略结合起来，以全面应对原告的“进攻”。

以上归纳了大多数企业保护核心技术知识产权的一般性策略，但不排除各个行业领域内还有适合自己行业的特有情况。企业应从实际情况出发，并参考和借鉴所在行业内其他企业的保护经验，适时调整和改进所实施的方案之不足，探索和建立一套适合自己企业情况的知识产权战略保护体系，并坚持不懈推行这样的战略保护方案。

二、著作权与商标知识

（一）著作权与著作权法

著作权也称版权，是指作者对其创作的文学艺术和科学作品依法享有的权利。著作权包括发表权、署名权、修改权、保护作品完整权、复制权、发行权、出租权、展览权、表演权、放映权、广播权、信息网络传播权、摄制权、改编权、翻译权、汇编权以及应当由著作权人享有的其他权利17项权利。对著作权的保护是对作者原始工作的保护。著作权的保护期限为作者有生之年加上去世后50年。我国实行作品自动保护原则和自愿登记原则，即作品一旦产生，作者便享有版权，登记与否都受法律保护；自愿登记后可以作为证据。国家版权局认定中国版权保护中心为软件登记机构，其他作品的登记机构为所在省级版权局。

我国于1990年9月7日颁布了《中华人民共和国著作权法》，2001年10月27日进行了修正。计算机软件属于版权保护的作品范畴。我国根据著作权法，制定了《计算机软件保护条例》，并于1991年6月4日发布。在该条例中计算机软件是指计算机程序及其有关文档。

除了与知识产权相关的法律法规外，还有反不正当竞争法、合同法、产品质量法、劳动法等法律法规也是创业者及其新创企业所应当了解和关注的。

（二）商标与商标法

商标，是指在商品或者服务项目上所使用的，由文字、图形、字母、数字、三维标志和颜色组合，以及上述要素的组合或者其组合构成的显著标志。它用以识别不同经营者所生产、制造、加工、拣选、经销的商品或者提供的服务。商标是企业的一种无形资产，具有很高的价值。这种价值体现在独特性和所产生的经济利益上。保护和提高商标的价值，可以为企业带来巨大收益。商标包括注册商标和未注册商标，目前我国只对人用药品和烟草制品实行强制注册，通常所讲商标均指注册商标。注册商标包括商品商标、服务商标和集体商标、证明商标。注册商标的有效期为十年，可以申请续展，每次续展注册的有效期也为十年。商标注册申请人，必须是依法成立的企业、事业单位、社会团体、个体工商户、个人合伙以及符合《商标法》第九条规定的外国人或者外国企业。

我国1982年8月23日颁布了《中华人民共和国商标法》，并于1993年2月22日进行了修正，2001年10月27日进行了第二次修正。

三、产品的创新

一个企业能自觉地迎合市场的变化，开发相应的产品，企业就能不断发展，否则，企业的生存就面临威胁。不断变化的消费者需求，决定了企业必须不断创新产品。企业的生命是以其产品为载体的，企业产品的消亡，意味着企业以这种产品作为其使命载体的可能性消失，如果此时企业没有开发出新产品，企业就会消亡。

根据创新产品进入市场时间的先后，产品创新的模式有率先创新与模仿创新。率先创新是指依靠自身的努力和探索，产生核心概念或核心技术的突破，并在此基础上完成创新的后续环节，率先实现技术的商品化和市场开拓，向市场推出全新产品。模仿创新是指企业通过学习、模仿率先创新者的创新思路和创新行为，吸取率先者的成功经验和失败教训，引进和购买率先者的核心技术和核心秘密，并在此基础上改进完善，进一步开发。

在产品创新的具体现实中，主要有自主创新、合作创新两种方式。自主创新是指企业不是对外有技术被动依赖与购买，而是通过自身的努力和探索产生技术突破，攻破技术难关，达到预期目标。合作创新是指企业间或企业、科研机构、高等学院之间的联合创新行为。当今全球性的技术竞争不断加剧，企业技术创新活动中面对的技术问题越来越复杂，技术的综合性和集群性越来越强，即使是技术实力雄厚的大企业也会面临技术资源短缺的问题，单个企业依靠自身能力取得技术进展越来越困难。合作创新通过外部资源内部化，实现资源共享和优势互补，有助于攻克技术难关，缩短创新时间，提升企业的竞争地位。企业可以根据自身的经济实力、技术实力选择适合的产品创新方式。

主题三　产品的销售

一、产品推广的重要意义

推广对于新企业来说非常重要。新的产品刚刚进入市场，顾客对其还很陌生，对产品有一个逐渐接触、认识、了解并最终决定采用的过程。如何让目标顾客更快、更直接、更好、更有效地接触到新产品，是每一个新企业需要思考的问题，即新产品推广的重要任务。

推广是解决消费者对你的产品是否认知，是否了解和愿不愿意购买的问题。它和销售同时作用于消费者，使消费者在了解和认知之后，能够顺利地买你的产品。在营销活动中一般把推广作为拉力，把销售作为推力。拉力也称为“市场力”，推力也称为“销售力”，也就是说要先有市场才能有销售。随着产品及物质的极大丰富，人们的选择范围越来越广，往往会考虑购买什么样的产品能更适合自身的需要。大家可以选择不同品牌的产品，也可以选择不同价格的产品，更可以选择不同的产品功能和款式等。这些个性化需求的产生，都是因为我们的销售满足已经处于一个基本平衡的状态，这时就要更多地关注市场的力量。

推广在营销活动中起的是主体作用，企业在管理上把推广工作安排给市场部门来完成，市场部门因此成为企业的龙头也就不足为怪。消费者在了解和喜欢一个产品的过程，要经过很多的思想过滤过程，比如：对产品的初步了解、对产品利益的认知、对产品品牌的了解和认知、对产品品质的了解等。而这些了解过程，企业是需要通过推广方式让消费者达成的。推广方式可以达成消费者对产品利益和产品品牌的了解。同时通过对消费者的研究，针对性地对消费者的接受过程进行对应宣传，包括：产品包装的色彩喜好、产品的品质喜好、产品的形状、产品的诉求语言、产品品牌的理念等，让消费者通过一些感性的行为接受企业的产品，并在教育消费者的同时达成销售的提升。也就是说，满足需要的行为通过销售就可以达成，而满足需求就是需要我们有效地进行推广，如果没有推广，就没有企业自身产品品牌的市场。推广和销售在市场的操作行为中是互动达成的，不同的产品属性、产品阶段和品牌位置，所选择的推广力度是不一样的。当推广的工作力度大时，销售的力度减小；当销售的力度大时，推广的力度减小。具体操作形式如表6–1所示：

表6-1 产品不同时期的推广与销售力度

产品的不同时期	推广的力度与销售的力度
市场拓展阶段	抢占市场份额的拓展以销售为主，开拓时期以推广教育为主
市场建设阶段	推广以地面建设和形象建设为主，销售以末端建设为主
产品的导入阶段	推广的力度要大，但要考虑市场的启动时间，若启动时间较长，需要用销售终端的教育达成直接购买
产品的上升阶段	推广的力度要加大，主要是品牌认知的力度加大，销售是配合达成的
产品的成长阶段	成长阶段是市场需求突显的时期，这个时期要迅速瓜分地盘，这时消费者的选择认知开始形成。所以，要用品牌认知和品牌的概念达成，销售是配合扩展的
产品的成熟阶段	成熟阶段地盘已经固定，需要把各自的市场建设好，同时用新的产品概念强化自身的品牌特质，区别其他品牌，所以推广的工作是稳步建设和引入新的概念。同时销售配合地面的推广行为，达成完善的市场建设

二、产品宣传与广告策划

新产品在进入市场时，势必要进行产品的宣传工作，策划广告，促销产品。在产品宣传与广告策划方面，新企业应该主要从以下方面考虑：

（一）合理的广告预算

如果新产品上市的广告宣传没有有利的资金支持，再怎么好的市场定位，到最后都是空欢喜一场。广告预算是指企业对新产品上市的整个过程中投入广告活动的费用所做的一个详细计划，它不仅包括从事广告活动所需的经费总额，还包括每一笔广告经费的使用范围和使用方法。很多企业都认为让明星做代言效果一定是最好的，但是明星代言的价格不是一般企业能承受的。其实对于企业来说，没有最好的广告策略，只有最适合自己新产品上市的广告策略。

（二）适合的广告宣传方式

随着经济的发展，不同的广告宣传方式也应运而生。对于新产品上市，如餐馆类的新菜品，我们可以招聘一些兼职人员，或者就是店铺的员工，可以在街头将打印好的宣传单分发给路人，并附带一些试吃品，在让消费者亲身体验的同时又能让消费者根据分发人员所给的菜品信息和传单上的信息给予相关建议，并为新菜品做一个很好的宣传。这种方式，现在一般会出现在大型的超市中。比如新出来的牛肉产品，或者一些新口味的饮料，都会有专门的促销员为其讲解新产品的详细的信息，也有促销员给消费者准备足够的试吃品，在欢迎顾客试吃的过程中，也会向消费者询问新产品的有哪些地方可以改变，这样在向新产品宣传的过程中，能进一步提高企业形象，还能使企业在制作新产品时更加有针对性。但不是每一种新产品都适合这样的广告宣传手法，还要根据产品的不同类型进行分类，所以要选择适合自己的广告宣传方式。

（三）广告宣传需分期进行

一个新产品有一个很好的定位，有一个让大多数消费者很满意的价格，而且是请了明星代言在电视上做了大量广告，都是向消费者传递了销售信心，诱发了人们的购买欲。但有些产品却很特殊，虽然很多人都想拥有，但不是每个人都有经济能力，又或者有经济能力了，却很难找到合适的产品，房地产就是这样的一类特殊产品。房地产业的广告宣传一般会经历四个阶段：一是文化引导的推广预热；二是品牌强化的开盘热销；三是品牌提升的持续强销；四是惯性销售的温和销售。每一个阶段都有不同的广告宣传模式，也会选择不同的广告宣传方式。有可能几种宣传方式相结合，比如电视传媒和室外的广告牌一起，也有可能是向消费者派发宣传单，到第四个阶段可能不会做任何广告，因为房子会有售罄的时候。

（四）逐步建立品牌效应

很多新产品不一定是靠广告宣传的影响力，我们不难看到有些新产品是受其产品品牌的影响。很多消费者会成为某品牌的忠实观众，只要认定这个品牌，就会误认为这个品牌的所有东西都是好的。在广告宣传的策略中我们不妨也可以运用到品牌效益，让更多的人对新产品信服。

综上所述，一个好的广告宣传不仅仅在于新产品本身，更在于攻进消费者的心里，预算作为有力的经济基础，能让我们选择更加适合自己新产品的宣传方式，对待不同的新产品，我们更要有不同的广告创意理念。

主题四　商业模式

商业模式是指为实现客户价值最大化，把能使企业运行的内外各要素整合起来，形成一个完整的高效率的具有独特核心竞争力的运行系统，并通过最优实现形式满足客户需求、实现客户价值，同时使系统达成持续赢利目标的整体解决方案。商业模式是一个非常宽泛的概念，通常所说的与商业模式有关的说法很多，包括运营模式、盈利模式、B2B模式、B2C模式、“鼠标加水泥”模式、广告收益模式等。商业模式是一种简化的商业逻辑。

一、商业模式的开发

商业模式的五大要素包括：利润源即顾客、利润点即企业提供的产品或服务、利润渠即产品或服务的供应和传播渠道、利润杠杆即生产产品或服务的内部运作和利润屏障即保护产品或服务的战略控制活动。

商业模式就是以上述五大要素的某一两个要素为核心，五大要素相互协同的价值创造系统。无论是设计还是完善商业模式，都必须遵循商业模式设计完善的五步法。

（一）界定和把握利润源——顾客

企业利润源是指购买企业商品或服务的顾客群，它们是企业利润的唯一源泉。企业利润源及其需求的界定，决定了企业为谁创造价值。企业顾客群分为主要顾客群、辅助顾客群和潜在顾客群。好的目标顾客群，一是要有清晰的界定，没有清晰界定的顾客群往往是不稳定的；二是要有足够的规模，没有足够的顾客群规模企业的业务规模必然受到限制；三是企业要对顾客群的需求和偏好有比较深的认识和了解。

设计商业模式时，首先需要分析顾客需求，目的就是要为产品寻找能够比较容易呈现价值的顾客群。一般来说，企业赢利的难度并非在技术与产品端，主要还是在顾客端。有时纵然是把握好企业顾客的一点点需求，也可能产生巨大的顾客价值。

分析和把握顾客需求，并寻求产品在市场中的最佳定位，是设计商业模式的一项首要工作。

（二）不断完善企业利润点——产品

利润点是指企业可以获取利润的、目标顾客购买的产品或服务。利润点决定了企业为顾客创造的价值是什么、企业的主要收入及其结构。

好的利润点是顾客价值最大化与企业价值最大化的结合点，它要求一要针对目标顾客的清晰的需求偏好，二要为目标顾客创造价值，三要为企业创造价值。有些企业的产品和服务或者缺乏顾客的针对性，或者根本不创造利润，就不是好的利润点。

（三）打造强有力的利润杠杆，构筑商业模式内部运作价值链

打造利润杠杆——规划企业内部运作价值链是商业模式设计与完善的重要内容，它决定了产品或服务是否为企业带来价值和带来价值的多少。企业利润杠杆主要包括以下几种：组织与机制杠杆、技术与装备杠杆、生产运作杠杆、资本运作杠杆、供应与物流杠杆、信息杠杆、人力资源杠杆等。这些内部运作活动可以清楚界定企业内部运作的成本及其结构以及计划实现的利润目标。

将没有竞争优势的企业内部价值链外包，是打造利润杠杆的一条有效途径。很多公司意识到在一个非常长而复杂的企业内部价值链上，他们也许只能在价值链的 三至四个环节具有强大的竞争力，但要想在所有环节上都具有竞争力是不太可能

的，而一旦认识到企业内部价值中的优势环节，就应该把公司定位在那个位置，将其他部分以签约方式外包给别的公司，从而使利润杠杆更加有力。

同样的产品，由于利润杠杆不同，或者说由于企业内部运作价值链的差异，导致了产品的成本迥异，一个企业可能赚钱，另一个企业可能亏损。这足以说明，利润杠杆决定了企业利润的多寡。

（四）疏通拓宽利润渠，构筑商业模式外部运作价值链

利润渠，即企业向顾客供应产品和传递产品信息的渠道，是商业模式正常运作必不可少的外部价值链。产品或服务的价值传递是企业把产品和服务传递给目标客户的分销和传播活动，目的是便于目标客户方便地购买和了解公司的产品或服务。

（五）建立有效的利润屏障

利润屏障是指企业为防止竞争者掠夺本企业的目标客户，保护利润不流失而采取的战略控制手段。利润杠杆是撬动"奶酪"为我所有，利润屏障是保护"奶酪"不为他人所动。

比较有效的利润屏障主要有建立行业标准、控制价值链、领导地位、独特的企业文化、良好的客户关系、品牌、版权、专利等。

商业模式也是一种企业创造利润的思维方式，虽然有许多不同的创造利润方式，但每个企业最终只会从中选择一种方式，而企业的主导思维架构将是决定商业模式的主要因素。许多技术创新面对的是一种不确定性极高的未来环境，而市场信息也无法全盘取得，因此没有一个商业模式能确保未来利润一定会被实现，也没有最佳的商业模式。经理人在设计与执行商业模式的时候，一定要保持未来需要弹性调整的心态。也就是说，商业模式的内涵需要随环境而变动，在执行时保持高度的弹性。

二、商业模式的创新

商业模式创新是指现实社会中出现新商业模式的过程，以及新商业模式本身。新商业模式的出现有两种不同的基本途径：一是以新企业形式出现的全新的商业模式；二是在原有企业的基础上发展演变而成的新商业模式，这时商业模式创新的过程则表现为企业内部旧模式被替代，新模式逐步形成发展的过程。

实现商业模式创新需要具备一些基本条件。这些条件包括：企业可以提供全新的产品或服务，开创新的产业领域，或以前所未有的方式提供已有的产品或服务；或者是商业模式的多个要素发生改变，并与竞争对手产生明显的差别；由要素引发的商业模式改进应该能够为企业带来显著的经济效果和业绩回报，能够明显地提升企业的竞争力。

根据商业模式不同要素的变动情况所引发的创新，可以将其划分为：界面模式

变动引发的创新、运动流程变动引发的创新、资源组合变动引发的创新、价值主张变动引发的创新。

（一）界面模式变动引发的创新

商业模式的界面模式，是指企业为了获取利润而进行各种决策时所遵循的标准或法则，包括企业的营销原则、采购与供应原则、环境原则和公众原则、产品的目标市场、生产规模、成本模式、定价方式和市场定位是构成企业界面模式的重要内容。因此，企业市场定价方式或生产批量与成本模式的改变都将引发界面模式的变动。

因此，可以将界面模式的改变视为一种公司外部表现形式的变化，称为界面形式的变化。例如，计算机公司改变市场定位，由高端市场定位向下拓展到低端市场，从而使定价方式和生产批量发生变化，即由过去较高的价格和较少的销量策略，改变为较低价格与较大的销量策略，以适应低端市场顾客的价格承受能力，以实现利润目标。此时公司界面模式的变化可能导致公司在其顾客及公众心目中的形象发生改变，但公司生产计算机所使用的技术与资源并没有发生本质上的变化，即公司商业模式中的运作流程和资源组合没有改变。因此，可以将界面模式的改变所引发的公司商业模式的创新称为界面创新，并使之与其他要素引发的创新相区别。

（二）运作流程变动引发的创新

流程就是指相互连接的企业运作活动。企业将全部资源以有效率的形式组织在一起，进行生产和销售产品/服务的活动，这些活动有效地衔接，并不断重复就形成了企业的运作流程，包括原材料采购、产成品的生产与销售、资金往来、后勤保障等。

运作流程变化将对企业的商业模式产生重要影响，可以在改变生产效率的同时，带来界面模式的变化，从而引发商业模式由内向外的改变，导致商业模式推陈出新。例如，福特轿车将传统汽车组装作业，改变为现代化流水线作业方式所引发的创新，就属于流程变化给企业带来的创新，这种作业流程的变化看似简单，却极大地提高了生产效率，降低了生产成本。这种流程变化引发了企业目标市场的扩大和销售方式的改变。运作流程的创新不仅可以导致企业商业模式主体层的创新，同时也可能引发界面层营销活动和采购活动的共同创新。

（三）资源组合变动引发的创新

资源组合是指企业为了实现价值主张而需要投入的全部资源，包括人力资源、原材料、厂房设备、专利技术、品牌商标和知识产权等各种有形与无形的资源。如果环境条件改变了，即使价值主张没有改变，资源组合也可能随着外部环境的变化而改变。例如，对于电视机制造商而言，当液晶显示技术出现并推广普及之后，传统显像管作为生产电视机关键部件的地位将不可避免地被取代，此时，由于原材料这种资源的变化，直接导致生产流程需要进行相应的调整，产品的成本模式和市场定位也将发生变化，进而引发商业模式多层次的变革与创新。资源组合的变化在导致企业的基础层与主体运作层发生变化的同时，也将不可避免地导致企业界面模式与企业功能的变化与创新。

（四）价值主张变动引发的模式创新

价值主张通过回答企业的产品是什么和企业的顾客是谁这样一些基本问题得以体现，并通过企业的产品向市场传递。价值主张一旦确定，企业需要生产的产品、产品的属性与特征、生产所需要的各种资源、利用资源进行生产的运作流程以及相关的各种对内对外原则都将随之确定。而价值主张的改变，也将不可避免地引发上述各个方面的变化。例如，餐馆将其价值主张由为顾客提供就餐价值，更改为在就餐价值之外还要为顾客提供更多的时间价值、地点价值和便利价值。这种价值主张的改变，表现在产品上可能就是增加外卖，而这又将导致其销售的食物的包装（食品要便于包装携带）、作业流程甚至是生产设施和装备发生一系列的改变。

伴随价值主张的改变，商业模式的各个层面都将不可避免地发生相关改变。价值主张的变化与创新，必将导致企业资源组合、运作流程以及界面模式的一系列变化。在某种意义上，由价值主张变化引发的商业模式变革是企业商业模式最深层次的变革，并将导致商业模式发生根本性的变化。

【能力训练】

商业模式画布

基于小组选择的创业项目，并根据本章的理论方法，设计一个符合逻辑的商业模式，凝练并制作自己的商业模式画布，填写在图6-1中。

图6-1　商业模式画布

【实践作业】

完善你的商业模式

通过以下七个问题，分析评估小组所设计的创业项目商业模式存在的问题与风险。

问题一：客户的“转移成本”有多高？

转移成本是指客户从一个产品（或服务）转移到另一个产品（或服务）所需的时间、精力或者金钱。“转移成本”越高，客户就越忠实于某项产品（或服务），不会轻易离开去选择竞争对手的服务。

将“转移成本”融入商业模式中一个成功的例子就是2001年苹果iPod的产品。这是一个专注于存储的产品创新，也是一个商业模式策略，让消费者将音乐拷贝进iTunes和iPod里，这种方式会让用户一旦用了这个产品以后很难再用其他竞争对手的数字音乐播放器。仅仅是用户这一选择偏好，就为苹果后来强大的音乐中心和创新打下了坚实的基础。

问题二：商业模式的扩展性怎样？

扩展性是指在没有增加基本成本的前提下，能很容易地拓展商业模式，赢得利润。当然，尽管基于软件和互联网的商业模式比基于砖头和水泥的商业模式有天然的扩展性，但数字领域的商业模式仍然有很大的区别。

最让人钦佩的例子就是Facebook，只用几千个程序员就可以为亿万用户创造价值。只有很少的公司拥有这样的员工用户比。

问题三：能否产生可循环的经济价值？

通过一个例子可以很好地解释循环价值。报纸在报摊销售赚取销售费用，另外的价值可以通过订阅和广告进行循环。循环价值有两个主要优势：第一，对于重复销售，成本只产生一次；第二，你可以有更多更好的想法来构想未来怎样赚钱。

还有另外一种循环价值形式：从之前的销售中获取增值收入。比如，你买一个打印机，你需要持续购买墨盒，或买一个苹果手机，它从硬件销售中赚得利润的同时，来自内容和APP产生的经济价值仍然稳定增长。

问题四：是否可以在你投入之前就赚钱？

毫无疑问，每个商人都希望在投入之前就获得收入。

戴尔就把这种模式运用到电脑硬件设备制造的市场上。通过直销建立的装配订单，避免硬件市场可怕的库存积压成本。戴尔取得的商业业绩就显示了其在投入之前就赚钱的力量。

问题五：怎样让用户为你工作？

这可能是商业模式设计上最具有杀伤力的武器。在传统的市场上，宜家（IKEA）就让我们自己组装在它那里购买的家具，我们干活儿，他们赚钱。在互联网领域，Facebook让我们上传照片，参加对话和“喜欢”某样东西。这正是脸书的真正价值，只提供平台，内容全部由用户创造，而公司却挣得天文数字般的利润。

问题六：是否具有高壁垒，以避免被竞争对手模仿？

一个优秀的商业模式可以使你保持长时间的竞争优势，而不仅仅是提供一个优秀的产品。

苹果主要的竞争优势来自其商业模式而不是单纯的产品创新。对三星来说，模仿苹果的产品比建一个像苹果那样的应用商店生态系统要容易得多。所以，三星无论产品做得多么炫，它仍然无法撼动苹果的地位。

问题七：是否建立在改变成本结构的基础上？

降低成本是商业实践中的长期追求，有的商业模式不仅能降低成本，并能创造了一个与以往完全不同的成本结构。

同样，巴帝电信——印度最大的移动运营商，一直在通过摆脱网络和IT的束缚来完善它的成本结构。该公司通过与网络装备制造商爱立信和IBM合作，购买宽带容量来降低成本，现在他们能够提供全球价格最低的移动电话服务。

当然没有一个商业模式设计能一一对应以上七个问题并且得到完美的10分，不过有的却可能会在市场上成功。对创业者而言，时刻用这七个问题提醒自己，有助于让你保持长久的竞争力。接下来，你需要做的就是用市场检验你的商业模式。

第七章

“互联网+”的时代创业机会

hu lian wang + de shi dai chuang ye ji hui

【课程目标】

1.了解“互联网+”的含义与主要特征，了解“互联网+”时代，了解“互联网+”与传统行业的融合现状与趋势。

2.识别“互联网+”带来的创业机会，掌握互联网思维，并能运用互联网思维指导创业，了解运用互联网创业的几种方式。

【案例导读】

小米的“互联网+”

2015年4月6日是小米公司成立五周年纪念日，短短的五年时间，雷军就把小米手机做到了一个世界级公司的规模。《美国时代周刊》用长篇幅报道了雷军和小米手机，并用“中国的手机之王”这样的称号高度评价雷军，超过了国内媒体对雷军的评价。

小米的商业模式

小米对自己的目标人群有着清晰的定位，尤其是小米1和小米2。20~25岁，大专以上学历，毕业不到五年，收入2000~6000元，喜欢网购，有自己的消费观，社会地位不高，从事社会底层工作。从人群上看，小米初期定位的就是典型的屌丝人群。无论小米1、2、3都是低价高配，2000元价位的小米手机配置几乎可以和苹果5、三星note3媲美，这样的配置对于屌丝人群无疑是撒手锏，击中了他们的痛点。低价高配的市场定位让小米无往而不利，小米以低价高配的策略进入了移动电源市场，一万毫安的移动电源可以卖到69元，小米手环更是卖到79元，要知道市场上同类产品的价格高达1000元。

从研发、生产、销售和服务这四个环节来看小米，就是一家典型的轻资产模式的公司，他没有自己的工厂，不自建零售渠道和终端，却把注意力放在两头，研发和售后服务环节。小米不投资制造工厂，却投入巨大的财力和人力在研发环节，是典型的众包方式做研发，米优系统每周都会升级一次，目前已经发布了200多个版本。而在生产制造环节，小米却选择采购最好的原材料和供应商，红米都是富士康生产的，用最好的生产换来的是好的品质和如期完成的产品，貌似成本较高，其实是降低了成本。小米最初都是通过小米官网直接销售，随着定位的大众化，小米的销售渠道越来越广泛，主要分为四类：小米手机官网，淘宝、京东网上商城，苏宁、国美实体店和联通、移动、电信的运营渠道。小米对售后服务非常重视。第三方做客服很难做，服务不好，人员流失率高，但是小米做售后服务都是自己做，小米投入巨资创办了“小米之家”，有1700个客服席位，2750人的售后服务队伍，是竞争对手的10倍，优质的服务确保了小米良好的口碑。

传统的工商企业主要靠技术、品牌与行业控制力维持企业的盈利。小米则更注重利用社交网络加强品牌与行业控制力。比如2011年8月，小米1上市，雷军在微博上“炫耀”自己用过56部手机，结果有56万人参加互动，雷军利用自己的影响力让他们成为小米的“粉丝”；2012年5月，雷军又在微博上抛出一个话题：传说人的灵魂是21克，那为什么不是150克呢？引发了网友和粉丝的讨论和转发，最后揭晓：小米青春版手机的重量是150克。手机巨头每年投入百亿美金做广告，但小米却几乎不做广告，小米用社交媒体、自媒体、网络媒体进行营销，代表着非广告时代的来临。小米的论坛也是极其活跃的地方，每天都会新增20万条的帖子，小米会筛选出8000条反馈给工程师，每个工程师必须回复150个帖子，这等于将管理工作下放到用户和工程师，而粉丝的回赞让工程师也很开心。因此，小米手机30%的功能改进来自粉丝的建议。

转型“互联网+”的启示

雷军关于小米商业模式的七字诀，在业内很有名气：专注、极致、口碑、快。对于很多传统企业而言，转型“互联网+”，小米的案例具有现实的借鉴意义，可以给传统企业更多的启示，体现在五个层次。

第一个层次做产品。作为互联网行业的一个实物品牌，小米做产品的战略就是做爆品，单机绝杀市场，靠的是过硬的品质和良好的口碑。爆品战略可以把营销更多地凝结在产品中，产品本身就是广告，不需要打广告，这种模式也为复制提供可能。

第二个层次做人。工业化时代的营销，是推出产品，做广告，打知名度，提升美誉度。而在“互联网+”的时代，消费者与企业冰冷的物质关系结束了，营销的做法完全相反，通过情感连接，先有忠诚度，然后才是美誉度，最后形成知名度，小米营销的模式就是强调情感，不强调功能。

第三个层次是复制。做出一个成功产品的商业模式，然后把它迅速地复制出去，在地产行业，万达广场就是这种模式，不断把万达的模式复制到全国各个城市。但是，万达的模式非常复杂，风险大。互联网产品就不同了，可以把产品串起来，交易成本很低。因此，小米把这种成功的模式很快复制到小米手环、小米盒子、小米移动电源、小米活塞耳机、小米摄像头、小米智能血压仪、小米家装、小米净水机等领域。

第四个层次做生态系统。小米更厉害的地方在于，小米建立了一个生态系统，就成为三个小米，第一个小米是小米的米优系统，包括小米的内容、服务等；第二个小米的硬件，包括小米手机、小米路由器、小米电视等；第三个小米则是小米投资的1000家智能硬件，这一块还没有完全建立起来。

第五个层次就是国际化。目前小米已经进军俄罗斯、印度、东南亚国家，据悉，在印度小米已经获得印度塔塔公司的战略投资。

［**点评**］2015年最热门的话题无疑是“互联网+”，然而在大多数行业“互联网+”依然停留在概念和炒作阶段，缺乏实践应用和成功案例。小米公司成功的案例，比较系统地解析了中国企业如何实现“互联网+”模式的落地。很多企业把“互联网+”当成了“+互联网”，这是理念的错误，“互联网+”是化学反应，“+互联网”是物理反应，“互联网+”必须打破原有的格局，小米的案例在这方面提供了很好的样本。

【理论知识】

主题一　了解“互联网+”

一、“互联网+”的含义与特征

“互联网+”代表一种新的经济形态，即充分发挥互联网在生产要素配置中的优化和集成作用，将互联网的创新成果深度融合于经济社会各个领域之中，提升实体经济的创新力和生产力，形成更广泛的以互联网为基础设施和实现工具的经济发展新形态。

2015年3月5日十二届全国人大三次会议上，李克强总理在政府工作报告中首次提出“互联网+”行动计划。“互联网+”行动计划将重点促进以云计算、物联网、大数据为代表的新一代信息技术与现代制造业、生产性服务业等的融合创新，发展壮大新兴业态，打造新的产业增长点，为大众创业、万众创新提供环境，为产业智能化提供支撑，增强新的经济发展动力，促进国民经济提质增效升级。

（一）“互联网+”的本质是传统产业的在线化、数据化

普适计算之父马克·韦泽说：最高深的技术是那些令人无法察觉的技术，这些技术不停地把自己编织进日常生活，直至你无从发现。而互联网正是这样的技术，它正潜移默化地渗透到我们的生活中来。互联网作为一种通用目的技术（General Purpose Technology），和100年前的电力技术、200年前的蒸汽机技术一样，将对人类经济社会产生巨大、深远的影响。

“互联网+”的本质是传统产业经过互联网改造后的在线化、数据化。无论网络零售、在线批发、工业4.0、跨境电商、快的打车、淘点点所做的工作分享都是努力实现交易的在线化。只有商品、人和交易行为迁移到互联网上，才能实现“在线化”；只有“在线”才能形成“活的”数据，随时被调用和挖掘。在线化的数据流动性最强，不会像以往一样仅仅是封闭在某个部门或企业内部。在线数据随时可以在产业上下游、协作主体之间以最低的成本流动和交换。数据只有流动起来，其价值才能最大限度地发挥出来。

“互联网+”的前提是互联网作为一种基础设施的广泛安装。英国演化经济学家卡萝塔·佩蕾丝认为，每一次大的技术革命都形成了与其相适应的“技术—经济”范式。这个过程会经历两个阶段：第一个阶段是新兴产业的兴起和新基础设施的广泛安装；第二个阶段是各行各业应用的蓬勃发展和收获（每个阶段各20年至30年）。互联网已进入中国20余年，中国迄今已经有6.5亿网民，5亿的智能手机用户，通信网络的进步，互联网、智能手机、智能芯片在企业、人群和物体中的广泛安装，为下一阶段的“互联网+”奠定了坚实的基础。

“互联网+”在内涵上根本区别于传统意义上的“信息化”，或者说互联网重新定义了信息化。我们之前把信息化定义为：ICT技术不断应用深化的过程。但是假如ICT技术的普及、应用没有释放出信息和数据的流动性，促进信息、数据在跨组织、跨地域的广泛分享使用，就会出现“IT黑洞”陷阱，信息化效益难以体现。在互联网时代，信息化正在回归“信息为核心”这个本质。互联网是迄今为止人类所看到的信息处理成本最低的基础设施。互联网天然具备全球开放、平等、透明等特性，使得信息、数据在工业社会中被压抑的巨大潜力爆发出来，转化成巨大的生产力，成为社会财富增长的新源泉。例如，淘宝网作为架构在互联网上的商务交易平台，促进了商品供给—消费需求数据/信息在全球范围内的广泛流通、分享和对接：10亿件商品、900万家商家、3亿多位消费者实时对接，形成一个超级在线市场，极大地促进了中国流通业的效率和水平，释放了内需消费潜力。

（二）“互联网+”的新生产要素：数据

人类社会的各项活动与信息（数据）的创造、传输和使用直接相关。信息技术的不断突破，都是在逐渐打破信息（数据）与其他要素的紧耦合关系、增强其流动性，以此扩大提升使用范围和价值，最终提高经济、社会的运行效率。

信息（数据）成为独立的生产要素，历经了近半个世纪的信息化过程，信息技术的超常规速度发展，促成了信息（数据）量和处理能力的爆炸性增长，人类经济社会也进入了“大数据时代”。

IDC于2012年12月发布了研究报告《2020年的数字宇宙：大数据、更大的数字阴影以及远东地区实现最快增长》。数字宇宙是对一年内全世界产生、复制及利用的所有数字化数据的度量。从2013–2020年，数字宇宙的规模每两年将翻一番。2012年中国总体数据量占世界的13%，而到2020年将提高到21%。

如前所述，除了作为必要成分驱动业务外（即Data–Driven Application，如金融交易数据、电子商务交易数据），数据产品的开发（即Data Product，通过数据用途的扩展创造新的价值，如精准网络广告）更是为攫取数据财富开辟了新的源泉。经济领域海量数据的积累与交换、分析与运用，产生了前所未有的洞见和知识，极大地促进了生产效率的提高，为充分挖掘数据要素的价值提供了超乎寻常的力量。

“互联网+”的过程也是传统产业转型升级的过程。过去十年，这一过程呈现“逆向”互联网化的过程。在企业价值链的层面上，表现为一个个环节的互联网化：从消费者在线开始，到广告营销、零售，到批发和分销，再到生产制造，一直追溯到上游的原材料和生产装备。从产业层面看，表现为一个个产业的互联网化：从广告传媒业、零售业，到批发市场，再到生产制造和原材料。从另一个角度观察，“互联网+”是一个产业越来越重的演化过程。在这个过程中，作为生产性服务业的物流、金融业也随之出现互联网化的趋势。在“互联网+”逆向倒逼的过程中，各个环节互联网化的比重也是依次递减的。

最先被互联网带动的是消费者。根据中国互联网络信息中心（CNNIC）的数据，到2014年底，我国网民规模达6.49亿，互联网普及率为47.9%（这可看作是中国人口的互联网化程度）。其中，网络购物用户3.61亿，我国网民使用网络购物的比例升至55.7%。

广告营销环节是最早的互联网化商业环节。其次是零售环节的互联网化。再往上是批发和分销环节的互联网化。这里包括传统的B2B（Business to Business）网站纷纷由信息平台向交易平台转型，推动在线批发，以及传统企业大量开展的网络分销业务，再往上倒逼就是生产制造环节，主要表现为两个方面：一是个性化需求倒逼生产制造柔性化加速，比如大规模个性化定制；二是需求端、零售端、分销系统与制造业的在线紧密连接。这导致制造业也出现在线化、数据化的趋势。

（三）“互联网+”的物质基础是云计算和大数据

“互联网+”的实践风起云涌，极大地改变着经济、社会的面貌，其不竭动力来自三个方面：一是新信息基础设施的形成；二是对数据资源的松绑；三是基于前两方面而引发的分工形态变革。

经济、社会活动的正常运作有赖于基础设施发挥其支撑功能。随着经济形态从“工业经济”向“信息经济”加速转变，基础设施的巨变也日益彰显。短短几十年间，互联网能够从诞生、普及，升级为“互联网+”这一新变革力量，技术边界不断扩张，从而引发基础设施层次上的巨变，是至为重要的原因。大力提升新信息基础设施水平，"互联网+"才能获得不竭的动力源泉，在经济、社会发展中彰显威力。

"互联网+"仰赖的新基础设施可概括为"云、网、端"三部分。"云"是指云计算、大数据基础设施。生产率的进一步提升、商业模式的创新，都有赖于对数据的利用能力，而云计算、大数据基础设施像水电一样为用户便捷、低成本地使用计算资源打开方便之门。"网"不仅包括原有的"互联网"，而且拓展到"物联网"领域，网络承载能力不断提高、新增价值持续得到挖掘。"端"则是用户直接接触的个人电脑、移动设备、可穿戴设备、传感器，乃至软件形式存在的应用。"端"是数据的来源，也是服务提供的界面。

新信息基础设施正叠加于原有农业基础设施（土地、水利设施等）、工业基础设施（交通、能源等）之上，发挥的作用也越来越大。在"云"（云计算、大数据）基础设施建设上，以"阿里云"为代表，我国的互联网企业已实现了基于自主研发的核心技术，来提供通用云计算服务。无论是在技术先进性、安全性和经济性上均处于世界领先地位，与亚马逊、谷歌共执牛耳。

我国云计算、大数据基础设施的建设正发挥出巨大的经济和社会价值：强化了计算资源的专业化提供能力，提高了企业的生产效率；将国际IT巨头主导的起源于"工业经济"的"计算机＋软件"模式向适应"信息经济"特点的"云计算＋数据"模式转变；带动了"网"（物联网、移动互联网等技术和产业）的发展，撬动了我国在"端"（移动设备等和软件应用）上的市场潜力和无限创意；在数据的存储、处理和分析上发挥了越来越大的作用，从而成为社会的神经中枢，与物联网、移动互联网联手打造系统级智能；打破了大企业在计算能力上的垄断，从而成为这个时代中小企业创新、创业的温床；推动传统企业加速拥抱互联网，加快了传统产业转型的步伐；提高了政务处理效率和社会治理能力；发展具有自主知识产权的"云计算"技术，维护了国家经济安全；有助于降低能耗、助力可持续发展。

物联网就是把传感器装备到各种真实物体上，通过互联网连接起来，进而运行特定的程序，达到远程控制或者实现物与物的直接通信。射频识别标签（RFID）、传感器、二维码等，经过接口与无线网络相连，从而为物体赋予"智能"，可实现人与物体的沟通和对话，也可实现物与物的沟通和对话。有新兴的"云计算、大数据"服务作为支撑，物联网的发展将提升过去在数据存储、处理和分析上能力欠缺的问题，焕发出新活力。IDC研究报告显示，全球物联网解决方案市场规模将从2013年的19亿美元增长到2020年的71亿美元。全球物联网装机量从2013年到2020年的复合年增长率将达到17.5%，增长到2120亿台。

（四）智能终端令投资主导权发生转移

在云计算、大数据设施和应用软件服务的助力下，以智能终端为代表的用户设备，正成为大数据采集的重要源头和服务提供的重要界面。

中国已成为全球智能终端增长的绝对主导力量，并引领全球移动市场智能化演进。2012年中国智能手机出货量2.58亿部，份额超过全球1/3，并以167%的增幅远超全球水平，一举超越2012年之前历年之和。2013年中国智能手机出货量达4.23亿部，全球份额贡献逼近50%。

以智能终端为接入界面，互联网内容逐渐从门户网站主导的网页向异彩纷呈的APP应用程序转变。APP应用程序更多地以云计算服务为支撑，通过后台丰富的数据驱动，开发和发布的门槛降低，创意受到极大激发。腾讯、阿里、百度等企业试图通过深度挖掘移动即时消息、手机支付、地图等能力，在自身核心应用领域搭建超级APP平台。

移动互联网快速普及，那么这类基础设施的投资是谁带来的呢？答案是数以亿计的普通用户。我国有6.49亿网民，其中超过八成使用移动上网（CNNIC截至2014年底的数据），按每部手机1000元，两年更换一部手机计算，人们在移动设备上投资额是巨大的，几年内即可达到万亿级别。同样，大量云计算基础设施也是由阿里巴巴、腾讯、百度等民营企业建设和运营的，无论是用户规模还是技术水平均位于世界前列。

这样，新基础设施的投资就由过去的政府或者国有大企业主导，逐渐向民营企业和社会个体主导转向。由于投资主体的变化，服务模式和控制权也发生了显著改变，从事基础设施服务的民营企业，必须持续创新以扩大规模，获取潜在收益；消费者主导权增强，用手中的设备"投票"，直接决定企业的生死存亡。因此，信息经济的治理模式也将从原有的集中控制向依靠大众创新、共同治理转变。

（五）"互联网+"的分工形态是大规模社会化协同网络

信息技术革命为分工协同提供了必要、廉价、高效的信息工具，也改变了消费者的信息能力，其角色、行为和力量正在发生根本变化：从孤陋寡闻到见多识广，从分散孤立到群体互动，从被动接受到积极参与，消费者潜在的多样性需求被激发，市场环境正在发生重大变革。

以企业为中心的产销格局，转变为以消费者为中心的全新格局。企业以客户为导向、以需求为核心的经营策略迫使企业组织形式发生改变。新型的分工协同形式开始涌现。

"小而美"是企业常态：由于节约了信息成本，交易费用降低令外包等方式更为便捷，企业不必维持庞大臃肿的组织结构，低效、冗余的价值链环节将消亡，而新的高效率价值环节兴起，组织的边界收缩，小企业成为主流。

生产与消费更加融合：信息（数据）作为一种柔性资源，缩短了迂回、低效的生产链条，促进了C2B方式的兴起，生产与消费将更加融合。

实时协同是主流：技术手段的提升、信息（数据）的开放和流动的加速，以及相应带来的生产流程和组织变革，生产样式已经从“工业经济”的典型线性控制，转变为“信息经济”的实时协同。

就业途径更多样：信息技术为灵活的工作方式提供了可能，就业形势多样化。“信息经济”条件下，由于沟通、协作的门槛降低，评价和信用制度的完善，专业技能的价值进一步凸显，个人能力可以得到充分发挥，就业的灵活性进一步提高。年轻一代经由网络、利用外包方式，可以充分安排自己的时间和工作地点，为多家企业提供服务，比如翻译、设计、客户服务等工作，企业的雇佣方式和组织形式、人们的就业方式和收入结构，都将发生改变。

二、“互联网+”与传统行业的融合

你想过在自动售货机上像购买饮料一样买菜吗？在2015年上海国际技术进出口交易会上，一台自助售菜机引来观众的围观。从云端到现实、从田地到餐桌，“互联网+”无疑具有更大的想象空间。可以说，对于传统行业而言，“互联网+”是势不可挡的发展方向，不过，这也意味着要扬弃熟悉的发展方式，因此充满了不小的挑战。

“互联网+”推进传统行业与互联网的融合，能够创造出许许多多的新产业、新业态，为“大众创业，万众创新”创造更多机遇，越来越多的企业和创业者正在涌入“互联网+”市场。我们能够看到，越来越多的零售企业正与手机淘宝、微信合作，并通过打折、促销等手段，与阿里、京东等网上商城争抢市场份额；传统的银行业，也在不断推出各类互联网金融理财产品，以应对支付宝、余额宝等带来的竞争压力……。可以说，从来没有哪项技术或产业，能像互联网这样拥有强大的驱动力，促进传统产业转型，催生新经济，赢得“后发优势”。

在“互联网+”时代，“互联网金融”“互联网医疗”“互联网旅游”等新概念层出不穷，一批批新的明星企业正在崛起。这些新行业、新企业在带动就业增长、推动经济转型的同时，也正在逐渐改变人们的生活方式。目前，交通、医疗和教育行业都已经率先探索“互联网+”的道路。在交通领域，火车购票实现了在线购买；而随着滴滴和专车的出现，出租车行业也在一年多的时间内发生了翻天覆地的变化，已经开始改变人们的出行方式。在医疗领域，诸如好大夫、挂号网、春雨医生、掌上药房等网络平台的出现，不仅让挂号更方便，而且让远程问诊、购药成为现实。在教育领域，像沪江英语网、MOOC、VIPABC等在线教育网站，也吸引了成千上万的用户。盘点这些率先实现“互联网+”改造的行业，具备以下特点：

（1）形势倒逼变化。无论是交通、医疗或者教育，每天都会面对大量用户，而传统的人工处理方式费时费力费钱。所以，“互联网+”是一个皆大欢喜的选择，才能在短短两三年内获得公众极高的追捧。

（2）信息基础良好。铁路系统本来就有比较完善的后台系统，而出租车、专车、医疗和教育则是企业在较快的时间里搭建了完善的信息系统。对此，中央财经大学教授黄震表示，“互联网+”不等于“+互联网”，“+互联网”是一个信息化过程，“互联网+”是信息化之后要在这片土壤上再生长出新生事物的过程。所以，如果没有提前进行信息化，就难以实现“互联网+”。

（3）企业高度参与。盘点这些率先试水“互联网+”的行业，都是开放平台让企业唱戏。即使是火车票网购这样的独家服务，也逐步引入了阿里云等市场化企业的服务。

“互联网+”与“大众创业、万众创新”相辅相成，正在给各行各业带来新的发展机会，几乎所有行业都可能因此而前途无量。现在，互联网正成为中国经济转型升级的“新引擎”。在现代历次技术浪潮与产业革命中，中国一直是处于追赶者的位置，互联网时代的崛起，为中国经济赶超发展提供了可能。

主题二　“互联网+”背景下的创业

2015年7月，国务院《关于积极推进“互联网+”行动的指导意见》明确提出，到2018年，互联网与经济社会各领域的融合发展进一步深化，基于互联网的新业态成为新的经济增长动力，互联网支撑大众创业、万众创新的作用进一步增强，互联网成为提供公共服务的重要手段，网络经济与实体经济协同互动的发展格局基本形成；到2025年，网络化、智能化、服务化、协同化的“互联网+”产业生态体系基本完善，“互联网+”新经济形态初步形成，“互联网+”成为经济社会创新发展的重要驱动力量。

一、“互联网+”带来的创业机会

指导意见明确了11项重点行动，分别是“互联网+”创业创新；“互联网+”协同制造；“互联网+”现代农业；“互联网+”智慧能源；“互联网+”普惠金融；“互联网+”益民服务；“互联网+”高效物流；“互联网+”电子商务；“互联网+”便捷交通；“互联网+”绿色生态；“互联网+”人工智能。与传统企业相反的是，在“全民创业”的常态下，企业与互联网相结合的项目越来越多。未来“互联网+”的“+”，不仅仅是技术上的“+”，也是思维、理念、模式上的“+”，其中以人为本推动管理与服务模式创新与创业是其中的重要内容。“互联网+”的发展趋势则是大量“互联网+”模式的爆发以及传统企业的“破与立”。

（一）“互联网+”工业

“互联网+”工业即传统制造业企业采用移动互联网、云计算、大数据、物联网等信息通信技术，改造原有产品及研发生产方式，与“工业互联网”“工业4.0”的内涵一致。“工业4.0”是应用物联网、智能化等新技术提高制造业水平，将制造业向智能化转型，通过决定生产制造过程等的网络技术，实现实时管理，它“自下而上”的生产模式革命，不但节约创新技术、成本与时间，还拥有培育新市场的潜力与机会。譬如，“移动互联网+工业”“云计算+工业”“物联网+工业”“网络众包+工业”等新型结合形式。

具体来说，借助移动互联网技术，传统制造厂商可以在工业产品上增加网络软硬件模块，实现用户远程操控、数据自动采集分析等功能，极大地改善了工业产品的使用体验。基于云计算技术，一些互联网企业打造了统一的智能产品软件服务平台，为不同厂商生产的智能硬件设备提供统一的软件服务和技术支持，优化用户的使用体验，并实现各产品的互联互通，产生协同价值。物联网技术有助于加快生产制造实时数据信息的感知、传送和分析，加快生产资源的优化配置。在互联网的帮助下，企业通过自建或借助现有的“众包”平台，可以发布研发创意需求，广泛收集客户和外部人员的想法与智慧，大大扩展了创意来源。

“互联网+工业”和正在演变的“工业4.0”，将颠覆传统的制造方式，重建行业规则，例如小米、乐视等互联网公司就在工业和互联网融合的变革中，不断抢占传统制造企业市场，通过价值链重构、轻资产、扁平化、快速响应市场来创造新的消费模式，而在“互联网+”的驱动下，产品个性化、定制批量化、流程虚拟化、工厂智能化、物流智慧化等都将成为新的热点和趋势。

（二）“互联网+”农业

互联网带来的新技术赋能，不仅改变了农产品的流通模式，催生了农产品电子商务的繁荣，也推动了新农人群体的诞生。

首先，数字技术可以提升农业生产效率。例如，利用信息技术对地块的土壤、肥力、气候等进行大数据分析，并提供与种植、施肥相关的解决方案，能够提升农业生产效率。其次，农业信息的互联网化将有助于需求市场的对接，互联网时代的新农民不仅可以利用互联网获取先进的技术信息，也可以通过大数据掌握最新的农产品价格走势，从而决定农业生产重点以把握趋势；最后，农业互联网化，可以吸引越来越多的年轻人积极投身农业品牌打造中，具有互联网思维的“新农人”群体日趋壮大，将创造出更为多样“新农业”模式。

同时，农业电商将成为农业现代化的重要推手，将有效减少中间环节，使得农民获得更多利益，面对万亿元以上的农资市场以及近七亿的农村用户人口，农业电商的市场空间广阔，大爆发时代已经到来。而在此基础上，农民更需要建立农产品的品牌意识，将“品类”细分为具有更高识别度的“品牌”。

（三）“互联网+”金融

截至 2014 年底，中国第三方互联网支付交易规模达到 80 767 亿元，同比增速达到 50.3%；全国范围内活跃的 P2P 网上借贷平台 1575 家，贷款余额 1036 亿元；众筹融资平台 116 家，一年新增平台 78 家，众筹融资金额超过 9 亿元。传统金融向互联网转型，金融服务普惠民生，成为大势所趋。“互联网+”金融的结合将掀起全民理财热潮，低门槛与便捷性让资金快速流动，大数据让征信更加容易，P2P和小额贷款的发展也更加火热。这也将有助于中小微企业、工薪阶层、自由职业者、进城务工人员等普罗大众获得金融服务。

小微企业是中国经济中最有活力的实体，小微企业约占全国企业数量的90%，创造约80%的就业岗位、约 60%的GDP和约50%的税收，但央行数据显示，截至2014年底，小微企业贷款余额占企业贷款余额的30.4%，维持在较低水平。“互联网+”金融将让小微企业贷款门槛降低，激活了小微企业的活力。

互联网金融模式下，金融服务边界不断拓展，服务人群将包括 3.6 亿尚未被互联网金融覆盖的长尾互联网用户，以及迅速增长的农村手机上网用户。金融不再像工业时代时以企业为中心、以生产为中心，而开始以普通消费者为中心，金融服务和产品深度嵌入人们日常生活。

（四）“互联网+”医疗

现实中存在看病难、看病贵等难题，“互联网+”医疗有望改善这一医疗生态。具体来讲，互联网将优化传统的诊疗模式，为患者提供一条龙的健康管理服务。在传统的医患模式中，患者普遍存在事前缺乏预防、事中体验差、事后无服务的现象。而通过互联网医疗，患者有望从移动医疗数据端监测自身健康数据，做好事前防范；在诊疗服务中，依靠移动医疗实现网上挂号、询诊、购买、支付，节约时间和经济成本，提升事中体验；并依靠互联网在事后与医生沟通。

互联网医疗的未来，将会向更加专业的移动医疗垂直化产品发展，可穿戴监测设备将会是其中最可能突破的领域。大数据和移动互联网、健康数据管理未来有较大的机遇甚至可能改变健康产品的营销模式。同时，随着互联网个人健康的实时管理的兴起，在未来传统的医疗模式也或许迎来新的变革，以医院为中心的就诊模式或许演变为以医患实时问诊、互动为代表的新医疗社群模式。

百度、阿里、腾讯先后出手互联网医疗产业，形成了巨大的产业布局网，他们利用各自优势，通过不同途径实现着改变传统医疗行业模式的梦想。2014年中国移动医疗市场规模为40.1亿元，2017年将达到200.9亿元，复合增长率高达78.5%。移动医疗未来两年将高速发展。

（五）"互联网+"教育

一张网、一个移动终端，几百万学生，学校任你挑、老师由你选，这就是"互联网+教育"。在教育领域，面向中小学、大学、职业教育、IT培训等多层次人群开放课程，可以足不出户在家上课。"互联网+"教育的结果，将会使未来的一切教与学活动都围绕互联网进行，老师在互联网上教、学生在互联网上学、信息在互联网上流动、知识在互联网上成型，线下的活动成为线上活动的补充与拓展。

"互联网+"教育的影响不只是创业者们，还有一些平台能够实现就业机会，在线教育平台能提供的职业培训就能让一批人实现职能培训，而自身创业就能够解决就业。

2014年，K12在线教育、在线外语培训、在线职业教育等细分领域成为中国在线教育市场规模增长的主要动力，很多传统教育机构，例如新东方也正在从线下向线上教育转型，而一些在移动互联网平台上掌握了高黏性人群的互联网公司，也在转型在线教育，将用户需求深度挖掘，而通过大数据技术，可以实现个性化推荐，而基于移动终端的特性，用户可以利用碎片化时间进行沉浸式学习，让在线教育切中传统教育的一些痛点和盲区。

（六）"互联网+"商贸

在零售、电子商务等领域，过去这几年都可以看到和互联网的结合，特别是移动互联网对原有的商贸行业起到了很大的升级换代的作用。2014年，中国网民数量达到6.49亿，网站400多万家，电子商务交易额超过13万亿元人民币。在全球网络企业前10强排名中，有4家企业在中国，互联网经济成为中国经济的最大增长点。根据中为智研数据，2014年B2B电子商务业务收入规模达192.2亿元人民币，增长28.34%；交易规模达9.4万亿元人民币，增长15.37%。截至2014年，中国跨境电子商务试点进出口额已突破30亿元。

跨境电商也成为零售业的新机会，最近，国务院批准杭州设立跨境电子商务综合试验区。随着跨境电商的贸易流程梳理得越来越通畅，跨境电商在未来的对外贸易中也将占据更加重要的地位，如何将中国商品借助跨境平台推出去，值得很多企业思考。

此外，如果说电子商务对实体店生存构成巨大挑战，那么移动电子商务则正在改变整个市场营销的生态。智能手机和平板电脑的普及，大量移动电商平台的创建，为消费者提供了更多便利的购物选择，例如微信将推出购物圈，就在构建新的移动电商的生态系统，移动电商将成为很多新品牌借助社交网络走向市场的重要平台。

应该说，“互联网+”是一个人人皆可获得商机的概念，但是，“互联网+”不是要颠覆，而是要思考跨界和融合，更多地是思考互联网时代产业如何与互联网结合创造新的商业价值，企业不能因此陷入“互联网+”的焦虑和误区，“互联网+”更重要的是“+”，而不是“-”，也不是毁灭。

（七）“互联网+”文化传媒

文化创意产业的核心是创意，是以创意为核心，向大众提供文化、艺术、精神、心理、娱乐等产品的新兴产业。互联网与文化产业高度融合，推动了产业自身的整体转型和升级换代。互联网对创客文化、创意经济的推动作用非常明显，它再次激发全民创新、创业，以及文化产业、创意经济的无限可能。互联网带来的多终端、多屏幕，将产生大量内容服务的市场，而在内容版权的衍生产品，互联网可以将内容与衍生品与电商平台一体化对接，视频电商、TV电商等都将迎来新机遇；一些区域型的特色文化产品，将使用互联网，通过创意方式走向全国，未来设计师品牌、族群文化品牌、小品类时尚品牌都将迎来机会；而明星粉丝经济和基于兴趣为细分的社群经济，也将拥有巨大的想象空间。

互联网对于媒体的影响，不仅改变了传播渠道，在传播界面与形式上也有了极大的改变。传统媒体是自上而下的单向信息输出源，用户多数是被动地接受信息，而融入互联网后的媒体形态则是以双向、多渠道、跨屏等形式，进行内容的传播与扩散，此时的用户参与到内容传播当中，并且成为内容传播介质。交互化、实时化、社交化、社群化、人格化、亲民化、个性化、精选化、融合化将是未来媒体的重要方向。

所有的传统广告公司都在思考互联网时代的生存问题，显然，赖以生存的单一广告的模式已经终结，它的内生动力和发展动力已经终结。未来广告公司需要思考互联网时代的传播逻辑，并且要用互联网创意思维和互联网技术来实现。互联网语境的创意模式，过去考验广告公司的能力靠的是出大创意拍大广告片做大平面广告的能力，现在考验广告公司的则是实时创意，互联网语境的创意能力、整合能力和技术的创新和应用能力。

（八）“互联网+”生活服务

“互联网+”生活服务将会带动生活服务O2O的大市场，互联网化的融合就是去中介化，让供给直接对接消费者需求，并用移动互联网进行实时对接。例如，家装公司、理发店、美甲店、洗车店、家政公司、洗衣店等，都是直接面对消费者，如河狸家、爱洗车、点到等线上预订线下服务的企业，不仅节省了固定员工成本，还节省了传统服务业最为头疼的店面成本，真正将服务产业带入了高效输出与转化的O2O服务市场，再加上在线评价机制、评分机制，会让参与的这些手艺人，精益求精，自我完善。当下O2O成为投资热点，事实上，这个市场才刚刚开始，大量的规模用户，对于传统垂直领域的改造，形成固定的黏性，打造平台都还有很大的探索空间。

目前大部分家电产品处于互联阶段，即仅仅是接入了互联网，或者是与手机实现了链接。但真正有价值的是互联网家电产品的互通，即不同家电产品之间的互联互通，实现基于特定场景的联动，手机不仅仅是智能家居的唯一入口，是让更多的智能终端作为智能家居的入口和控制中心，实现互联网智能家电产品的硬件与服务融合解决方案，“家电+家居”产品衍生的“智能化家居”，将是新的生态系统的竞争。

我们的物理空间越来越有限，住房越来越小，车位越来越少。很多产品，你并不需要拥有，你只需要考虑如何更好地使用，如果能便捷地使用，“拥有权”其实不再重要。“互联网+交通”不仅可以缓解道路交通拥堵，还可以为人们出行提供便利，为交通领域的从业者创造财富。例如，实时公交应用，可以方便出行用户对于公交汽车的到站情况进行实时查询，减少延误时间和久等；嘀嘀和快的不仅为用户出行带来便捷，对于出租车而言也降低了空车率；而易到用车、嘀嘀专车和PP租车则发挥了汽车资源的共享，掀起了新时代互联网交通出行领域的新浪潮。

而在旅游服务行业，旅游服务在线化、去中介化会越来越明显，自助游会成为主流，基于旅游的互联网体验社会化分享还有很大空间，而类似Airbnb和途家等共享模式可以让住房资源共享，旅游服务、旅游产品的互联网化也将有较大的想象空间。

二、互联网思维与创业

互联网思维，其实就是用互联网的模式来思考并且解决问题。在互联网、移动互联网、物联网、云计算、大数据等科技不断发展的背景下，互联网思维就是对市场、用户、产品、企业价值链乃至整个商业生态，进行重新全面审视、系统化的一种思考方式。正是由于互联网与传统产业的这些巨大不同，才孕育出了互联网思维的一些重大特点，互联网思维对创业的主要作用体现在以下几个方面：

（一）注重用户需求

过去开发一种产品，往往由公司领导决定产品的功能，而且一种产品说不定要做几年，不会考虑或者较少考虑最终是否会适应用户的需求。最典型的就是微软公司开发出来的操作系统 Vista，它动用了微软好几万名程序员，花了 5年时间，耗资无数才开发出来，里面加了无数功能。最后的结果却是用户根本就不接受，市场上遭受了惨败。互联网思维则完全不同。它往往是自下而上发起的，比如刚刚做出一个不成熟的比如 0.9 版本的产品，就把它放到网上让用户使用并提出意见，然后根据用户需求进行修改，增加用户需要的功能，最后产品就会变得越来越好。微信就是个典型的例子，一开始只有一个很小的团队，不停地改，版本从最早的 1.0 到了现在的 6.5.5（截至2017年3月），越来越受到大家的欢迎。互联网思维体现了用户就是上帝的思想，完全尊重并且努力满足用户的各种需求。

（二）追求用户信任

企业开发出了一种产品，往往会有两种人，一种是使用这个产品的人，叫作用户，另一个是给企业付钱的人，比如经销商之类的，叫作客户。传统企业往往更重视客户。而互联网思维则是倒了过来，以最终用户为先。最为典型的就是小米手机在推出之前就到各大论坛中找到了 100 个最为活跃也最懂手机的消费者，把还没有面世的工程机免费提供给他们使用，然后根据他们的意见进行改进。这些核心用户又带动了一大批忠诚用户，他们对于小米推出的任何产品都有很高的热情和忠诚度，积极参与小米组织的各种活动。

（三）推崇服务意识

大部分的制造型企业都是把产品卖出去之后，就和消费者没有关系了，最多还有百分之几的返修。而互联网公司卖的是服务，也就是几乎每时每刻都要和用户打交道，这在互联网公司内部叫作运营。就是互联网公司会有专门的一个团队与用户进行沟通，每天都要制造各种话题，搞各种各样的促销活动，让用户更加频繁地使用自己的产品，同时发展新的用户。这也使得互联网公司特别看重数据，而且是实时数据。比如很多互联网公司的老板和产品经理每天都要看一大堆数据，然后基于这些数据对自己的产品随时进行调整。因此，可以说，互联网公司是最有服务意识的。

三、互联网的创业模式

创业模式是指创业者通过对创业各要素的合理配置，为实现自身的创业理想与权益，对各种创业要素的合理搭配的范式。大学生创业模式实质上就是其创业组织形式、创业方式、创业行业等创业要素的统一整合。在“互联网+”时代，根据对互联网本身的一次开发以及其作为技术载体的二次或三次开发应用，结合创业创新理论以及“互联网 + ”对大学生的创业模式进行新的划分与定义，我国大学生的创业模式主要分为基于互联网技术本身的创业模式、基于“互联网+”的创业模式和基于物联网导向的创业模式三种，每种模式都有其自身的优点和不足。

（一）基于互联网本身的创业模式

基于互联网本身的创业模式是指以互联网提供的技术和信息为平台，将产品和服务进行信息交互，通过信息的时间差进行易货交易，最终实现价值增值的创业模式，这种创业模式相当于为一些大的平台网站的线上分包商或代理商，由于门槛较低，大学生较容易进入，主要有以下四种类型。

1.初级互联网服务

主要是通过从事网上服务来获利，具体来说，就是为其他互联网创业的人提供服务。随着一些互联网创业者的生意越做越大，诸如物品拍照、商品描述、广告制作等必须做的工作变得愈加繁杂，自己去做这些工作又显得力不从心，于是就把这些机械性、重复性的繁杂工作进行外包，初级互联网服务创业者可以通过提供此种服务赚取佣金。

2.C2C（Consumer to Consumer）模式

消费者个人对消费者个人的互联网创业模式，本质是网上拍卖，它是一种平民之间的自由贸易，通过网上完成交易，从而便利个人之间商品的流通。这种交易模式很受大学生创业者的青睐，现在的大学生大多喜欢追求时尚，他们的时髦衣服、饰品、生活用品、电脑、手机等只用了几次就想更新，但又没有经济实力，于是就通过这种 C2C 模式与有需求的消费者易货、易物。大学生群体既是互联网创业货源的提供者，也是消费群体，通过此种交易赚取信息差价，从而获得利润。

3.C2B2C（Consumer to Business to Consumer）模式

一种典型的中介型互联网创业模式，就是在 B2B 网站上把商品批发进来，再在自己的互联网商店销售，实际上只需要将商品的图片和文字资料从批发商网站复制到自己的网站即可，无须接触实际货物，甚至可以将用户下的购物订单直接交由批发商，然后由批发商给用户发货。还有的创业者直接在阿里巴巴网站上进货，在淘宝网店上卖，甚至还可以利用供应商的物流配送体系为自己服务。

4.B2C（ Business to Customer）模式

以互联网为主要手段，由商家或企业通过互联网网站来满足不同消费者对网上产品风格、包装、形状、功能等各方面的不同爱好以及个人收入上的差异化因素，不断推出高、中、低档产品的一种互联网创业模式。这种模式是大学生互联网创业的主要交易模式。比如网络游戏，多名玩家通过计算机网络互动娱乐的视频游戏，包括战略游戏、动作游戏、体育游戏、格斗游戏、音乐游戏、竞速游戏、网页游戏和角色扮演游戏等多种类型，也有少数在线单人游戏。

（二）基于“互联网+”的创业模式

随着“互联网+”时代的到来，再加上传统行业的创业门槛越来越高，越来越多的大学生将互联网作为技术平台，通过对传统行业的互联网“升级”，将互联网介入相关产品和服务，在产品说明、价值呈现、服务介绍、技术应用等方面向客户提供服务，从而赚取利润。上一节已经介绍了八种“互联网+x”模式，此处不再赘述。

（三）基于物联网的创业模式

物联网是在互联网的基础上，利用射频自动识别（RFID）、无线数据通信等技术，构造一个覆盖世界上万事万物的物品网“The Internet of Things”。在这个网络中，物品（商品）能够彼此进行“沟通和交流”，而无须人的干预。其本质是利用RFID技术，通过计算机或移动互联网实现物品（商品）的自动识别和信息的互联与共享。基于物联网的大学生自主创业模式是指以物联网的技术为平台，对物联网的物体识别、物体感知、物体沟通、智能地球等设计研发相关产品与服务的创业模式。此模式相较于前两种模式，对大学生的自主创业更具挑战性。

1.物联网——物体识别（Things）

在物联网时代，就如同每个人有身份ID，物体将不再是一个笼统的品类，而是有唯一标识符，可以识别。已经有二维码、IPv6寻址以及RFID无线射频识别，通过无线信号识别特定目标并读写相关数据。大学生创业者可以根据所学专业进入此领域，目前二维码虽然应用很广，但是涉足二维码专业服务的公司并不多见，门槛相对较低，创业者较容易进入。

2.物联网——物体感知（Perceivable）

家电必须能够感知环境和人。当前传感器的发展不断突破，温度、湿度、人体红外这种常规的自不必说，技术和价格都已经很成熟了。其他各种新型传感器也在不断突破中。摒弃烦琐的占用物理空间的布线技术，转而使用各种无线成熟技术。当前无线技术百花齐放，Wi-Fi一马当先，蓝牙、3G、4G都应用很广。通过物体感知可以创造新的产业领域，比如可穿戴设备领域。目前国外大型互联网公司都在做可穿戴式产品，说明这里面有“金子”可以挖掘。可穿戴设备不仅仅是智能手机或平板电脑的替代品，还有着更大的发展空间。

3.物联网——沟通（Communication）

移动互联网的兴起、智能手机的普及让物与人的沟通变得随时随地。目前在工业领域，信息化需求尤为迫切，在柔性生产的要求下，流水线上的各个单元都有连接的需求。此外，在健康领域、安全领域、家居智能化领域，甚至是看起来相对冷门的细分领域，物联网应用都有很多机会，这是大学生创业者应该关注的方向。

4.物联网——智慧（Intelligence）

物联网是手段，智慧地球、智慧城市是目标，需要具备思维逻辑与行为交互能力。目前，我国智慧城市正处于建设提速阶段。截至2014年底，住建部公布的国家“智慧城市”的试点城市数已达277个。智慧城市的建立，单纯技术型或者产品型的公司很难做到，需要具备研究能力的公司来实现。作为智慧城市建设的支撑，大学生创业者可以从一些需求迫切、智能化难度较低的家电，如热水器、饮水机、空调入手，逐步深入到城市交通、环境保护、大气监测等领域。

【能力训练】

你的战略联盟

1. 分组，每组4~5人。

2. 小组内进行讨论，构建一家公司，要明确公司的项目、规模、发展方向。然后用1分钟面向全体进行介绍。

3. 在了解到其他公司（小组）的情况后，小组内讨论并选择一家公司作为自己公司的战略合作伙伴。

4. 如果两个小组都选择了对方作为战略合作伙伴，则结成联盟。

5. 所有学生针对一组（或几组）联盟的“得”与“失”进行讨论。

6. 经过讨论，你能否回答以下问题：

对公司而言，战略联盟意味着什么？

实现满意的战略联盟的前提条件是什么？

什么决定了双方的合作是战略性的？

什么因素使得战略联盟运行良好？

应该如何管理战略联盟？

联盟持续时间的长短取决于哪些因素？

【实践作业】

分析“互联网+”创业案例

搜索典型的“互联网+”创业企业的案例，如小米、滴滴打车、微信等，分析其是如何运用互联网思维进行创业的。

第八章

创业融资实务

chuang ye rong zi shi wu

【课程目标】

1.了解创业融资的概念，创业各阶段的融资方式，股权融资与债权融资的利弊分析。

2.掌握制定企业资金规划的方法、商业计划书的制作方法，了解融资谈判。

【案例导读】

融资就像“第101次求婚”

创业一年中，李南有大半年时间在和各种投资人接触，现在，他决定放弃。投资人觉得公司还是种子期，还不成熟，这让他感觉有些悲凉。不过，他也更加清楚地认识了自己在别人眼中的价值和项目存在的瑕疵。融资，就像“第101次求婚”，可能要身经百战、反复磨砺才能促成。

融资是创业者的必修课，李南从名牌大学毕业后就开始了打工兼创业之旅，原本他从不屑于“忽悠投资人的钱”，但是，慢慢地他发现单打独斗的确不是一件容易的事情，而且能够得到融资也不再是他所认为的“忽悠”，而是一种生存技能。

毕竟是初出茅庐，李南的融资经验不足。第一次谈判，就被投资人批驳而彻底丧失信心：商业模式并非别具一格，目前运作的项目不稳定，未来计划不太现实……如果再加上一般电商的运作模式，投资人就直接给判了死刑，完全不容他再赘述发展目标。一直自信满满的李南，第一次觉得自己的项目竟然有这么多瑕疵，自己竟然这么多缺点，这让他一度迷失了方向。

以前，李南总爱说自己做项目不仅是为赚钱，而盈利是投资人最关心的问题，李南的回答彻底触动了投资人的底线，有了这样的失败经历后，他开始改变自己的说法，并把自己的宏伟蓝图描述得非常动人。但这种缺乏数据支撑的虚化说辞似乎也不受欢迎，尤其面对资深金融背景及有丰富经验的投资人。

李南发现，投资人对创业者的信任超过一切，如创业者的学历、自身修养、谈吐和社交能力。有的投资人比较感性，见过创业者后，就能迅速判断“此人是不是做这件事的料子”，至于团队能力如何，很多投资人对此并不是太关注，甚至有的投资人都不会问团队的具体情况，这让李南很诧异。

最让李南无语的是，有的投资人告诉他，“你现在的模式国外刚兴起，而且已经开始有成功融资案例了”，当他在心里窃喜不已时，投资人却说，“不过，我们暂时还不打算投资这样的项目，因为国内环境与国外很不一样。”

有时，李南和投资人相谈甚欢，对方非常认真地倾听、做笔记，还时不时向他提出细节问题，可是到最后他才发现，其实对方认真倾听主要是因为从没有接触过这个投资领域，不了解才做笔记。至于能否投资一个完全陌生的领域，那就更没希望了。

还有的投资人，给李南的项目每一项都打了满分，投资人最后让李南等决策，并承诺很快就有结果，但是，哪怕几十万元人民币的投资金额，从口头承诺到现金到账，足足要耗费6个月至9个月的时间，可李南的项目马上就要上线，根本没有时间等待，在他的催促下，对方答应提前，但是投资额度会压缩得非常有限，和李南想象的相去甚远，最后，李南没有办法，只好暂时放弃融资。

李南总结，一个好的项目必须确实能解决一个关键问题，而且这个关键问题能够迅速积累用户或者挣到钱；同时要让投资人相信自己能做好，并且比别人做得更好。至于壁垒、商业模式都是后话。

［**点评**］创业者要意识到融资对于创业企业的重要性，积极寻求资金，同时结合企业实际情况制定合理的融资计划，做好融资准备。对创业者来说，融资的重要性主要表现在以下三个方面：第一，资金是企业的血液。资金不仅是企业生产经营过程的起点，更是企业生存发展的基础。资金链的断裂是企业致命的威胁。第二，合理融资有利于降低创业风险。创业企业使用的资金，无论是从何种渠道借来的资金，都具有一定的资金成本。因此，合理选择融资渠道和融资方式，有利于降低资金成本，将创业企业的财务风险控制在一定范围之内。第三，科学的融资决策有利于企业可持续发展，为创业企业植入“健康的基因”，保证创业企业的可持续发展。

【理论知识】

主题一　创业融资与融资方式

一、创业融资的概念

创业融资是创业企业在设立与发展期间的重要行为。正确的融资决策关乎创业企业的正常发展。

融资主要是指资金的融入，也就是通常意义的资金来源，具体是指通过一定的渠道、采用一定的方法、以一定的经济利益付出为代价，从资金持有者手中筹集资金，满足资金使用者在经济活动中对资金需要的一种经济行为。

创业融资有“广义”和“狭义”之分。狭义的融资概念仅指不同资金所有者之间的资金融通，即资金从资金供给方流向需求方。广义的融资不仅包括前者，还包括某一经济主体通过一定的方式在自己内部进行资金融通。

二、创业各阶段的融资方式

创业融资需求具有阶段性的特征，不同生命周期具有不同的风险特征和资金需求，同时，不同融资渠道能够提供的资金数量和风险程度也不同，因此，创业者在融资时需要将不同阶段的融资需求和融资渠道进行匹配，提高融资工作的效率，以获得创业所需资金，化解企业融资难题。

在种子期，企业处于高度的不确定性当中，很难从外部筹集债务资金，创业者个人积蓄、亲友款项、天使投资、创业投资以及合作伙伴的投资可能是采用较多的融资渠道；进入启动期之后，创业者还可以使用抵押贷款的方式筹集负债资金。

企业进入成长期以后，已经有了前期的经验基础，发展潜力逐渐显现，资金需求量较以前有所增加，融资渠道也有了更多选择。在早期成长阶段，企业获得常规的现金流用来满足生产经营之前，创业者更多采用股权融资的方式筹集资金，战略伙伴投资、创业投资等是常用的融资方式，此时也可以采用抵押贷款、租赁，以及商业信用的方式筹集部分生产经营所需资金；成长期后期，企业的成长性得到充分展现，资产规模不断扩大，产生现金流的能力进一步提高，有能力偿还负债的本息，此时，创业者更多地采用各种负债的方式筹集资金，获得经营杠杆收益。

综上，企业生命周期阶段和融资渠道的对应关系如表8-1所示，表中深色的区域为对应于该阶段采用的较多的融资渠道，浅灰色的区域为该阶段也可能会采用的融资渠道。

表8-1 企业生命周期与融资渠道

融资渠道	种子开发期	启动期	早期成长期	成长后期
个人积蓄				
亲友款项				
天使投资				
合作伙伴				
创业投资				
抵押贷款				
融资租赁				
商业信用				

三、股权融资与债权融资

企业的融资方式有两类：股权融资和债权融资。

股权融资是指企业的股东愿意让出部分企业所有权，通过企业增资的方式引进新的股东的融资方式。股权融资所获得的资金，企业无须还本付息，但新股东将与老股东同样分享企业的赢利与增长。股权融资的特点决定了其用途的广泛性，既可以充实企业的营运资金，也可以用于企业的投资活动。股权融资按融资渠道来划分，主要有两大类，公开市场发售和私募发售。公开市场发售就是通过股票市场向公众投资者发行企业的股票来募集资金，包括我们常说的企业上市、上市企业的增发和配股都是利用公开市场进行股权融资的具体形式。私募发售，是指企业自行寻找特定的投资人，吸引其通过增资入股企业的融资方式。因为绝大多数股票市场对于申请发行股票的企业都有一定的要求，例如中国对公司上市除了要求连续三年赢利之外，还要求企业有5000万元的资产规模，因此对大多数中小企业来说，较难跨过上市发行股票的门槛，私募成为民营中小企业进行股权融资的主要方式。

债权融资是指企业通过借钱的方式进行融资，债权融资所获得的资金，企业首先要承担资金的利息，另外在借款到期后要向债权人偿还资金的本金。债权融资的特点决定了其主要是用于解决企业营运资金短缺的问题，而不是用于资本项下的开支。债权融资产生的结果是增加了企业的负债，按渠道的不同主要分为银行信用、民间信贷、债券融资、信托融资、项目融资、商业信用及其租赁等。

无论是股权融资还是债权融资均具有一定的优点，也存在着不足，创业者要熟悉不同融资方式的利弊，考虑不同情况下的融资成本，以便做出科学的融资决策。见表8-2 所示。

表8-2　股权融资和债权融资的比较

比较项目	股权融资	债权融资
本金	永久性资本，保证企业最低的资金需要	到期归还本金
资金成本	根据企业经营情况变动，相对较高	事先约定固定金额的利息，较低
风险承担	低风险	高风险
企业控制权	按比例或约定享有，分散企业控制权	无，企业控制权得到维护
资金使用限制	限制条款少	限制多

债权融资的资金成本较低，合理使用还能带来杠杆收益，但债务资金使用不当会带来企业清算或终止经营的风险；股权资金的资金成本由于要在所得税之后支付，成本较高，但由于在企业正常生产经营过程中，不用归还投资者，是一项企业可永久使用的资金，没有财务风险。创业者在筹集资金时应对债务资金、股权资金的优缺点进行比较，并考虑企业的资金需要量，资金的可得性，宏观理财环境，筹

资的成本、风险和收益，以及控制权分散等问题来进行综合分析。

主题二　创业融资的操作

企业在创业阶段风险较大，融资相对较难，如果不认真做好准备工作，成功的希望非常渺茫。在创业者缺乏相关经验的情况下，即使意外成功，交易结构和投资条款也对企业很不利，为今后的失败埋下隐患。所以，要成功实现创业企业融资必须预先做好融资准备工作。

一、制定企业资金规划

（一）深入进行融资总收益与总成本分析

创业者首先应该考虑的是：企业必须融资吗？融资后的投资收益如何？融资后的收益是否大于融资成本？创业者只有经过深入分析，确信利用筹集的资金所得到的总收益要大于融资的总成本时，才有必要考虑融资。融资成本既有资金的利息成本，还有可能是较为昂贵的融资费用和不确定的风险成本。企业融资成本是决定企业融资效率的决定性因素，对于创业企业选择哪种融资方式有着重要意义。

（二）合理确定企业的融资规模与融资期限

创业者在进行融资决策之初，要根据各种条件，量力而行地确定企业合理的融资规模。此外，创业者必须做出最佳的融资期限选择，以利于企业的发展。因为融资期限过长，加大了融资成本与融资风险；融资期限过短，则限制了企业的发展。创业者做融资期限决策，一般是在短期融资与长期融资两种方式之间权衡，做何种选择主要取决于融资的用途和创业者的风险性偏好。从资金用途上来看，如果融资是用于企业流动资产，则宜于选择各种短期融资方式；如果融资是用于长期投资或购置固定资产，则适宜选择各种长期融资方式。从风险性偏好角度来看，创业者对风险越偏好，就越倾向于用短期资金融通永久性资产；反之，则越倾向于用长期资金融通波动性资产。

（三）尽量选择有利于提高企业竞争力的融资方式

企业融资通常会给企业带来以下直接影响：一是壮大了企业的资本实力，增强了企业的支付能力和发展后劲，从而减少了企业的竞争对手；二是提高了企业信誉，扩大了企业产品的市场份额；三是增加了企业规模和获利能力，充分利用规模经济优势，从而提高企业在市场上的竞争力，加快了企业的发展。但是，企业竞争力的提高程度，根据企业融资方式、融资收益的不同而有很大差异。比如，股票融资，通常初次发行普通股并上市流通，不仅会给企业带来巨大的资金融通，还会大大提高企业的知名度和商誉，使企业的竞争力获得极大提高。因此，进行融资决策时，企业宜选择最有利于提高竞争力的融资方式。

（四）有效利用企业的金融成长周期

在中小企业创业初期，企业的信息基本上是封闭的，由于缺乏业务记录和财务审计，它主要依靠内源融资和非正式的天使融资；当企业进入成长阶段，随着规模的扩大，可用于抵押的资产增加，信息透明度逐步提高，业务记录和财务审计不断规范，企业的内源融资难以满足全部资金需求，这时企业开始选择外源融资，较多地依赖于来自金融中介的债务融资；在进入稳定增长的成熟阶段后，企业的业务记录和财务趋于完备，逐渐具备进入资本市场发行有价证券的资产规模和信息条件。随着来自资本市场可持续融资渠道的打通，企业债务融资的比重下降，股权融资的比重上升，部分优秀的中小企业逐步发展成为大企业。金融成长周期理论的提出，有利于企业据此实行系统化和模式化的金融管理并简化融资决策程序，对于指导企业的融资实践发挥了重要作用。

（五）慎重挑选合适的投资者

确定实际可行的融资方式以及制订融资策略，必须明白要寻找什么类型的投资者。创业融资是一个双向选择的过程，投资者在选择创业者的同时，创业者也在积极地挑选合适的投资者。创业者一般应选择这样的投资者：的确考虑要投资，并有能力提供相应资金的；了解并对该行业投资有兴趣的；能够提供有益的商业建议，并且与业界、融资机构有接触的；有名望、道德修养高的；为人处世公平合理，并能与创业者和谐相处的；具有此类投资经验的。具有这些特质的投资者是稀缺的、有价值的、难以复制的、不可替代的人力资源，他们可以给企业带来持久的竞争优势。理想的投资者可以存在于以下任何一组投资群体之中：一是友好的投资者，如家人、朋友、未来的雇员和管理者、商业伙伴、潜在的客户或供应商；二是非正规的投资者，如富有的个人（医生、律师、商人）；三是风险投资产业的正规的或专业的投资者。

二、准备商业计划书

商业计划书首先是一种吸引投资的工具，同时也是确定目标和制订计划的很好的参考资料，是一个企业管理和操作的行为指南。制订商业计划书，主要从以下七个方面着手：

（一）所在行业分析

行业分析应包括对该行业的展望，即该行业的历史成就和将来的发展趋势。创业者也应该提供关于该行业新产品开发的看法。竞争分析也是重要内容，创业者应该识别每一个主要的竞争对手，分析他们的优劣势，特别是分析竞争对手将如何影响本企业在市场上潜在的成功。

做行业分析时，下面是值得创业者考虑的关键问题：

A.在过去的五年中，该行业的销售总额是多少？

B.该行业预计的增长率如何？

C.在过去的三年中，该行业有多少新进入的公司？

D.该行业最近有什么新产品上市？

E.最接近的竞争者是谁？

F.你的企业如何经营才能超过该竞争者？

G.你的每个竞争者的优劣势是什么？

H.你的每个竞争者的销售额是在增长、减少还是保持稳定？

I.你的客户的特点是什么？

J.你的客户与你的竞争者的客户有什么区别？

（二）所创企业的描述

对新创企业进行的描述主要是明确企业经营的范围和规模。关键要素应包括产品和服务、企业的地点和规模、所需人员和办公设备、创业者的背景以及该企业的历史。

（三）生产计划

如果新创企业是属于制造业，则必须制订一个生产计划，这个计划应该描述完整的生产过程。如果新创企业准备将某些甚至所有制造工序分包给其他企业，则应该在生产计划中对分包商加以说明。对于创业者自己将要实施的全部或部分制造工序，也需要描述厂房的布局，制造运营过程中所需要的机器设备，所需原材料及供应商的姓名、地址、供货条件、制造成本以及任何资本设备的将来的需求等。

如果新企业是零售店或服务型企业，则这一部分计划内容为“经商计划”，其内容应包括对货物购买、存储控制系统以及库存需求等的具体描述。

这部分创业计划的关键问题有：

A.你将负责全部还是部分制造工序？

B.如果某些制造工序被分包，谁将成为分包者？（给出分包商的姓名和地址）

C.为什么选择这些分包者？

D.分包制造的成本怎样？（包括几份书面合同）

E.生产过程的布局怎样？（如果可能，应列出步骤）

F.产品的制造需要什么设备？

G.产品的制造需要什么原材料？

H.原材料的供应商是谁？相应的成本怎样？

I.产品制造的成本是多少？

J.新企业将来的资本设备需求怎样？

K.如果是零售或服务型企业货物将从谁哪里购买？

L.存储控制系统如何运营？

M.存货需求怎样？存货如何被促销？

（四）市场营销计划

市场营销计划是创业计划中的一个重要组成部分，主要描述产品或服务将如何被分销、定价以及促销。营销计划是新企业成功的关键。因此，创业者应该尽一切努力把该计划准备得全面而具体，以便投资者弄清新企业的目标是什么，以及为了有效地实现这个目标将实施什么战略。

营销计划包括的内容：

A.市场机构和营销渠道的选择；

B.营销队伍和管理；

C.促销计划和广告策略；

D.价格决策。

对新创企业来说，很难进入其他企业已经稳定的销售渠道中去。因此，企业不得不暂时采取高成本低效益的营销战略。营销计划应该每年制订，并把它当作制订短期决策的行路图。

（五）组织计划

组织计划主要描述新企业的所有制形式，即新创企业的所有制将是独资形式的、合伙制的还是公司制的。如果新创企业是合伙制企业，计划中就应该加上合伙的有关条款。如果新创企业是一家公司，就应该明确被核准的股份份额、优先认股权、公司的经理及高层管理者的姓名、地址及简历。除此以外，还应提供组织结构图，用以表明组织内成员的授权及责任关系。

这部分计划需要创业者回答的关键问题有：

A.组织的所有制形式是什么？

B.如果是合伙制企业，谁是合伙者以及合伙协议的条款是什么？

C.如果是股份公司，谁是主要的股票持有者以及他们拥有多少股票？

D.发行什么类型的股票，以及发行了多少有表决权股和非表决权股？

E.谁是董事会成员？（给出姓名、地址和简历）

F.谁有支票签字权和控制权？

G.谁是管理小组的成员？他或她的背景怎样？

H.管理小组的每个成员的角色和责任是什么？

I.管理小组每个成员的薪水、红利或其他形式的工资怎样？

（六）风险估计

创业者有必要进行风险估计以便制订有效的战略来对付这些威胁。新企业主要的风险可能来自竞争者的反应，来自自身在市场营销、生产或管理方面的弱势，来自技术的进步带来的其产品的过时。创业者也有必要提供备选战略以应对上述风险因素的发生。

（七）财务计划

财务计划也是创业计划的重要组成部分，它表明新企业所需要的潜在投资承诺，并表明创业计划在经济上是可行的。

财务计划通常包括三个项目：

A.新创企业开始三年中的预计销售额及相应的支出，其中第一年的有关预测还应按月提供。

B.需要预测开始三年的现金流量，其中第一年的预测也要按月提供。

C.需要预测资产负债表。

三、了解融资谈判

企业准备融资时，需要了解与可能的投资方进行融资沟通的要点，做好准备，从容应对。以企业引入风险投资为例进行说明。对融资企业来说，陈述与沟通的内容一般包括：企业的历史沿革、企业优势和背景；融资项目的起因与发展变化过程；与项目有关的政策和行业情况；项目技术和市场情况；项目的优势和存在的问题；企业的发展规划；需要的资金数额及合作方式。上述内容与商业计划书的内容基本相同，但依据沟通的场合、融资双方参与沟通的身份不同，应该在沟通顺序和详略上灵活变通。不同的资金方看重的侧重点略有不同。如果企业陈述比较清晰，资金方一般会就上述问题在深度上进行提问。上面的内容无论是资金方还是融资企业，一般都是围绕商业计划书的内容来陈述和询问的，这也是我们要写好商业计划书的原因之一。

如果进入实质性谈判阶段，那往往离融资成功已经不远了。仍以比较复杂的风险投资为例，在该阶段，双方涉及的内容通常包括：一是融资金额；二是股东构成与股权结构设置，资金方是否可以控股？三是双方的出资方式；四是无形资产的价值确定及处置方式；五是原有债务和或有负债的处置；六是新公司的法人治理机构；七是人员的安排及薪酬；八是管理团队的组建及激励方式；九是政府有关部门政策的争取；十是审计、评估、法律和财务顾问等中介机构的聘用；十一是双方工作的分工与日程安排。上述内容，大部分属于双方合作协议的框架内容，还包括公司未来运营的一些考虑。

【能力训练】

融资需求评估

创业者在决定融资前，需要对企业或项目的融资需求进行评估，可以填写表8-3，了解融资需求。

表8-3　融资需求评估表

类别	具体项目	选项1	选项2	选项3	选项4
融资战略分析	企业所在的行业	周期型	稳定型	上升型	下降型
	在行业中的位置	领头羊	领先者	跟随者	边缘者
	资金需求的必要性和合理性	很必要	有必要	一般	不必要
融资具体要求	资金需求的性质	权益性资金		债权性资金	
	资金需求的用途	投资性	流动性	偿债性	其他
	资金需求的金额（万元）	500以下	500~1000	1000~3000	3000以上
	资金需求的期限	3个月以下	半年	一年	一年以上
	资金需求的利率	正常利率	月利1%	月利2%	月利3%及以上
	还款保证	土地抵押	房产抵押	设备抵押	保证
	还款来源	负债	流动资金	企业盈利	
融资工具	已经采用的融资工具	商业融资	短期借款	票据融资	明投暗贷
	拟采用的融资工具				
融资渠道	已经采用的融资渠道	金融机构	内部集资	企业之间	投资公司
	拟采用的融资渠道				
	建议的融资渠道				

续表

融资基本条件	资产基础	完善	良好	一般	差
	报表基础	完善	良好	一般	差
	融资资料	完善	良好	一般	差
	关系资源	完善	良好	一般	差
	融资人员	完善	良好	一般	差
	融资知识和经验	完善	良好	一般	差
	与融资服务机构的合作	完善	良好	一般	差
	创业者及高管理念和素质	完善	良好	一般	差

【实践作业】

撰写融资计划

融资计划，其实是一份说服投资者的方案与策略。结合小组设计的创业项目，设计一份融资计划的概要，填写在表8-4中。

表8-4　融资计划

概要说明	融资计划	融资说明
融资项目论证：主要指项目可行性和项目收益率		
融资途径选择：选择成本低、融资快的融资方式		
融资分配：所融资金专款专用，主要用途与周期		
融资成本收益：代价与利润分配		
融资风险：主要风险分析		

第九章

新企业创办

xin qi ye chuang ban

【课程目标】

1.了解企业的组织形式及不同企业组织形式的注册要求。

2.了解企业的权利与义务，新企业的社会责任，创办企业相关的法律法规。

3.了解企业注册的流程及开办企业需要注意的相关事项。

【案例导读】

准备足，成功易

小尹有着强烈的创业梦想。大一时，他就与同学创建了“创业协会”。他在校内开办旧货交易会，积极进行创业实践。他从同学们手中收集旧衣服、旧书本、运动器材，再帮他们转卖这些旧货。通过这次行动，小尹积累了不少经验。

小尹又通过“创业协会”组织了创业大赛，从参赛的创业计划书中，获得了很多创业灵感和思路。他相继开办韩语培训班、兼职信息中心、建设淘宝屋等。在短短一年内，小尹尝试了几个不同的行业，由于缺乏良好的经营模式和创意，这些经营项目最终都停滞了下来。

几次创业失败的经验，让小尹的创业选择逐渐成熟起来。他通过在学校发放问卷，调查同学们的消费方式，通过严谨的市场分析最终选择启动“冰吧”的创业项目。

小尹和搭档筹集了两万元资金，并将项目报到学校，得到领导的批示后，他们向学校申请得到了一块营业用地。由于资金不足，小尹和搭档自己动手装修房子，亲自选购原料、设备。他说：“通过那次经历，我学会了货比三家，学会了如何洽谈生意。”

由于创业准备非常充分，冰吧一开业就得到了顾客的认可，生意兴隆。这给小尹带来了很大信心。创业之路是艰辛而曲折的，冰吧项目运营不久就出现了技术不成熟、冰品味道欠佳、资金周转不灵等问题。创业团队团结一心，共同想办法、找出路，闯过了难关。

现在，小尹的冰吧项目已经实现了赢利，现金流很稳定，经营管理也日益规范。

[**点评**]小尹的创业故事告诉我们：创业，要善于积累经验，寻找商业机会；创业，要做好充分的前期调研，找准项目；创业，要有凝聚力的创业团队；创业，要有能经得起失败的心理素质。准备好了，再出发，成功的概率才更大。

【理论知识】

主题一　企业的组织形式

一、企业的组织形式及注册要求

新企业创立之前，创业者应该首先确定拟创办企业的法律组织形式。新创企业可采用不同的组织形式，例如创业者个人独立创办的个人独资企业，或者由创业者团队创办的合伙制企业，或者成立以法人为主体的有限责任公司和股份有限公司。对创业者而言，各种法律组织形式没有绝对好坏之分，各有利弊。但无论选择怎样的形式，都必须根据国家的法律法规要求和新创企业的实际情况，科学衡量各种组织形式的利弊，决定合适的组织形式。

自1999年8月30日第九届全国人大常委会第十一次会议通过《中华人民共和国个人独资企业法》之后，2005年10月27日第十届全国人大十八次会议和2006年8月27日第十届全国人大第二十三次会议分别通过了新《中华人民共和国公司法》和《中华人民共和国合伙企业法》。至此，我国企业法律形式基本上与国际接轨。

（一）个人独资企业

个人独资企业是最古老也是最常见的企业法律组织形式。个人独资企业又称个人业主制企业，是指依法设立，由一个自然人投资并承担无限连带责任，财产为投资者个人所有的经营实体。当个人独资企业财产不足以清偿债务时，选择这种企业形式的创业者须依法以其个人其他财产予以清偿。在各类企业当中，个人独资企业的创设条件最简单。根据《中华人民共和国个人独资企业法》，只要满足以下五种条件，就可以申请设立个人独资企业：①投资人为一个自然人；②有合法的企业名称；③有投资人申报的出资，国家对其注册资金实行申报制，没有最低限额；④有固定的生产经营场所和必要的生产经营条件；⑤有必要的从业人员。个人独资企业成功与否依赖于所有者个人的技能。当然，所有者也可以雇佣那些有其他技能的员工。

（二）合伙企业

如果2个或2个以上的人共同创业，那么可以选择合伙制作为新企业的法律组织形式。根据《中华人民共和国合伙企业法》，“合伙企业”是指依法在中国境内设立的由各合伙人订立合伙协议，共同出资、合伙经营、共享收益、共担风险，并对合伙企业债务承担无限连带责任的营利性组织。合伙企业包括普通合伙企业和有限合伙企业两种形式。两者最大的区别在于有限合伙企业有两种不同的所有者：普通合伙人和有限合伙人。其中，普通合伙人对合伙企业的债务和义务负责，而有限合伙人仅以投资额为限承担有限责任，但后者一般不享有对组织的控制权。另外，普通合伙企业合伙人可以用货币、实物、知识产权、土地使用权或者其他财产权利出资，也可以用劳务出资，但有限合伙企业有限合伙人不得以劳务出资。以下主要介绍普通合伙企业。

除了要有合伙企业的名称、经营场所以及从事合伙经营的必要条件之外，设立合伙企业还应当具备以下条件：①合伙企业必须有两个以上合伙人，合伙人应当具备完全民事行为能力，且能够依法承担无限责任。②合伙人应当遵循自愿、平等、公平、诚实信用原则订立合伙协议，合伙协议应载明合伙企业的名称、地点、经费范围、合伙人出资额和权责情况等基本事项。③合伙人应当按照合伙协议约定的出资方式、数额和缴付出资的期限，履行出资义务。合伙人出资可以用货币、实物、土地使用权、知识产权或者其他财产权利，上述出资应当是合伙人的合法财产及财产权利。合伙人以劳务出资的，其评估办法由全体合伙人协商确定。

（三）有限责任公司和股份有限公司

公司是现代社会中最主要的企业形式。它是以营利为目的，由股东出资形成，拥有独立的财产，享有法人财产权，独立从事生产经营活动，依法享有民事权利，承担民事责任，并以其全部财产对公司的债务承担责任的企业法人。所有权与经营权分离，是公司制的重要产权基础。与传统“两权合一”的业主制、合伙制相比，创业者选择公司制作为企业组织形式的一个最大特点就是仅以其所持股份或出资额为限对公司承担有限责任；另一个特点是存在双重纳税问题，即公司盈利要上缴公司所得税，创业者作为股东还要上缴企业投资所得税或个人所得税。根据《中华人民共和国公司法》，我国的公司分有限责任公司（包括一人有限责任公司）和股份有限公司两种类型。

有限责任公司的股东以其认缴的出资额为限对公司承担责任，公司以其全部资产对公司的债务承担责任。创业者设立有限责任公司，除了要有固定的生产经营场所和必要的生产经营条件之外，还应当具备下列条件：

（1）股东符合法定人数。根据我国《公司法》第二十四条规定：有限责任公司由50个以下股东出资设立。需要说明的是，一人有限责任公司是在2005年10月27日第十届全国人大十八次会议通过的新《公司法》中新加入的。

（2）股东出资达到法定资本最低限额。一般有限责任公司注册资本的最低限额为人民币3万元，而一人有限责任公司的注册资本最低限额为人民币10万元。法律、行政法规对有限责任公司注册资本的最低限额有较高规定的，从其规定。股东可以用货币出资，也可以用实物、知识产权、土地使用权等可以用货币估价并可以依法转让的非货币财产作价出资；但是法律、行政法规规定不得作为出资的财产除外。

且全体股东的货币出资金额不得低于有限责任公司注册资本的30%。

（3）股东共同制定公司章程。法律对有限责任公司章程有明确的要求，要求应当载明的事项包括：公司名称和住所；公司经营范围；公司注册资本；股东的姓名或者名称；股东的权利和义务；股东的出资方式和出资额；股东转让出资的条件；公司的机构及其产生办法、职权、议事规则；公司的法定代表人；公司的解散事由与清算办法；股东认为需要规定的其他事项。

（4）有公司名称，建立符合有限责任公司要求的组织机构。股份有限公司，其全部资本分为等额股份，股东以其认购的股份为限对公司承担责任，公司以其全部资产对公司的债务承担责任。设立股份有限公司要有公司名称，要建立符合股份有限公司要求的组织机构、固定的生产经营场所以及必要的生产经营条件，股份发行、筹办事项要符合法律规定。

除此之外，根据我国《公司法》规定还应当具备下列条件：

（5）发起人符合法定人数。设立股份有限公司，应当有2人以上200人以下为发起人，其中须有半数以上的发起人在中国境内有住所。

（6）发起人认缴和募集的股本达到法定资本最低限额。股份有限公司的注册资本为在公司登记机关登记的全体发起人认购的股本总额。公司全体发起人的首次出资额不得低于注册资本的20%。股份有限公司注册资本的最低限额为人民币500万元，法律、行政法规对股份有限公司注册资本的最低限额有较高规定的，从其规定。

（7）股份发行、筹办事项符合法律规定。

（8）发起人制定公司章程，采用募集方式设立的经创立大会通过。

二、企业的权利与义务

（一）个人独资企业

个人独资企业由自然人个人投资建立，其所有权属于投资者个人，投资者对该企业拥有绝对的管理、处分和收益权。投资者在个人独资企业的各项权利受到法律的保护，任何单位和个人不得违反法律、行政法规的规定，以任何方式强制个人独资企业提供财力、物力、人力；对于违法强制其提供财力、物力、人力的行为，个人独资企业有权拒绝；任何侵犯个人独资企业及个人独资企业投资者合法权益的行为，都将会受到法律的制裁。

而在个人独资企业的责任方式上，基于投资者与企业的密切联系，其个人财产与企业财产紧密相连，个人独资的所有者应当就个人独资企业的债务承担无限连带责任。当企业的财产不能够偿还企业债务时，所有者必须以个人的其他财产承担偿还债务的责任。

（二）合伙企业

合伙企业由两个或两个以上合伙人，通过订立合伙协议而建立。因此，合伙人对合伙企业的权利和义务，主要体现在对内关系和对外关系上。

对内关系，即合伙人之间、合伙人与合伙企业之间的权利义务关系。对内关系主要由合伙协议确定。一般来说，合伙人享有的权利包括：亲自或选举代表管理企业事务的权利、决定企业重大事务的权利、了解企业财务和经营状况的权利、对企业事务提出异议的权利、分配企业利润的权利、退出合伙企业的权利。合伙人对企业权利的大小及行使的方法一般都在合伙协议中做出约定，合伙人之间的关系应当严格按照合伙协议及有关的法律来认定。

而在对内义务上，合伙人不得自营或者同他人合作经营与本合伙企业相竞争的业务；除合伙协议另有约定或者经全体合伙人同意外，合伙人不得同本合伙企业进行交易。此外，代表其他合伙人执行合伙企业事务的合伙人，在经营合伙企业时，还应当尽到合理的义务。如果因其故意或者重大过失，给合伙企业造成损失的，依法承担赔偿责任。

对外关系，即合伙人与第三人之间的权利义务关系，一般情况下，合伙人的个人财产与合伙企业的财产不发生联系，合伙人不对合伙企业与第三人的行为承担义务。但是当合伙企业的债务过高，企业财产不足以清偿到期债务时，合伙人的个人财产与企业的财产就发生了联系，各合伙人应当就企业的债务承担连带责任。值得注意的是各合伙人承担连带责任的清偿比例应当按照合伙协定对利润和损失的分配比例来计算。合伙人由于承担连带责任，所清偿额超过其应当承担的数额时，有权向其他合伙人追偿。

同样，合伙人与其债权人的债务关系，并不等同于企业与合伙人之债权人的债务关系。《中华人民共和国合伙企业法》规定合伙企业中某一合伙人的债权人，不得以该债权抵消其对合伙企业的债权；合伙人个人负有债务的，其债权人不得代为行使合伙人在合伙企业中的权利。合伙人个人财产不足以清偿其个人所负债务的，该合伙人只能以其从合伙企业中分取的收益用于清偿；债权人也可以依法请求人民法院强制执行该合伙人在合伙企业中的财产份额用于清偿。

（三）有限责任公司

在有限责任公司当中，公司财产与股东的个人财产是严格分离的，公司股东只就其出资额为限对公司承担责任，而公司以其全部资产对公司的债务承担责任。因此，创业者在有限责任公司的权利更体现为一种对内的股东权利。主要表现如下：

股东有权查阅股东会会议记录和公司财务会计报告。股东按照出资比例分取红利。公司新增资本时，股东可以优先认缴出资。但股东在公司登记后，不得抽回出资。股东之间可以相互转让其全部出资或者部分出资。股东向股东以外的人转让其出资时，必须经全体股东的半数以上同意；不同意转让的股东应当购买该转让的出资，如果不购买该转让的出资，则视为同意转让。经股东同意转让的出资，在同等条件下，其他股东对该出资有优先购买权。

有限责任公司股东会由全体股东组成，股东会是公司的权力机构，享有广泛的权利，包括：决定公司的经营方针和投资计划；选举和更换董事，决定有关董事的报酬事项；选举和更换由股东代表出任的监事，决定有关监事的报酬事项；审议批准董事会的报告；审议批准监事会或者监事的报告；审议批准公司的年度财务预算方案、决算方案；审议批准公司的利润分配方案和弥补亏损方案；对公司增加或者减少注册资本做出决议；对发行公司债券做出决议；对股东向股东以外的人转让出资做出决议；对公司合并、分立、变更公司形式、解散和清算等事项做出决议；制订公司章程。

此外，因为有限责任公司的规模一般较小，多数情况下，有限责任公司的股东也会担任公司的董事长、总经理等高级管理职务，此时，该股东就享有了对公司内部事务的管理权、公司外部事务的代表权，也享有依据其工作而获得报酬及其他福利的权利。但同时也承担着受股东会监督，忠实勤勉履行管理职责的义务。

三、新企业的社会责任

新企业在发展的最初阶段往往面临着如何建立起包括消费者、供应商和投资者在内的利益相关者对其产品、服务或商业模式，乃至组织自身的理解和认识。在漫长的经营、成长过程中，企业要想做大、做强、做久，成为百年名店，仅仅做到提供顾客所需要的产品和服务、遵纪守法是不够的，还要进一步符合道德标准，主动承担社会责任，通过良好的行为表现获得社会各界的广泛认同。

企业社会责任问题日益受到各国政府和民众的广泛关注。新的《中华人民共和国公司法》第五条明确要求，公司从事经营活动必须“承担社会责任”，公司理应对其劳动者、债权人、供货商、消费者、公司所在地的居民、自然环境和资源、国家安全和社会的全面发展承担一定责任。新《公司法》不仅将强化公司社会责任理念列入总则条款，而且在分则中设计了一套充分强化公司社会责任的具体制度。可见，企业社会责任在我国具有了法律地位。

企业社会责任（Corporate Social Responsibility，简称“CSR”）的概念已经广被接受，指企业在创造利润、对股东利益负责的同时，还要承担起对企业利益相关者的责任，保护其权益，以获得在经济、社会、环境等领域的可持续发展能力。利益相关者是指企业的员工、消费者、供应商、社区和政府等。企业得以可持续经营，仅仅考虑经济因素对股东负责是远远不够的，必须同时考虑到环境和社会因素，承担起相应的环境责任和社会责任。企业为什么要承担社会责任？这是缘于经济学、法理学和社会学三个方面。

在欧美发达国家，企业承担社会责任已经从当初以处理劳工冲突和环保问题为主要追求，上升到实施企业社会责任战略以提升企业国际竞争力的阶段。在实践上，随着企业社会责任运动的发展，越来越多的公司通过设立企业社会责任委员会或类似机构来专门处理企业社会责任事项，越来越多的企业公开发表社会责任报告。对于西方国家的创业者及其企业来说，承担企业社会责任就是要积极参与企业社会责任运动，贯彻执行由此衍生的SA8000等各种企业社会责任国际标准。

在我国，强化企业的社会责任是一个紧迫的现实问题，是入世后中国企业提高国际竞争力面临的一项新挑战。我国新企业在创建伊始就应清楚地认识到推行企业社会责任是人类文明进步的标志，劳工权益保护不仅是西方国家的要求，也是现代企业的历史使命，符合我国《劳动法》等许多现行法规的要求。创业者应该在积极参与并关注企业社会责任运动和企业社会责任国际标准出台的同时，从以下几个方面着手提高承担企业社会责任的意识和能力：第一，制定实施体现企业社会责任的竞争战略。突破传统的企业竞争战略，在勇于承担企业社会责任的同时，打造企业新的竞争优势，是我国新一代创业者的必然选择。第二，把企业社会责任建设融入企业文化建设中。企业文化建设其实是企业发展战略的一部分，企业文化建设既可以提高企业的竞争能力，也可以使人在工作中体会生命的价值。把企业社会责任作为新时期企业文化整合和再造的重要内容，已成为国际企业文化发展的大趋势。第三，把社会责任的理念付诸实实在在的行动。在企业的日常经营管理过程中，不仅要对股东负责，对员工负责，还要对客户、供应商负责，对自然环境负责，对社会经济的可持续发展负责。

四、创办企业相关的法律

一个社会的法律规定为其公民能做什么或不能做什么建立了一个框架。这个法律框架同样在一定程度上允许或禁止创业者所做的某些决策和采取的部分行动。显然，创建新企业会受到当地法律的影响，创业者必须了解并处理好一些重要的法律和伦理问题。创业涉及的法律和伦理问题相当复杂。创业者需要认识到这些问题，以免由于早期的法律和伦理失误而给新企业带来巨大代价，甚至使其夭折。创业者一般不会有意触犯法律，但往往高估他们所掌握的与创建和经营新企业相关的法律知识，或者缺乏伦理意识。

在企业的创建阶段，创业者面临的法律问题包括：确定企业的形式，设立适当的税收记录，协调租赁和融资问题，起草合同，以及申请专利、商标或版权的保护。在每一个创建活动中，都有特定的法律和规定决定创业者能做什么和不能做什么。一名创业者必须熟悉相关法律法规，但是法律环境对创业的影响并没有到此为止。当新企业创建起来并开始运营后，仍然有与经营相关的法律问题。例如，人力资源或劳动法规可能会影响员工的雇佣、报酬以及工作评定的确定；安全法规可能会影响产品的设计和包装、工作场所和机器设备的设计和使用，环境污染的控制，以及物种的保护。尽管许多法律问题可能在某一企业达到一定规模时才适用，但事实是，新企业都追求发展，这意味着创业者很快就会面临这些法律问题。表9–1指出了影响创业企业的一些基本法律问题。

表9–1 创业企业不同阶段的法律问题

创建阶段的法律问题	经营现行业务中的法律问题
确定企业的法律形式	人力资源管理（劳动）法规
设立税收记录	安全法规
进行租赁和融资谈判	质量法规
起草合同	财务和会计法规
申请专利、商标和版权保护	市场竞争法规

主题二　企业注册

一、企业注册流程

有限责任公司的设立登记流程如下：

（一）公司核名

注册公司第一步就是公司名称审核，即查名。创业者需要通过市工商行管理局进行公司名称注册申请，由工商行政管理局三名工商查名科注册官进行综合审定，给予注册核准，并发放盖有市工商行政管理局名称登记专用章的“企业名称预先核准通知书”。

此过程中申办人需提供法人和股东的身份证复印件，并提供公司名称2~10个，写明经营范围、出资比例。公司名称要符合规范，例如：北京（地区名）+某某（企业名）+贸易（行业名）+有限公司（类型）。

（二）经营范围审批

如新创企业的经营范围中涉及特种行业许可经营项目，则需报送相关部门报审盖章。特种许可项目涉及旅馆、印铸刻字、旧货、典当、拍卖、信托寄卖等行业，需要消防、治安、环保、科委等行政部门审批。特种行业许可证办理，根据行业情况及相应部门规定不同，分为前置审批和后置审批。

（三）准备并提交申请材料，申领营业执照

工商局经过企业提交材料进行审查，确定符合企业登记申请，经工商行政管理局核定，即发放工商企业营业执照，并公告企业成立。

相关材料包括：公司章程、名称预先核准通知书、法人和全体股东的身份证、公司住所证明复印件（房产证及租赁合同）、前置审批文件或证件、生产性企业的环境评估报告等。

二、开办企业的注意事项

（一）法人资格

法人是具有民事权利能力和民事行为能力，依法独立享有民事权利和承担民事义务的组织。法人企业或机构都必须由董事会任命法人代表，内资企业法人代表可以是有选举权的守法中国公民，不一定占有股权。法人代表不应有税务不良记录，否则会带来不必要的税务困难。

（二）注册资金

个体户和分公司是不需要注明注册资金的，注册资本实行认缴制后，取消了最低注册资本的要求，而且首次不需要实际出资，也无须再提供验资报告，这大大降低了注册公司的成本，换句话说，现在是近乎零成本注册公司。

（三）公司住所

根据《公司法》和《物权法》的规定，公司注册的商业产权证上的办公地址最好是写字楼，对大学生创业者来说，目前有很多经济园区或孵化机构可以免费或优惠提供公司住所。

（四）银行开户

领取营业执照后，需去银行开立基本账号，各个银行开户，要求略有不同，开基本户需要提前准备好各种材料，一般包括营业执照正本原件、身份证、组织机构代码证、公财章、法人章等。基本存款账户是存款人因办理日常转账结算和现金收付需要开立的银行结算账户，是存款人的主办账户，存款人日常经营活动的资金收付及其工资、奖金和现金的支取，应通过该账户办理。

（五）税务登记

税务是公司注册后涉及比较重要的事务，一般要求在申领营业执照后的30天内到税务局办理税务报到程序，核定税种税率，办理税务登记证。另外，每个月要按时向税务申报税，即使没有开展业务不需要缴税，也应进行零申报。

【能力训练】

模拟注册企业

1.学生分为五组，分别模拟创业团队、工商局、税务所、银行、企业注册顾问。

2.各组在活动前，要查阅相关制度和规定，准备好表格、文件等资料。安排好成员扮演各类角色。

3.模拟企业注册、税务登记、银行开户等一系列过程，企业注册顾问组可随时进行帮忙，力求顺利完成注册程序。

【实践作业】

构建创业轮廓图

下面的创业轮廓图将帮助你明确自己的创业目标。

1.企业名称及建立的日期：

____

2.企业形式为：□个体□有限责任公司□股份有限公司

3.我的顾客主要是：□个人□团体□公共机关□其他（简述）

4.目前的产品和服务包括：

____

5.我的五个最主要的竞争对手是：

____

6.可能的竞争来自：□其他公司□技术□行业人员

7.我的竞争地位：□弱□较弱□平均水平□较强□强

8.对我的产品或服务的需要在递增／递减：

____

9.我可能引进的产品或服务是：

____

10.我可能进入的市场是：

____

11.本企业与众不同的地方是：

____

12.当前企业最大的营销障碍是：

____

13.我最大的营销机会是：

____

14.我的总体经营目标和增长计划是：

____

第十章

财务基础与成本管理

cai wu ji chu yu cheng ben guan li

【课程目标】

1.了解启动资金的类型，了解新创企业启动资金的管理与分配要点。

2.了解基本的会计报表，能够看懂资产负债表、损益表和现金流量表。

3.掌握小微企业成本管理的方法与成本的控制途径。

【案例导读】

用好你的第一笔钱

一个村庄没有水，村长就委托两个年轻人给这个村庄供水，村民向他们支付费用。

第一个年轻人艾德，马上买了两只大桶，每日奔波于10里以外的湖泊和村庄之间。艾德立即就赚到了钱。

另一个人叫比尔，自从签订合同后，他就消失了。

半年后，比尔带着一个施工队和一笔投资回到了村庄。过去的半年时间里，他做了详细的商业计划，找到了投资，注册了公司，并雇用了项目施工管理的专业人员。之后，又花了一年多的时间，比尔修建了一套从湖泊通往村庄的供水管道系统。

清水从水龙头中涌出的那个瞬间，艾德的生意被摧毁了。他赚了一年半的钱。

这个故事形象地说明了，赚钱的事与值钱的事的不同。

赚钱的事的核心是当下的利差。现金现货，将本求利。

但是，你赚钱的时候，别人在设计一个更大的结构来覆盖你，当比尔的水管接通后，艾德愤怒妒恨哭天抢地找村长都是没用的。一个时代结束了，怎样挽救都是徒劳。

所谓“互联网+”对传统企业的进攻，大致如此。

［**点评**］大学生创业，经常感到困惑的是：到哪里去找启动资金？实际上，更大的问题是：如何用好你的第一笔钱？案例中的两个年轻人，他们的起点一样，启动资金一样，但过程和结果却截然不同。大学生创业者，要珍惜你手里的启动资金，更要学会高效利用启动资金，掌握基本的资金管理知识，能够把钱用在刀刃上，让自己的创业之路走得更顺利。

【理论知识】

主题一　启动资金的管理

你已经准备好创立一家新企业了吗？在起步之前，你知道究竟创业需要多少启动资金吗？你可能有一个粗略的估计，但这还不够详细，无法支撑你制作一套可行的商业计划书。准确地衡量你需要多少启动资金，这是成功的关键。如果低估了需求，那么在企业开始盈利之前，你可能就已经用光了运营资金。而过高的预测成本，你又可能永远都无法筹集到足够的资金以起步。

一、新企业的启动资金

启动资金用来支付场地（土地和建筑）、办公家具和设备、机器、原材料和商品库存、营业执照和许可证、开业前广告和促销、工资以及水电费和电话费等费用。

这些支出可以归为两类：

固定资产投资是指你为企业购买的价值较高、使用寿命长的东西。有的企业用很少投资就能开办，而有的却需要大量的投资才能启动。明智的做法是把必要的投资降到最低限度，让企业少担些风险。

流动资金指企业日常运转所需要支出的资金。

（一）固定资产投资

固定资产投资一般可以分为两类：企业用地和建筑、设备。

1.企业用地和建筑

办企业或开公司，都需要有适用的场地和建筑。也许是用来开工厂的整个建筑，也许只是一个小工作间，也许只需要租一个铺面。如果你能在家工作，就能降低投资。在前面谈到营业地点问题时，你已经决定在哪里设置你的企业。现在要进一步看你的企业具体需要什么样的场地和建筑等。

当清楚了需要什么样的场地和建筑时，就要做出以下选择：建造的建筑；买现成的建筑；租一栋楼或其中的一部分在家开业。

（1）造房。如果你的企业对场地和建筑有特殊要求，最好造自己的房子，但这需要大量的资金和时间。

（2）买房。如果你能在条件优越的地段找到合适的建筑，则买现成建筑既简单又快捷。但现成的房子往往需要经过改造才能适合企业的需要，而且需要花费大量的资金。

（3）租房。租房比造房和买房所需的启动资金要少，这样做也更灵活。如果是租房，当你需要改变企业地点时，就会容易得多。不过租房不像自己有房那么安稳，而且你也需要花钱进行装修才能适用。

（4）在家开业。在家开业最便宜，但即使这样也要做些调整。在启动资金不太充裕的情况下，在家开业是明智的选择，待企业稍有起色之后再租房或买房办公。但与此同时，也应当意识到，在家工作，业务和生活难免会互相干扰。

2.设备

设备是指你的企业需要的所有机器、工具、车辆、办公家具等。对于制造商和一些服务行业，最大的需要往往是设备。一些企业需要在设备上投入大量资金，因此了解清楚需要什么设备，以及选择正确的设备类型就非常重要。即使是只需要少量设备的企业，也要慎重考虑你需要哪些设备，并把它们写入创业计划。

（二）流动资金

你的企业开张后要运转一段时间才能有销售收入。制造商在销售之前必须先把产品生产出来；服务企业在开始提供服务之前要买材料和用品；零售商和批发商在卖货之前必须先买货。所有企业在招揽顾客之前必须先花时间和费用进行促销。总之，你需要流动资金支付以下开销：①购买并储存原材料和成品；②促销；③工资；④租金；⑤保险和其他费用。

有的企业需要足够的流动资金来支付6个月的全部费用，也有的企业只需要支付3个月的费用。你必须预测，在获得销售收入之前，你的企业能够支撑多久。一般而言，刚开始时销售并不顺利，因此，你的流动资金要计划富裕些。

此外你需要制订一个现金流量计划。它会帮助你更准确地预测你所需要的流动资金。等你做完这个计划之后，你可能还需要更改启动资金里的流动资金数额。

以下是需要流动资金来支付的项目：

1.原材料和成品储存

制造商生产产品需要原材料；服务行业的经营者也需要些材料；零售商和批发商需要储存商品来出售。你预计的库存越多，你需要用于采购的流动资金就越大。既然购买存货需要资金，你就应该在保证正常运营的情况下将库存降到最低限度。

如果你是个制造商，你必须预测你的生产需要多少原材料库存，这样你可以计算出在获得销售收入之前你需要多少流动资金。如果你是一个服务商，你必须预测在顾客付款之前，你提供服务需要多少材料库存。零售商和批发商必须预测他们在开业之前，需要多少商品库存。

记住，如果你的企业允许赊账，资金回收的时间就更长，你需要动用流动资金再次充实库存。

2. 促销

新企业开张，需要促销自己的商品或服务，而促销活动需要流动资金。你需要保证你已经做了促销计划并对促销费用做出预算。

3. 工资

如果你雇用员工，在起步阶段你就得给他们支付工资。你还要以工资方式支付自己家庭的生活费用。计算流动资金时，要计算用于发工资的钱，通过用每月工资总额乘以还没到达到收支平衡的月数就可以计算出来。

4. 租金

正常情况下，企业一开始运转就要支付企业用地用房的租金。计算流动资金里用于房租的金额，用月租金乘以还没达到收支平衡的月数就可以得出来。而且你还要考虑到租金可能一付就是3个月或6个月，会占用更多的流动资金。

5.其他费用

在企业起步阶段，还要支付一些其他费用，例如电费、文具用品费、交通费等。

一般来说，在销售收入能够收回成本之前，微小企业事先至少要准备3个月的流动资金。为了预算更加准确，你必须制订一个现金流量计划。

二、资金的管理与分配

1.管理层必须重视资金管理，并制定合理的理财战略与目标

首先，企业的领导者需要摒弃旧的管理观念，即只注重企业产品的研发和销售业绩，而忽视了资金管理对企业发展的重要性。其次，企业在制定具体的理财战略与目标时，需要从企业自身的生产经营的实际出发，同时兼顾企业发展的近期目标与长期目标，因为毕竟资金管理为企业发展服务，两者需要协调一致。再次，企业制定好理财战略与目标后，随之需要制定出具体的实施细节，将责任明确到部门和个人，使其不会变成空头文件。企业可定期对资金管理工作进行汇总，审核其执行的进度和效果，看其是否达到预期目标。除此之外，企业需注意捕获市场信息，洞悉市场的变化，并及时调整企业的理财战略与目标，使其符合市场需求。最后，再好的资金管理战略也需要人去执行，所以企业需要制定完善的人才储备战略，建立起一套人才的选拔、激励机制，并注意对企业员工开展后期培训。

2.合理扩宽企业融资渠道

资金对于企业发展的重要性，无异于血液之于人。企业能否以恰当的融资方式及时地筹措到所需资金，是企业健康发展的关键因素之一。但在筹资的过程中需要摒弃过去那种资金筹集越多越好的观念，一定要根据自身需求来筹集足够的资金。同时企业对市场规则应有深刻的理解，在法律所允许的范围内巧妙地运用市场规则

来为企业快速有效地筹集足够的资金。在具体的融资过程中除了一些传统的融资渠道如内部融资、银行抵押借贷、上市发行股票等，还有一些比较创新的融资方法，如：无形资产融资，企业的无形资产包括专利、商标和计算机软件著作权等作为企业的重要资产，企业可充分利用其价值，通过为企业的融资行为提供担保来顺利实现融资目的。特别是那些无形资产占企业总资产比重较大的企业，可采取这种新型的融资途径为企业筹集资金；票据融资，指票据持有人通过非贸易的方式取得商业汇票，并以该票据向银行申请贴现套取资金，实现融资目的。特别是当企业需要灵活的资金周转，往往需要通过票据贴现的形式来融资时使手中的死钱变成活钱；信托融资，是间接融资的一种形式，是通过金融机构的媒介，由最后信托公司向最后贷款人进行的融资活动。相比银行贷款，信托融资还具有以下优点：降低企业整体融资成本，节约了财务费用；资金使用周期较长，有利于企业的长期发展；根据信托的法律特点，企业可以在不提高负债率的情况下实行融资可优化公司资产负债结构。

3.加强企业风险管理

在当前市场经济环境下，由于市场机制的作用，作为任何一个市场主体其利益都具有不确定性，存在遭受经济损失的可能性，即每个市场主体都必须承担一定的风险，因此增强企业的风险管理成为实现资金管理目标不可或缺的一部分。在增强企业的风险管理方面，可以从以下几个方面入手：首先，对企业自身运行情况进行一次全方位的风险评估，根据自身企业的实际情况来制定相应的风险应对措施，从而降低企业运行风险。其次，对企业的资金出入实行动态监管，做到对企业资金使用的事前、事中、事后进行全方位的监管，并定时汇总信息，这样就可以在企业资金出现问题时，及时发现并予以纠正，将问题扼杀在摇篮之中，从而有效地降低了企业资金的运行风险。再次，提高企业整体的风险防范意识。具体操作如下：一方面，企业可定期对企业管理人员进行风险管理知识方面的培训，来更新知识结构，提高知识层次，使其充分认识到风险管理的重要性，提高风险防范意识；另一方面，企业可适当在普通员工中开展风险管理知识课堂，对他们普及企业风险防范知识，提高他们的风险防范意识。最后，企业内部应建立适当的激励机制，充分调动全体员工参与对风险防范工作的积极性，使更多的人参与到企业风险评估、防范工作中来，这样可以更好地提高企业风险管理的质量。通过合理的资金管理来管理好企业的人力资产。

4.实行股权激励方案和员工持股方案

在当前市场竞争进入白热化阶段，企业竞争早已不仅仅是企业产品与服务的竞争，人才也是企业竞争的关键因素。因此企业的员工作为企业优质资产的一部分，对企业的生存和发展发挥着重要作用。如何通过合理的资金管理规划使得企业这部分特殊的资产更好地保值、升值，为企业创造出最好的效益，这是每个企业都不可回避的一个问题。其中最好的解决方法之一就是企业采取股权激励方案与员工持股方案。

企业股权激励方案，就是企业让职业经理人通过一定形式获取公司一部分股权的长期性激励制度，使经理人能够以股东的身份参与企业决策、分享利润、承担风险，从而使其勤勉尽责地为公司的长期发展服务。在国际上，制定股权激励计划是上市公司比较普遍的做法。股权激励计划可以把职业经理人的个人利益、股东的长远利益和企业的长期发展结合在一起，可以在一定程度上防止经理人的短期经营行为，同时可以防范“内部人控制”等侵害股东利益的行为。这样一来就可以充分调动企业职业经理人的积极性，不仅实现企业经理人员与企业的双赢，同时也体现企业对人才的重视，有利于企业吸收高级人才。除此之外，现代企业理论和国外实践证明股权激励对于优化企业治理结构，降低代理成本，提高管理效率，加大企业凝聚力和市场竞争力都能起到非常积极的作用。

企业员工持股方案，即员工持股方案，又称为员工持股制度，是员工所有权的一种实现形式，是企业所有者与员工分享企业所有权和未来收益权的一种制度安排。员工通过购买企业部分股票（或股权）而拥有企业的部分产权，并获得相应的管理权，实施员工持股计划的目的，是使员工成为公司的股东，同时也能增加企业的资金来源扩宽企业融资渠道。这样企业员工不仅具有按劳分配获取劳动报酬的权利，同时拥有按所持员工股分享企业分红的权利，使得企业的利益与员工的利益紧紧地捆绑在一起，从而充分调动全体员工的工作积极性，促进资金管理目标的实现，努力为企业创造出更高的效益。

通过实施以上的股权激励方案与员工持股方案理财方法，强化企业对人的激励和约束机制，充分挖掘企业人力资源，使得资金管理成为充分调动企业员工的积极性和创造性的有效途径，促进企业发展。

理财是搞好企业管理的突破口，特别是在当前经济环境下，企业的管理已逐步向资金管理倾斜，企业应不断完善资金管理方式，并运用创新思维来充分实现资金管理目标，使资金管理为企业的发展发挥更大的作用。理财是以资金运动为特定对象的，资金运动贯穿于企业整个生产经营过程，触及企业管理网络的各个网点。充分发挥企业领导理财的龙头作用，充分调动全体员工理财的积极性和创造性，把全员理财落到实处，企业才会在理财上有大的建树，才会抓住企业管理的“牛鼻子”，才会使企业的各方面工作取得突破性进展。因此，企业只有重视公司理财，才能控制财务风险，使企业集团在激烈的竞争环境中处于不败之地。

主题二　财务基础知识

一、资产负债表

资产负债表是反映企业在某一特定日期（如月末、季末、年末）全部资产、负债和所有者权益情况的会计报表，是企业经营活动的静态体现，根据“资产=负债+所有者权益”这一平衡公式，依照一定的分类标准和一定的次序，将某一特定日期的资产、负债、所有者权益的具体项目予以适当的排列编制而成。它表明权益在某一特定日期所拥有或控制的经济资源、所承担的现有义务和所有者对净资产的要求权。它是一张揭示企业在一定时点财务状况的静态报表。资产负债表利用会计平衡原则，将合乎会计原则的“资产、负债、股东权益”交易科目分为“资产”和“负债及股东权益”两大区块，在经过分录、转账、分类账、试算、调整等会计程序后，以特定日期的静态企业情况为基准，浓缩成一张报表。其报表功用除了企业内部除错、明确经营方向、防止弊端外，也可让所有阅读者于最短时间内了解企业经营状况。

资产负债表是会计上相当重要的财务报表，最重要的功用在于表现企业的经营状况。就程序而言，资产负债表为簿记记账程序的末端，是集合了登录分录、过账及试算调整后的最后结果的报表。就性质而言，资产负债表则是表现企业或公司资产、负债与股东权益的对比关系，确切反映公司营运状况。就报表基本组成而言，资产负债表主要包含了报表左边算式的资产部分，与右边算式的负债与股东权益部分。而作业前端，如果完全依照会计原则记载，并经由正确的分录或转账试算过程后，必然会使资产负债表的左右边算式的总金额完全相同。而这个算式究其根本就是资产金额总计=负债金额合计+股东权益金额合计。

资产负债表必须定期对外公布和报送外部与企业有经济利害关系的各个集团（包括股票持有者，长、短期债权人、政府有关机构）。当资产负债表列有上期期末数时，称为“比较资产负债表”，它通过前后期资产负债的比较，可以反映企业的财务变动状况。根据股权有密切联系的几个独立企业的资产负债表汇总编制的资产负债表，称为“合并资产负债表”。它可以综合反映本企业以及与其股权上有联系的企业的全部财务状况。

（1）反映企业资产的构成及其状况，分析企业在某一日期所拥有的经济资源及其分布情况，可以揭示公司的资产及其分布结构。从流动资产，可了解公司在银行的存款以及变现能力，掌握资产的实际流动性与质量；而从长期投资，掌握公司从事的是实业投资还是股权债权投资及是否存在新的利润增长点或潜在风险；通过了解固定资产工程物资与在建工程及与同期比较，掌握固定资产消长趋势；通过了解无形资产与其他资产，可以掌握公司资产潜质。如：山川股份（600714）2001年年报显示，流动资产期末货币资金比期初减少了193万元，期末存货却增加3200万元，流动资产总额期末比期初减少1648.3万元，结合公司自1996年上市募集到一大笔资金以后，基本按募集资金投入使用，但从募资到如今已有五年了，从本报告期所能反映的结果来看，期末固定资产比期初增加了2244万元，却超过公司资产总额期末比期初增加额1738.91万元，说明公司资产的流动性明显下降，资产的变现能力在下降，同时也意味着资产的质量有所下降。资产代表企业的经济资源，是企业经营的基础，资产总量的高低一定程度上可以说明企业的经营规模和盈利基础大小，企业的资产结构即资产的分布，企业的资产结构反映其生产经营过程的特点，有利于报表使用者进一步分析企业生产经营的稳定性。

（2）可以反映企业某一日期的负债总额及其结构，揭示公司的资产来源及其构成。根据资产、负债、所有者权益之间的关系，如果公司负债比重高，相应的所有者权益即净资产就低，说明主要靠债务“撑大”了资产总额，真正属于公司自己的财产（即所有者权益）不多。还可进一步分析流动负债与长期负债，如果短期负债多，若对应的流动资产中货币资金与短期投资净额与应收票据、股利、利息等可变现总额低于流动负债，说明公司不但还债压力较大，而且借来的钱成了被他人占用的应收账款与滞销的存货，反映了企业经营不善，产品销路不好，资金周转不灵。

分析企业现今与未来需要支付的债务数额。负债总额表示企业承担债务的多少，负债和所有者权益的比重反映了企业的财务安全程度。负债结构反映了企业偿还负债的紧迫性和偿债压力的大小，通过资产负债表可以了解企业负债的基本信息。

（3）可以反映企业所有者权益的情况，了解企业现有投资者在企业投资总额中所占的份额。实收资本和留存收益是所有者权益的重要内容，反映了企业投资者对企业的初始投入和累计的资本，也反映了企业的资本结构和财务实力，有助于报表使用者分析、预测企业生产经营安全程度和抗风险的能力。

（4）可据以解释、评价和预测企业的短期偿债能力。偿债能力指企业以其资产偿付债务的能力，短期偿债能力主要体现在企业资产和负债的流动性上。流动性指资产转换成现款而不受损失的能力或负债离到期清偿日的时间，也指企业资产接近现金的程度，或负债需要动用现金的期限。在资产项目中，除现金外，资产转换成现金的时间越短，速度越快，转换成本越低表明流动性越强。

例如，可随时上市交易的有价证券投资，其流动性一般比应收款项强，因为前者可随时变现；而应收款项的流动性又比存货项目强，因为通常应收款项能在更短的时间内转换成现金，而存货一般转换成现金的速度较慢。负债到期日越短，其流动性越强，要越早动用现金。

短期债权人关注的是企业是否有足够的现金和足够的资产可及时转换成现金，以清偿短期内将到期的债务。长期债权人及企业所有者也要评价和预测企业的短期偿债能力，短期偿债能力越低，企业越有可能破产，从而越缺乏投资回报的保障，越有可能收不回投资。资产负债表分门别类地列示流动资产与流动负债，本身虽未直接反映出短期偿债能力，但通过流动资产与流动负债的比较，并借助于报表附注，可以解释、评价和预测企业的短期偿债能力。

（5）可据以解释、评价和预测企业的长期偿债能力和资本结构。企业的长期偿债能力主要指企业以全部资产清偿全部负债的能力。一般认为资产越多，负债越少，其长期偿债能力越强，反之，若资不抵债，则企业缺乏长期偿债能力。资不抵债往往由企业长期亏损、蚀耗资产引起的，还可能是举债过多所致。所以，企业的长期偿债能力一方面取决于它的获利能力，另一方面取决于它的资本结构。

资本结构通常指企业权益总额中负债与所有者权益，负债中流动负债与长期负债，所有者权益中投入资本与留存收益或普通股与优先股的关系。负债与所有者权益的数额表明企业所支配的资产有多少为债权人提供，又有多少为所有者提供。这两者的比例关系，既影响债权人和所有者的利益分配，又牵涉债权人和所有者投资的相对风险，以及企业的长期偿债能力。资产负债表为管理部门和债权人信贷决策提供重要依据。

（6）可据以解释、评价和预测企业的财务弹性。财务弹性指标反映企业两个方面的综合财务能力，即迎接各种环境挑战，抓住经营机遇的适应能力，包括进攻性适应能力和防御性适应能力。进攻性适应能力，指企业能够有财力去抓住经营中所出现的稍纵即逝的获利机会，不致放任其流失。防御性适应能力，指企业拥有客观环境极为不利或因某一决策失误使其陷入困境时转危为安的生存能力。

企业的财务弹性主要来自资产变现能力、从经营活动中产生现金流入的能力、对外筹集和调度资金的能力，以及在不影响正常经营的前提下变卖资产获取现金的能力。财务弹性强的企业不仅能从有利可图的经营活动中获取现金，而且可以向债权人举借长期负债和向所有者筹措追加资本，投入新的有利可图的事业，即使遇到经营失利，也可随机应变，及时筹集所需资金，分散经营风险，避免陷入财务困境。

资产负债表本身并不能直接提供有关企业财务弹性的信息，但是它所列示的资产分布和对这些资产的要求权的信息，以及企业资产、负债流动性、资本结构等信息，并借助利润表及附注、附表的信息，可间接地解释、评价和预测企业的财务弹性，并为管理部门增强企业在市场经济中的适应能力提供指导。

（7）可据以解释、评价和预测企业的绩效，帮助管理部门做出合理的经营决策。企业的经营绩效主要表现为获利能力，而获利能力则可用资产收益率、成本收益率等相对值指标衡量，这样将资产负债表和利润表信息结合起来，可据以评价和预测企业的经营绩效，并可深入剖析企业绩效优劣的根源，寻求提高企业经济资源利用效率的良策。并且有助于投资者对资产负债进行动态比较，进一步分析公司经营管理水平及发展前景与后劲。

（8）有助于评价公司的盈利能力。通常情况下，资产负债率应当控制在适度的比例，如工业生产类企业应低于60%，不过，过低（如低于40%）也不好，说明公司缺乏适度负债经营的勇气。结合资产收益率，还可评价公司的资产创利、盈利能力。还以山川股份为例，资产负债率期初是40.83%、期末是37.38%，虽然在下降，但净资产收益率没有提高，而且期末股东权益较期初增加了2249.08万元，尚不如存货增加数，说明公司产品的市场并不乐观，盈利能力一般。

二、损益表

损益表是指反映企业在一定会计期的经营成果及其分配情况的会计报表，是一段时间内公司经营业绩的财务记录，反映了这段时间的销售收入、销售成本、经营费用及税收状况，报表结果为公司实现的利润或形成的亏损。

损益表（或利润表、损益平衡表）是用以反映公司在一定期间利润实现（或发生亏损）的财务报表。它是一张动态报表。损益表可以为报表的阅读者提供做出合理的经济决策所需要的有关资料， 可用来分析利润增减变化的原因， 明确公司的经营成本， 做出投资价值评价等。损益表的项目，按利润构成和利润分配分为两部分。其利润构成部分先列示销售收入，然后减去销售成本得出销售利润；再减去各种费用后得出营业利润（或亏损）；再加减营业外收入和支出后，即为利润（亏损）总额。利润分配部分先将利润总额减去应交所得税后得出税后利润；其下即为按分配方案提取的公积金和应付利润；如有余额，即为未分配利润。损益表中的利润分配部分如单独划出列示，则为“利润分配表”。

损益表上所反映的会计信息，可以用来评价一个企业的经营效率和经营成果，评估投资的价值和报酬，进而衡量一个企业在经营管理上的成功程度，具体来说有以下几方面的作用：

（1）损益表可作为经营成果的分配依据。损益表反映企业在一定期间的营业收入、营业成本、营业费用以及营业税金、各项期间费用和营业外收支等项目，最终计算出利润综合指标。损益表上的数据直接影响到许多相关集团的利益，如国家的税收收入、管理人员的奖金、职工的工资与其他报酬、股东的股利等。正是由于这方面的作用，损益表的地位曾经超过资产负债表，成为最重要的财务报表。

（2）损益表能综合反映生产经营活动的各个方面，有助于考核企业经营管理人员的工作业绩。企业在生产、经营、投资、筹资等各项活动中的管理效率和效益都可以从利润数额的增减变化中综合地表现出来。通过将收入、成本费用、利润与企业的生产经营计划对比，可以考核生产经营计划的完成情况，进而评价企业管理当局的经营业绩和效率。

（3）损益表可用来分析企业的获利能力、预测企业未来的现金流量。损益表揭示了经营利润、投资净收益和营业外的收支净额的详细资料，可据以分析企业的盈利水平，评估企业的获利能力。同时，报表使用者所关注的各种预期的现金来源、金额、时间和不确定性，如股利或利息、出售证券的所得及借款的清偿，都与企业的获利能力密切相关，所以，收益水平在预测未来现金流量方面具有重要作用。

三、现金流量表

现金流量表是反映一定时期内（如月度、季度或年度）企业经营活动、投资活动和筹资活动对其现金及现金等价物所产生影响的财务报表。现金流量表是原先财务状况变动表或者资金流动状况表的替代物。它详细描述了由公司的经营、投资与筹资活动所产生的现金流。这份报告显示资产负债表及损益表如何影响现金和等同现金，以及根据公司的经营、投资和融资角度做出分析。

作为一个分析工具，现金流量表的主要作用是反映公司短期生存能力，特别是缴付账单的能力。它是反映一家公司在一定时期现金流入和现金流出动态状况的报表。其组成内容与资产负债表和损益表相一致。通过现金流量表，可以概括反映经营活动、投资活动和筹资活动对企业现金流入流出的影响，对于评价企业的实际利润、财务状况及财务管理，与传统的损益表相比，能够提供更坚实的基础。

现金流量表提供了一家公司经营是否健康的证据。如果一家公司经营活动产生的现金流无法支付股利与保持股本的生产能力，而是需要通过借款的方式满足这些需要，那么这就给出了一个警告，这家公司从长期来看无法维持正常情况下的支出。现金流量表通过显示经营中产生的现金流量的不足和不得不用借款来支付无法永久支撑的股利水平，从而揭示了公司内在的发展问题。

一个正常经营的企业，在创造利润的同时，还应创造现金收益，通过对现金流入来源分析，对创造现金能力做出评价，并对企业未来获取现金能力做出预测。现金流量表所揭示的现金流量信息可以从现金角度对企业偿债能力和支付能力做出更可靠、更稳健的评价。企业的净利润是以权责发生制为基础计算出来的，而现金流量表中的现金流量是以收付实现制为基础的。通过对现金流量和净利润的比较分析，可以对收益的质量做出评价。投资活动是企业将一部分财力投入某一对象，以谋取更多收益的一种行为，筹资活动是企业根据财力的需求，进行直接或间接融资的一种行为，企业的投资和筹资活动和企业的经营活动密切相关。因此，对现金流量中所揭示的投资活动和筹资活动所产生的现金流入和现金流出信息，可以结合经营活动所产生的现金流量信息和企业净收益进行具体分析，从而对企业的投资活动和筹资活动做出评价。

它的编制具有很大的意义：

1.弥补了资产负债信息量的不足

资产负债表是利用资产、负债、所有者权益三个会计要素的期末余额编制的；损益表是利用收入、费用、利润三个会计要素的本期累计发生额编制的（收入、费用无期末余额，利润结转下期）。唯独资产、负债、所有者权益三个会计要素的发生额原先没有得到充分利用，没有填入会计报表。会计资料一般是发生额与本期净增加额（期末、期初余额之差或期内发生额之差），它说明变动的原因，期末余额说明变动的结果。本期的发生额与本期净增加额得不到合理的运用，不能不说是一个缺憾。

根据资产负债表的平衡公式可写成：现金=负债+所有者权益–非现金资产，这个公式表明，现金的增减变动受公式右边因素的影响，负债、所有者权益的增加（减少）导致现金的增加（减少），非现金资产的减少（增加），导致现金的增加（减少），现金流量表中的内容是利用资产、负债、所有者权益的增减发生额或本期净增加额填报的。这样账簿的资料得到充分利用，现金变动原因的信息得到充分揭示。

2.便于从现金流量的角度对企业进行考核

对于一个经营者来说，如果由于没有现金缺乏购买与支付能力，这是致命的。企业的经营者由于管理的要求亟须了解现金流量信息。另外在当前商业信誉存有诸多问题的情况下，与企业有密切关系的部门与个人投资者、银行、财税、工商等不仅需要了解企业的资产、负债、所有者权益的结构情况与经营结果，更需要了解企业的偿还支付能力，了解企业现金流入、流出及净流量信息。

损益表的利润是根据权责发生制原则核算出来的，权责发生制贯彻递延、应计、摊销和分配原则，核算的利润与现金流量是不同步的。损益表上有利润银行户上没有钱的现象经常发生。近几年来随着大家对现金流量的重视，深深感到权责发生制编制的损益表不能反映现金流量是个很大的缺陷。但是企业也不能因此废除权责发生制而改为收付实现制。因为收付实现制也有很多不合理的地方，历史证明企业不能采用。在这种情况下，坚持权责发生制原则进行核算的同时，编制以收付实现制为基础的现金流量表，不失为两全其美的方法。现金流量表划分经营活动、投资活动、筹资活动，按类说明企业一个时期内流入多少现金、流出多少现金及现金流量净额。从而可以了解现金从哪里来到哪里去，损益表上的利润为什么没有变动，从现金流量的角度对企业做出更加全面合理的评价。

3.了解企业筹措现金、生成现金的能力

如果把现金比作企业的血液，企业想取得新鲜血液的办法有两个：一是为企业输血，即通过筹资活动吸收投资者投资或借入现金。吸收投资者投资，企业的受托责任增加；借入现金负债增加，今后要还本付息。在市场经济的条件下，没有“免费使用”的现金，企业输血后下一步要付出一定的代价。二是企业自己生成血液，经营过程中取得利润，企业要想生存发展，就必须获利，利润是企业现金来源的主要渠道。通过现金流量表可以了解经过一段时间的经营，企业内外筹措了多少现金、自己生成了多少现金。筹措的现金是按计划用到企业扩大生产规模、购置固定资产、补充流动资金上，还是被经营方侵蚀掉了。企业筹措现金、生产现金的能力，是企业加强经营管理、合理使用调度资金的重要信息，是其他两张报表所不能提供的。

主题三　小微企业的成本管理

一、小微企业成本管理的方法

（一）节约采购成本，直降企业成本

当前，我国小微企业发展过程中，成本管理的问题与采购部门有着十分密切的联系，原因在于采购部门对企业销售有巨大的影响。所以，小微企业在进行成本管理的过程中，尽快地通过降低采购成本进行有效的控制是十分必要的。而具体的做法可以从以下几个方面来进行：第一，通过培养专业的采购人员增加采购中对价格的控制与谈判能力；第二，通过与中介公司合作，提高采购的规范化程度，有利于扩大采购范围与有效控制采购成本；第三，加强采购预算的制定与实施。制定采购预算能够明确公司的成本使用情况，能够为采购的实施提供明确的道路；第四，不断提升产品的附加值；第五，建立科学系统的管理体制。

（二）精益生产，管理生产成本

成本管理实施的基本原则之一就是以市场需求为导向，根据市场环境实施成本管理。随着市场经济体制的不断深入，市场已经由卖方市场逐渐向买方市场转变，要想更好地完成成本管理工作，就必须首先明确产品的市场需求和企业所处的市场环境。如何在保证产品的性能和质量的基础上，尽可能多地降低产品的生产成本，是企业经营者和产品设计者所关注的问题。在各行市场上，市场经济的发展变得更加自由，各行企业在享有相应的自主权之外，其生产经营也受到这种自由的市场经济的影响。因此，小微企业需要对其进行严格的管理，才能凝聚企业的竞争力，不致受市场经济自由气氛的负面影响。

（三）应用互联网，现代化管理成本

科学的成本管理制度需要科学的成本管理方法为基础，因此小微企业应结合自身的实际情况，充分借鉴和吸收世界范围内一切先进的成本管理方法，并将其应用到实际的成本管理工作之中，以适应竞争性的市场环境，实现企业成本管理目标。比如可以采用：作业成本法、成本企划法、责任成本法和目标成本法。

互联网时代，小微企业可以建立高效现代的成本管理信息系统。在这个系统中，一方面，小微企业可以充分利用电子计算机储存信息量大、运算速度快、使用方便这些特点，替代一些繁重的事务性劳动；在数据的处理上，实现批量处理和实时处理，从而加快信息的处理和反馈速度，提高成本管理人员的业务处理水平和决策的效率。另一方面，小微企业可以充分利用互联网收集企业全部生产经营活动所需的各类市场信息，使企业及时、全面、准确地掌握市场的变化，及时开发适销对路的产品，抢占市场份额；帮助企业及时停止过时产品的生产，减少无形损失，从而使中小企业在激烈的市场竞争中做大做强，立于不败之地。

（四）科学用人，节约人力成本

通过建设良好的用人机制能够有效地提升小微企业的综合能力，通过对人力资源的合理分配，能够实现用人的最大效益化，有利于管理与统一领导，使工作得到最大化的提升，实现企业软实力的增长。良好的绩效考核与评价机制的建设，不仅能够对企业员工的具体工作情况进行有效评价，还能够激励员工之间相互学习，激励员工共同奋进，从而为小微企业的发展增添一份力量，减小人力方面的支出，节约成本。

二、小微企业成本控制的途径

要降低小微企业的成本，就要根据创业企业的自身条件和市场环境，选择适合于创业企业的成本控制方法。

（一）技术创新促进成本管理

创业企业无法获得规模优势，但是可以通过技术创新，在产品质量、款式、性能和工艺装备方面不断改进，适应消费者需求的变化，满足消费者需求的升级。在价值链分析方面，技术创新可以改变产品，以消除多余的部分功能；改变制造过程，使得流程变得更加有效；在高成本—劳动密集型的活动中，实现自动化；在采购环节，实行价值分析，对所有原材料、零配件的基本功能进行评价，寻求最低采购成本，等等。技术创新在短期内需要投入，增加成本。但从长期、整体来看，却可以降低成本，获取更大效益，而且有利于争取竞争的主动权，确立企业在竞争中的优势地位。

（二）树立全新的成本控制观念

成本管理的好坏往往决定着企业与竞争对手之间的成败。优秀企业都能认识到成本控制不是以降低质量为代价，而要在保证质量的基础上降低成本，通过在工作流程上创新、在生产工序上创新来控制成本。因此创业企业一定要在企业文化建设中特别重视以成本核算为基础的企业管理体制的文化导向，从统一员工认识上下功夫，强调成本管理的重要性，激发员工培养爱企、爱岗的主人翁精神。企业文化对于成本控制的影响是不可忽视。创业企业可以通过企业文化建设来弥补制度建设中的不足，从“要我节约”的被动式成本控制管理转变为“我要节约”的主动型全员成本控制管理。

（三）利用政策支持，降低成本

政府鼓励大众创业万众创新，出台了很多扶持政策，如办公场地、注册资金、创业基金、税收优惠等。创业企业可以利用政府对创业企业的政策支持，来降低其各种成本。

【能力训练】

帮杨雪做好资金管理

杨雪同学一直想办一家企业，做销售饰品的生意，因为她所在的大学女生居多，对饰品有很大的需求。

杨雪的母亲非常支持她创业，让她用家里的房子作担保向银行申请贷款。

杨雪得到贷款后立刻行动。她在学校附近租了间大门市，一番装修，购买了电脑、电话、打印机、音响、沙发、饮水机等设备，还买了一台车，并在车上喷涂了公司的LOGO。杨雪告诉母亲，精良的门面能帮助企业树立良好的形象，也有助于吸引更多客户。

杨雪马上投入了繁忙的工作。饰品的需求量很大，客户还把杨雪推荐给她们的朋友。

不幸的是，到年底时，杨雪拥有的现金严重不足，无法继续支付银行的欠款。于是，银行中止了贷款，并要求偿还所有债务，杨雪不得不宣布公司破产。看样子，杨雪的母亲有可能失去家里的房产。

问题：

1.如果你是杨雪，在创业初期，你如何获得启动资金，并如何分配与管理启动资金？

2.面对已经出现的困境，现在请你帮助杨雪解决问题，制定切实可行的资金管理方案。

【实践作业】

白手起家竞赛

为每个学习小组准备一个信封，里面有20元钱的种子基金和一张纸条。纸条上写着：你如何白手起家？

让学生明白：打开信封后，必须在接下来的2个小时内去执行计划，赚取尽可能多的钱。所以，在打开前，可以讨论团队通过什么活动可以白手起家赚钱。各团队在相同的时间里比赛，赚钱最多的团队获胜。

是否使用信封里的启动资金由团队自主决定。在2个小时的活动里，不限制活动场所，但必须在2小时内回来展示成果。

注意：不能从其他途径获得额外资金；不能从事非法活动；不能抽奖或买彩票或赌博；2个小时之后，你不能再做任何事情。

活动后，团队交付成果，说清楚：

（1）收到任务时，感受如何？

（2）你的团队是如何产生行动方案并怎样实施的？

（3）最终赚到了多少利润（现金）？

（4）在该活动中，你们学习的收获是什么？

第十一章

创业企业财务管理

chuang ye qi ye cai wu guan li

【课程目标】

1.了解企业财务管理的内涵、作用和功能。

2.了解现金流对企业发展的重要意义，掌握控制与管理现金流的方法。

3.了解新企业财务危机的表现，掌握控制财务危机的途径与方法。

【案例导读】

财务管理对企业的重要作用

“巨人集团”和“史玉柱”的名字在20世纪90年代响彻了中国大地，从1990–1997年巨人集团轰然倒塌，这其中“巨人”享受过辉煌巅峰带来的快意，也体验了低谷中企业经营的悲情；通过对巨人案例的分析，在其整个的管理框架或管理体系中，财务管理一直是被当作重点来抓，总公司设财务总部，各分公司及驻外办事处财务基本独立核算，但由总公司监控，总公司设财务总监，财务制度也基本完备，但在企业壮大后的财务操作过程中存在较多的问题；1996年下半年，巨人集团因巨人大厦的运作资金遇到困难，开始对整个体系的财务状况进行核查，在同年9月21日的财务会议上，监审委总裁李敏指出，总公司对子公司已有不同程度的失控现象，子公司私自坐支货款，财务丢失严重。财务账不能及时反映公司的经营状况，特别是低价抛售货物，应收款已结账，但仍挂在账上不消账。

如此混乱的财务管理，最终导致巨人大厦的后续资金无法到位，财务预算无法落实；当然巨人的倒塌也有其他方面的原因，而财务管理方面的不足仍在巨人从巅峰走向衰败的过程中起了推波助澜的作用。

[**点评**] 从案例中，我们不难看出，企业管理者的运营理念并不能脱离企业现实情况去追求更高的目标，特别是今天，市场经济体制逐步成熟，所有的管理、运作、发展等都很难离开资本或资金的支持，而资本或资金的直接管理人员，也就是企业内的财务人员在很多时候能直接改变或影响企业正常进行的各种运作。也就是说，好的财务管理能够支持企业所进行的各种运作及发展规划，而混乱的或不能很好进行财务管理的企业，正常的运营往往会受到影响，当然最终不可能按规划发展壮大。

【理论知识】

主题一　财务管理概述

一、财务管理的内涵

财务管理是指基于一定的法律法规，在一定整体目标的指导下，关于企业资产的购置（投资）、资本的融通（筹资）和经营中现金流量（营运资金）以及利润分配的管理。企业财务管理是指基于企业在生产运营过程中客观存在的财务活动和财务关系而产生的，是利用价值形式对企业再生产过程进行的管理，是组织财务活动、处理财务关系的一项综合性管理工作。

理解财务管理的含义要注意三个方面：

（1）财务管理是人所做的一项工作，是企业各项管理工作中的一种工作。企业有很多管理，如人事管理、物资管理、生产管理、营销管理等各种各样的管理工作，而财务管理是企业各项管理工作中的一个子系统。

（2）财务管理工作和其他管理工作的主要区别：首先，财务管理是资金（价值）管理。财务管理的对象是资金（价值），财务管理是资金（价值）的管理；其次，财务管理是综合性管理工作。企业任何工作都离不开资金，资金涉及企业的方方面面，财务管理管资金，其管理的对象决定它是一种综合性的管理工作，而不是一种专项的管理。

（3）财务管理工作内容包括两大部分：组织企业财务活动和处理企业与各有关方面的财务关系。

二、财务管理的作用

面对激烈的竞争，要想求得生存、获得发展必须重视企业管理，因为财务管理的水平高低直接影响到企业管理的水平高低，进而影响到企业经济效益的好坏。因此，优化财务管理，挖掘财务管理各功能，对于促进企业经济效益具有重要意义。其重要性主要体现在以下几个方面：

（一）企业财务管理是企业管理的基础，是企业内部管理的中枢

财务管理是组织资金运动，处理同有关方面财务关系的一项经济管理工作。它是一种价值管理，渗透和贯穿于企业一切经济活动之中。企业的资金筹集、使用和分配，一切涉及资金的业务活动都属于财务管理的范围。

企业的生产、经营、进、销、调、存每一环节都离不开财务的反映和调控，企业的经济核算、财务监督，更是企业经济活动的有效制约和检查。财务管理是一切管理活动的共同基础，它在企业管理中处于中心地位是一种客观要求。

（二）企业的管理从注重生产的管理转到财务管理，是社会的进步

随着社会主义市场经济体制的逐步建立，财会工作在企业管理中占有越来越重要的地位。必须坚持一手抓生产发展，一手抓财务管理，既要向生产要效益，又要向管理要效益，管理也是生产力。财务管理与经济效益有着密切的联系。

企业的中心目标就是围绕着如何以较小的消耗取得尽量大的经济效益，加强财务管理能够促进企业节约挖潜、控制费用、降低消耗；通过资金的筹集调度，合力运用资金，提高资金的使用效果，防止资金浪费；通过对存活的管理可以优化库存结构，减少存货积压，做到经济库存；通过价格的拉动，可以增加企业的收入；通过对国有资产的管理可以促使企业合理有效地使用国有资产，并且做到国有资产的保值、增值。因此充分发挥财务管理的龙头作用，就能更加有效地提高经济效益。

（三）财务管理是实现企业和外部交往的桥梁

财务会计的一个重要职能就是反映企业经济活动情况，为企业经济管理提供完整的、以财务信息为主的经济信息。企业的会计信息不仅是企业内部管理的需要，还是企业外部有关决策者所需要的，因为企业不是孤立存在的，它必然要与外界发生各种各样的联系，进行信息交流，例如国家宏观经济管理部门、企业外部的投资人、债权人等，都需要利用会计信息进行有关的经济决策。

通过会计核算，对原始数据进行收集、传递、分类、登记、归纳、总结、储存，将其处理成有用的经济管理信息；然后开展财务分析，对企业财务活动的过程和结果进行评价和分析，并对未来财务活动及其结果做出预计和测试。企业通过这一系列财务管理环节，能够向外界提供准确、真实的信息，从而有助于国家宏观调控，使投资人进行合理投资，银行做出信贷决策以及税务机关依法征税。

（四）企业管理以财务管理为中心，财务管理以资金管理为中心，这是观念上的根本转变

加强资金管理，提高资金的营运效益是财务管理的首要任务。资金是企业的“血液”，企业资金运动的特点是循环往复地流动，资金的生命在于“活”，资金活，生产经营就活，一“活”带百“活”，如果资金不流动，就会“沉淀”或“流失”，得不到补偿增值。只有提高资金的使用效率，才能确保企业的经济效益，正因为如此，资金管理成为企业财务管理的中心是一种客观必然。

（五）强化财务管理可以找出企业问题的根源，拿出解决问题的方法

财务管理具有灵敏度高的特点，企业生产经营管理各方面的效果和问题都会通过不同的财务指标及时反映出来，如决策是否得当，经营是否有方，生产组织是否合理，产品质量及品种是否适合需要，产销是否衔接畅通，耗费是否正常，收入和盈利的取得是否合理等都会对财务指标产生重大影响。

财务管理是企业管理的核心部分。财务管理从本质上讲是一种思想，而不是工具，财务管理的环境是变化的，但管理的根本问题不会变化。总地来说，企业财务管理就是企业如何筹集资金和合理分配及运用资金，如何以尽可能少的资金取得较大的经济效益。财务部门通过对财务指标的经常性的计算、预测、整理、分析、肯定成绩、揭露问题、寻找原因，提出改进措施，促使企业不断提高经济效益。

三、财务管理的功能

财务管理作为企业管理的重要组成部分，其作用的发挥是以其功能为基础的。具体而言，财务管理具有三大基本功能：资金管理功能、成本控制功能、监督控制功能。

（一）资金管理功能

资金对企业发展至关重要，如果将企业比喻为人体，那资金就是身体中的血液。可以说资金是企业经营和发展必不可少的条件。所有企业的生存与发展必须基于一定的资金。因此企业财务管理具备了资金管理这一最为基本的功能。财务管理人员与企业管理人员基于对市场和企业发展的分析，综合各方面的信息数据，来支配企业的资金，从而利用有限的资金投入带来最大的产出，促进企业经济效益的提升。这就是财务管理中的资金管理功能。

（二）成本控制功能

影响企业利润的因素有很多，例如原材料成本的变动、员工工资的变动、市场供需关系的变化等，但是成本因素则是影响企业利润的主要因素之一。财务管理人员运用科学的方法，在保障企业正常运转的前提下，严格控制企业中不合理的支出，包括对产品成本的控制、对期间费用的控制、对研发费用的控制以及对职工薪酬、福利、保险和劳动保护的管理等，从而降低企业生产成本，增加企业的利润，提高企业的经济效益。因此，财务管理具有成本控制功能。

（三）管理监督功能

企业的正常运转，需要一整套完善的管理监督体系。财务管理中的管理和监督体系使得企业在生产经营过程中步步为营，确保企业始终朝着正确的方法前行。不仅如此，在完善监督的体系下，企业能有效利用各种资源，最大限度地挖掘自身产能，优化企业的经营与管理，从而以较小的成本投入获得较大的经济效益。这就是财务管理中的管理监督功能。

主题二　现金流管理

一、现金流管理的重要意义

现金流就是在一段时间内流入或流出企业现金账户的钱，即某一时期企业现金流入和流出的数量。如企业在销售商品、提供劳务、出售固定资产、向银行借款等取得现金，形成企业的现金流入；购买原材料、购买机器设备、对外投资、偿还债务、缴纳税金等而支付现金，形成企业的现金流出。企业的经营活动、投资活动以及筹资活动均能产生企业现金流入及现金流出。而现金流入与流出的差额称为现金净流量。这里的“现金”是指广义的现金，它不仅包括企业的库存现金，还包括企业的银行存款及银行汇票存款等其他各种货币资金，但在企业中存在一些期限较长的定期存款，因其不能随意支取，变现能力受限，则不能作为现金流量表中的现金。

预测和计算现金流是一个非常关键的财务控制点。现金流分析的是现金收入和现金支出，而不是收入和费用。现金收入和现金支出不仅受收入和费用的影响，还受到资产负债表里一些款项的影响，如应收账款、存货、利息、资本支出、偿债、贷款及实际收入等。

现金流信息能够表明企业经营状况是否良好、资金是否短缺以及企业偿债能力大小，从而为投资者、债权人和企业管理者提供有用的财务信息。经营活动现金盈余是企业具有活力的主要标志。如果经营活动的现金净流量为负数，那么企业要依靠外部因素，即投资活动或筹资活动带来正的现金净流量来运转，这样下去是非常危险的。此外，需要注意的是，企业现金形式的转换不会产生现金的流入和流出。

创业中的企业除了追求利润最大化外，还必须重视企业的现金流问题，拥有能够维持正常经营活动所需的现金流对于企业的生存发展至关重要。创业企业管理者不仅要时刻关注企业的现金存量，而且更应重点关注企业的现金流，这是现代企业财务管理的核心之一。我国不少企业面临着资金短缺的局面，创业企业尤其如此。

一个企业可能不会因为亏损而立即破产，相反，有些赔钱的企业，尽管亏损，但仍然能维持下去，其中的奥妙就在于资金调度得当。所以说，现金流是企业生存和发展的血液。

二、现金流的控制与管理

（一）做好现金流预算

所有的企业都应该对未来的现金流进行预测和预算。定期编制现金预算，合理安排现金收支，及时反映企业现金的盈缺情况，这是现金管理内容的又一重要组成部分。现金预算是对企业预算期内有关现金流入与流出所做的预测，通常被当作这一时期的计划目标，也是企业短期财务计划的基本工具。现金预算的内容包括现金收入、现金支出、现金多余或不足的计算，以及不足部分的筹措方案和多余部分的利用方案等。现金预算实际上是与其他预算如销售预算、生产预算、直接材料预算等有关现金收支部分的汇总，以及收支差额平衡措施的具体计划。其他预算在编制时要为现金预算做好数据准备。

企业的流动状况可以通过编制现金预算进行监控。虽然有时现金预算可能会变得过时或不再有实际意义，但它仍然是企业采用计划的一部分。当出现预算赤字时，企业可以通过借款筹集现金，也可以采用延迟或取消资本性支出项目等措施来减少现金赤字。如果预测为盈余，企业就可以对如何应用盈余现金做出预算。

对于小公司或者新成立的公司来说，由于有限的财力资源、巨大的财务压力、重大决策所带来的风险及较高的失败率，现金流预算与报告成为创业者的关键控制点。而控制必须指向一个计划或目标，现金流量目标在一个计划或预算中可以被公式化并作为企业的政策、规则和条例。如信用期、销售折扣等。

（二）改善现金流的技巧

如下七个步骤可改善现金流，确保初创企业的现金流健康、顺畅。

（1）为客户开发产品或项目时，向他们收取预付金，让他们而不是你自己为该项目提供资金。

（2）设置一个交货后全部收回账款的期限，比如要求在交货后30天内或60天内付款，尽可能快地收回资金。

（3）和供应商谈判，争取获得30天或更长的付款期限。先从顾客那里收到钱，再付款给供应商。

（4）预先设置一个收款的程序。如果顾客延期付款，就要不断催款。

（5）银行的贷款利率通常比供应商收取的滞纳金要少。在紧急情况下，不妨向银行贷款，还清供应商的钱，这也能在短期内弥补现金流的不足。

（6）收账代理机构可以帮忙，不必等30天或60天，立即就可以拿到现金，但是使用代收服务需要费用，在使用代收服务前，要先想想哪种方式更划算。

（7）个人需要花的钱，尽量不要从公司支取。从公司拿走钱，也就减少了现金流的总量，而它本来可以促进公司的发展。

主题三　财务危机的预测与防控

一、新企业财务危机的表现

（一）财务管理随意性大

创业期企业的所有者往往也是经营者，这种所有权和经营权的高度统一，给企业经营管理带来高效率的同时，也带来了一些负面影响。多数创业期企业财务管理模式属集权式管理，一切事情由所有者决定，财务一般由所有者单线控制，由于所有者自身一般不具备专门的财务知识，又因为创业企业经营规模较小，不可能在机构、人员和制度建设方面投入太大，使财务管理具有很大的随意性。

（二）财务人员素质低

创业期的企业在发展初期，人与人之间大多基于血缘关系和地缘联系，对团体以外的人有着天然的不信任。在财务、会计这些敏感岗位，“忠诚度”成为用人的重要标准，“任人唯亲”现象较为普遍。财务会计人员大多未经过正规的专业学习和培训，缺乏必要的财务管理能力，常常使创业期企业的财务管理活动仅限于对货币资金的控制，提供考核员工的财务数据及其他一些有限财务信息，不能充分发挥财务管理参与决策的职能。

（三）内部会计控制薄弱

一般创业期的企业都有自己独特的内部会计控制制度，但制度的制定受经营管理者的偏好影响，设计不尽合理，且常常“朝令夕改”，内控执行也易流于形式，使财务管理工作带有很大的随意性和盲目性。

在观念上，更多地把会计作为一种信息披露的需要或者是记账的手段，而没有把其视为管理工具。在会计记账过程中往往忽略企业的实际情况，有时会产生错误信息，对决策者产生误导，而且即使财务报表反映出了存在的问题，管理者也常常不重视，不能利用财务工具为管理服务。而且大多数的创业期企业为了节约人工成本，导致职责分工不明确。内部控制失效的另外一个重要表现就是重钱不重物，资产损失浪费严重。不少创业者，很重视对货币资金的管理，收支严格，保管妥善，出了差错及时查找；而对原材料、半成品、固定资产等管理不严，保管不善，出了问题也无人查找，资产损失浪费严重。

有关创业期企业的调查显示，在创业期企业财务上的内部控制制度总地来说残缺不全，像财务清查制度、成本核算制度、财务收支审批制度等基本制度不健全，或者虽然建立了其中的几项制度，但实际工作中从未认真执行过，形同虚设。

（四）融资能力差、风险大

创业期企业在融资上面临的主要问题固然有缺乏政府支持造成融资渠道单一的原因，但与成熟期企业相比，创业期企业具有其自身融资的局限性。有数据表明，近80%的创业期的初创企业会计报表不真实或根本就没有会计报表。此外，由于一些企业存在逃避银行债务、多头抵押等情况，因而其资信等级不高。由于银行对其缺乏足够的信心，为保证信贷资金的安全，降低成本和提高经济效益，银行不愿冒险向创业期的企业发放贷款。

（五）投资决策盲目

项目投资决策分析不是创业期企业日常财务管理活动最经常的部分。它却是企业财务管理活动中最重要的部分。因为项目投资的金额大，影响时间长，风险大，一旦决策失误，就难以改变或补救。创业期企业投资决策往往是由创业者自己做出的，缺乏科学的决策程序，决策时又很少运用各种定量的分析方法，往往凭借自身的经验进行判断，投资行为常常表现为：注重短期利益的实现，缺乏长远规划；投资决策失误，给本来就“脆弱”的创业期企业造成重大损失，制约其发展，危及其生存。

（六）现金管理不到位

现金是创业期企业的血液，是一个企业存续能力强弱的重要标志。保持适量的现金，为公司可能出现的各种情况做准备，不仅仅是谨慎的表现，而且是今天这个充满不确定性时代的必然要求。

从日常经营活动看，只有提供足够的现金，企业才能生存。没有充裕的现金，必将影响企业的盈利能力和偿债能力，从而影响企业的市场信誉和资金周转，甚至资不抵债，走向破产。企业在创业期，在其产品（或服务）受到市场广泛认可而能产生利润之前，产品（或服务）销售极不稳定，而各种费用却必须支付，经营风险是很大的，一旦出现资金短缺，又难以筹集到新的资金，将直接导致创业失败。

二、控制财务危机的途径与方法

（一）追求合理利润

利润是一个合理而现实的、具有较强操作性的指标，追求利润最大是企业的必然选择，但在选择财务管理目标时，“追求合理利润”作为初创企业财务管理目标更为合适。初创企业以追求“合理利润”（而非利润最大化）的财务管理目标。既不淡化利益追求，又不会因过于追求利益最大而冒不必要的、甚至是毁灭性的风险。同时，应当综合考虑市场竞争能力、获利能力、增值能力、偿债能力、资金营运能力、抵御风险能力及信用水平、社会责任等各种因素，把它们作为确定利润指标时的重要决策因素加以考虑，确保企业具有强大的可持续发展功能。

在企业经营中存在着各种利益主体的对立统一关系，他们彼此的经济目标有时并不一致。正是由于各主体之间的利益并不一致，他们不断地试图在矛盾中寻求利益平衡。选择合理利润作为财务管理目标，则可以在一定程度上减少这种不一致性，从而在一定程度上减少企业的短期行为。此外，企业有时出于避税、降低经营风险等方面的考虑，会利用对会计政策、变更会计估计等方面的选择权，实施盈余管理，此时企业选择的并非利润最大，而是从企业利益出发的“合理利润”。这一点，对于初创企业来说，具有一定的合理性，更符合初创企业的实情，也更容易被初创企业的投资者和经营者所接受。当然，企业产生短期行为还存在着企业本身治理结构不完善等方面的原因，并非合理制订财务目标所能全部解决的。

（二）努力扩大初创企业的筹资渠道，增强融资能力

1.要处理好与债权人的关系

财务管理的基本内容之一是筹资，而如何筹集到企业所需要的资金，就要和

资金供给方建立良好的外部关系。初创企业生产首先要处理好与债权人的关系，因为一个企业要发展，首先需要资本。因此初创企业要处理好企业与债权人的关系，使债权人的利益不受到损害。初创企业的抗风险能力弱，信用等级低致使金融机构等债权人不愿将资金贷给初创企业。在这种情况下，初创企业首先应该充分尊重债权人，不逃废、悬空债务，主动与金融机构等债权人保持良好的关系，让其了解企业，看到企业的远大前景。具体做法有以下两个方面：一方面是企业对金融机构的选择。应该选择对初创企业立业和成长前途感兴趣并愿意对其投资的金融机构，能给予企业经营指导的金融机构，分支机构多、交通便利的金融机构、资金充足而且资金费用低的金融机构、员工素质好，职业道德良好的金融机构；另一方面是初创企业要主动向合作的金融机构沟通企业的经营方针、发展计划、财务状况，说明遇到的困难，以实绩和信誉赢得金融机构的信任和支持，而不应以各种违法或不正当的手段来套取资金。当金融机构等债权人的利益得到保障时，债权人才会与企业保持长久的合作。企业获取了决定企业生存和发展的资金，才能持续发展。

2.积极主动地进入金融市场筹集资金

初创企业可以通过发行优先股的渠道加强直接融资，保证资金需要。由于优先股能够获得稳定的股息收入，可以吸引稳健型的投资者；没有表决权，又能确保公司的经营自主权落到实处；积极开展合法的民间融资，如果有适当的股权融资私募机制引导社会资金分流到民间融资市场并进行股权融资或者是股权与债券的混合融资，就能提高其整个社会的股权融资的比例，改善初创企业的资产负债结构；股权融资的比率提高之后，才有可能继续通过贷款以及债券融资等债务融资形式对初创企业进行金融支持；此外还可以开展信托、融资租赁等业务，丰富融资渠道。

（三）规范会计基础工作，形成良好的财务管理内部环境

企业管理的核心是财务管理，管理的优劣直接关系到企业的兴衰。为此，初创企业经营者应该走出误区，重视会计工作，更新观念，依据科学的内部会计控制规范和企业的实际情况，制定出适合本企业的内部会计控制制度，并严格遵守既定的程序和规范，构建一个良好的控制环境，规避面临的投资风险、筹资风险和经营风险，使管理出效益。初创企业要完善会计核算方法，应从会计基础工作入手，根据《会计法》和《企业会计准则》及各项具体制度的要求，会计核算要客观、真实、及时、准确、明晰地反映企业经营情况的会计信息，同时要加强会计监督职能，必须完善会计监督和分析。要依法设置会计机构，明确会计机构的职责与权限，建立健全会计人员的岗位责任制，结合初创企业自身的特点，配备合格的会计人员，改变家族管理的模式；同时，企业在建立内部审计机构的基础上，要充分发挥内部审计部门的作用，并建议审计部门从其他管理部门分离出来，形成独立的受企业董事

会直接领导的职能部门，各项内部审计情况直接向董事会报告，强化内部审计在企业管理中的作用。

（四）优化财务结构，确保企业健康稳定发展

优化财务结构是企业财务稳健的关键，其具体标志是综合资金成本低，财务杠杆效益高，财务风险适度。企业应当根据经营环境的变化，不断通过存量调整和变量调整（增量或减量）的手段确保财务结构的动态优化。企业财务结构管理的重点是对资本、负债、资产和投资等进行结构性调整，使其保持合理的比例。

1.优化资本结构

企业应在权益资本和债务资本之间确定一个合适的比例结构，使负债水平始终保持在一个合理的水平上，不能超过自身的承受能力。负债经营的临界点是全部资金的息税前利润等于负债利息。

2.优化负债结构

负债结构性管理的重点是负债的到期结构。由于预期现金流量很难与债务的到期及数量保持协调一致，这就要求企业在允许现金流量波动的前提下，确定负债到期结构应保持安全边际。企业应对长、短期负债的盈利能力与风险进行权衡，以确定既使风险最小又能使企业盈利能力最大化的长、短期负债比例。

3.优化资产结构

资产结构的优化主要是确定一个既能维持企业正常生产经营，又能在减少或不增加风险的前提下给企业带来尽可能多利润的流动资金水平，其核心指标是反映流动资产与流动负债差额的“净营运资本”。

4.优化投资结构

投资结构的优化主要是从提高投资回报的角度，对企业投资情况进行分类比较，确定合理的比重和格局，包括长期投资和短期投资，固定资产投资、无形资产投资和流动资产投资，直接投资和间接投资，产业投资和风险投资等。

（五）培育初创企业的核心竞争力

以资金支持核心技术创新为突破口，培育企业的核心竞争力。技术创新是企业赢得竞争、快速发展的重要战略，是培育企业核心能力、增强企业长期竞争优势的关键，是打造核心竞争力的硬功夫。不管初创企业将定位在哪个市场，技术是一个重要的支撑力量。初创企业要靠创新，不断进行技术改进，巩固自己在市场上的地位。此外，要引进职业经理队伍，提高初创企业经营管理水平，初创企业要摒弃“家族式”管理理念，借鉴大企业先进的管理经验，大胆、积极地引进职业经理等高素质管理人才，改善经理管理队伍素质，提高经营管理水平。

【能力训练】

现金流测算与控制

小业主程超计划在镇上开办一家金银首饰加工店。他为生意的前六个月准备了以下现金流量计划。考虑一下这个现金流量计划并回答以下问题：

1. 4月份充入企业的现金总量是多少？
2. 5月份流出企业的现金总量是多少？
3. 业主期望在几月份购买新设备？
4. 你认为他实际需要多少钱来开办新企业？

项目	金额 月份	1	2	3	4	5
现金流入	月初现金	1500	250	250	3000	855
	现金销售	1250	2250	3750	4250	4250
	其他现金收入	0	0	1450	0	0
	可支配现金	2750	2500	5450	7250	5105
现金流出	现金采购支出	1800	1550	1750	1850	1850
	工资	450	450	450	545	545
	办公开支	250	250	250	250	250
	购买设备	0	0	0	3750	0
	其他现金支出	0	0	0	0	0
	现金总支出	2500	2250	2450	6395	2645
月底现金		250	250	3000	855	2460

【实践作业】

编制新企业的财务管理方案

就一个创业项目，在充分调研的基础上，应用相关理论与方法，编制企业创业初期的财务管理方案。

第十二章

创业企业营销管理

chuang ye qi ye ying xiao guan li

【课程目标】

1. 明确企业营销理念，掌握制订营销计划和构建营销网络的相关原则。

2. 掌握完善营销制度、建立营销团队的方法。

3. 掌握产品与服务的生产过程管理的基本方法，建立质量管理体系的基本方法。

4. 掌握挖掘潜在市场的策略以及潜在市场的推广途径。

【案例导读】

云南马帮入京“进贡”普洱茶

马帮运输物资是云南一种古老的运输方式。云南马帮在1839年驮茶进京后中止，至今已有近200年。在交通运输工具高度发达的今天，一队古老原始的马帮浩浩荡荡地走进城市，进入现代人的视野。马铃叮当，马蹄声声，独特的少数民族服饰，其吸引力之大是可想而知的。

历史上，云南大叶种茶在马帮外运途中，栉风沐雨，自然发酵成为功效独特的普洱茶。普洱茶成为皇室贡茶后，也是通过马帮运送中自然发酵而最后成形的。“我们组织这次马帮驮茶进京活动，就是想再现当年的一段历史，让世人认识到真正的、原生态的、自然发酵的普洱茶。”云南省茶叶协会会长邹家驹这样说。2005年5月1日，40多位赶马人、100多匹骡马组成的马帮从云南的普洱县启程赴京，至10月抵京。赶马人年长者53岁，年少者19岁，来自云南省的11个民族。马帮驮载着五吨多普洱茶，穿越六个省市，行程四千多公里，成为一种独特的文化形态，冲击着人们的视线。马帮的成功进京，拉近了普洱茶与主流消费市场的距离。邹家驹甚至乐观地预测，北方历来是绿茶和花茶的天下，由于云南马帮千里进京，云南普洱茶在北方市场进行了一次成功的渗透，北京将掀起一股云南普洱茶的热潮。

一种古老的运输方式，一次市场化的运作，马帮就能转化为云南民族文化新“名片”，打造成云南茶产业发展的新载体。由云南茶叶协会主办、云南六大茶山茶业有限公司赞助的“云南马帮驮茶进京”活动掀起的热潮给人们许多启示。

[**点评**] 这是一次典型的通过策划媒体事件的形式，达到促销目的的公关活动。普洱茶在云南非常有名，但是全国其他地区的公众并不了解它。通过这次公关活动，引起了沿途公众的极大兴趣，引发了全国媒体的广泛报道，在全国范围内出

现了马帮热、普洱茶热。

这次活动的形式新颖，因而引起媒体的广泛报道和各地公众的积极参与。在现代交通十分发达的今天，仍然用马帮来运输云南茶叶，有很强的戏剧性，容易吸引公众的眼球。

普洱茶进京活动，以企业赞助的形式出现，运到北京的茶叶，全部“义卖”，且所得的款项全部用于援建“希望小学”。这次活动不仅引来很多社会名人的参与、关注，而且淡化了活动的商业色彩，具有了浓郁的公关意义。

本次活动提高了活动组织者——云南茶叶协会、活动赞助者——云南六大茶山茶业有限公司的知名度和美誉度。更重要的是提高了普洱茶的知名度，使全国人民认识了普洱茶，对于今后扩大普洱茶的销售具有不可低估的意义。

【理论知识】

主题一　建立营销体系

一、企业营销理念

创业企业的营销者往往是创业者，他们虽然具有创业精神或掌握某种新技术、新产品，但一般并不是营销专才，缺乏商业知识和专门训练，在创业初期也没有专门的营销部门协助，身兼数职，难免会犯一些简单错误或陷入某种误区，如不善于沟通、固执己见、不愿意与人合作、重技术不重视市场，等等。因此，创业者需要克服障碍，学会如何有效地沟通和营销。

创业企业营销在不同阶段的目标顾客并不确定，随时会发生变化，因此增加了实际操作的难度。要吸引潜在的团队成员、风险资本和战略投资者的注意并不难，因为他们也在寻找潜在的合作机会，但真正建立良好的合作关系则很难。因为存在信息不对称问题和利益冲突（主要是股权分配）问题，而且合作各方都有大量潜在的其他合作对象，使表面上看起来容易的事实际上困难重重。

创业企业营销的目的是寻找合作伙伴，从而获取创新企业所必需的各种资源，其成本是未来公司的股权、控制权或潜在的市场控制权。但评估创业企业的未来价值并不容易，何况环境因素的变化又会随时影响到这种评估。这会大大降低决策效率，从而降低到创业企业营销的效率。

创业企业营销的各个阶段，其目标和任务都不一样，因此要在不同时期迅速调整营销策略。即使在同一个阶段，针对不同的目标顾客（如拥有不同资源和合作目的的合作伙伴），营销策略也会大不一样。创业企业营销策略既需要高度的灵活性，又需要内在的一致性，因此难度很大。

二、营销管理原则

多数情况下，决定一个新企业成败是营销而非技术。与其他企业功能相比，营销对于新企业前途的重要性被认为要大得多。新企业营销管理，要注意以下几点原则。

（一）便利

便利原则是指便利交换、便利物流，包括资金融通、风险承担、信息沟通、产品标准化和分级等。借助资金融通和商业信用，可以控制或改变产品的流向和流量，在一定条件下能够给买卖双方带来交易上的方便和利益。风险承担，是指在产品交易和产品储运中，必然要承担某些财务损失，如产品积压而不得不削价出售；产品损坏、短少、腐烂而造成的经济损失等。市场信息的收集、加工和传递，对于生产者、中间商、消费者或用户都是重要的，没有信息的沟通，其他功能都难以实现。产品的标准化和分等分级，可以大大简化和加快交换过程，不但方便储存与运输，也方便顾客购买。

（二）探测市场需求

企业面临的是动态市场，市场环境在一刻不停地变化着。也就是说消费者的需求在不断变化。比如服装，年年推出流行色，随时可能流行新款式；刚推出的“时髦”皮鞋，很快就在消费眼里变得“俗气”了。在令人眼花缭乱的变化中，要准确识别、确定甚至根据趋势成功地预测消费者需求是一件很困难的事。而对企业来说，不能随时把握消费者的需求，就意味着不能获取它、满足它。更谈不上企业目标的实现。有效的市场营销活动，可以使企业清楚地了解消费者需求的方向、结构及其分布，从而为企业指明生存、发展的方向。

（三）推动产品开发

企业之所以要不断改进原有产品，不断推出新产品，不断进行产品更新换代，从根本上说是为了满足消费者的需求。不了解消费者的需求，作为新产品开发承担者的科研、技术部门就会变成瞎子、聋子，迷失方向，失去动力。有效的市场营销通过市场需求信息的反馈为产品改进、产品开发、产品换代指明方向，客观上也督促、推动着产品开发系统的快速运转。

（四）注重维护客户

市场营销不仅把握并满足了消费者的需要，而且通过售前、售中和售后服务，以及不断横向扩展服务范围，对顾客形成吸引力，使顾客自发地向企业靠拢，保持和增加对企业或品牌的忠诚度，扩大产品的潜在市场。这种维持和增加消费者忠诚度的任务在供需矛盾突出的买方市场上非常艰巨，又非常重要，只能依靠市场营销这个环节来完成。

三、完善营销制度

初创企业，要逐步完善营销制度，并随着市场的不断变化，适时调整营销策略。完善营销制度，可以从下面方面着手：

（一）完善营销发展战略

进行中小企业的营销发展战略定位，无外乎是确定企业的产品、价格、渠道以及促销等方面，其关键是中小企业如何围绕自己的核心能力来选择与其相适应的目标市场，同时千方百计地寻找比其他竞争者更有竞争优势的产品。根据中小企业的发展特点，其可以选择的市场应具有以下特点：第一，市场范围比较分散、大企业进行生产时难以产生规模经济的市场规模，同时，顾客对商品的需求是小数量、多样化的，而且售后服务要求较高、交货速度要快。第二，产品的生产周期相对较短、更新速度快，顾客需求的地域性较强。值得指出的是，中小企业在所选择的市场上必须充分发挥自己的核心能力。第三，中小企业通过一系列的促销活动，将其获得的竞争优势准确地传播给消费者，并得到目标顾客的认同理解。

对于中小企业而言，可以从实施聚焦战略做起。聚焦战略是指企业在详细分析外部环境和内部条件的基础上，针对某个特定的顾客群、产业内一种或一组细分市场开展生产经营活动，充分发挥企业资源效力，为这个市场的消费者提供量体裁衣式的服务，赢得竞争优势。聚焦战略有两种形式：一种是企业寻求目标市场上的成本领先优势，称为成本集聚战略；另一种是企业寻求目标市场上的差异化优势，称为差异化集聚战略。虽然成本领先与差异化战略都是要在行业内实现其目标，集聚战略的整体却是围绕着为行业内某一特定目标服务而建立的，并以这一目标为中心。

实施聚焦战略，企业能够划分并控制一定的产品势力范围。在此范围内其他竞争者不易与其竞争，所以市场占有率比较稳定。通过目标细分市场的战略优化，企业围绕一个特定的目标进行密集性的生产经营活动，可以更好地了解不断变化的市场需求，能够比竞争对手提供更加有效的产品和服务，提供更高的顾客价值和顾客满意度，从而获得那些以更广泛市场为经营目标的企业所不具备的竞争优势。尽管从整个市场的角度看，集聚战略未必能使企业取得低成本和差异优势，但它的确能使企业在其细分的目标市场中获得一种或两种优势地位。这一战略尤其有利于中小企业利用较小的市场空隙谋求生存和发展，使之以小搏大，在小市场做成大生意。

（二）培养营销创新文化

企业文化是企业健康发展和持续发展的保证，是企业的精神支柱和动力源泉。其他的资源可以枯竭，但唯独企业文化可以生生不息，为企业源源不断地注入新的活力。一个企业是否有好的企业文化就成为他能否发展壮大的关键。中小企业要想提高营销管理水平，就必须致力于培养营销创新文化。企业营销中偶尔的创新不能叫创新，只有依据企业营销环境等具体因素变化而变化的且持续不断的创新才能叫创新，而这种创新无疑需要企业一整套系统完善的鼓励创新制度的支持。要对创新者给予培训、资金、技术等创新所需资源的支持，并积极表扬创新成功者，宽容创新失败者，最终在企业中培养一种创新文化。表12–1为营销创新文化的特征。

表12–1　营销创新文化的特征

以人为本	营销管理过程中对员工给予充分的尊重，让员工的才华得到最大限度的发挥，同时，使企业的发展与个人的发展相协调。员工对企业的满意度、忠诚度提升的必然结果，则将是更加细心周到地为客户服务，从而确保企业长期健康发展。
追求创新	创新是企业生存与发展的关键，尤其是对于中小企业，更是把追求技术创新视为自己的灵魂。因此，许多中小企业在创建营销文化的过程中，都把创新作为核心内容之一。
团结合作	团队精神对于提升中小企业的营销绩效起着十分重要的作用，是企业在激烈的市场竞争中得以生存与发展的坚强保证，可以有效地避免部门之间或业务单位之间在营销实践中各自为战、自相残杀、竞相降价、互相拆台等弊端的出现。
敬业精神	敬业精神是做好本职工作的重要前提和可靠保证。中小企业的创办者多数是有一技之长的专业人士，往往具有较强的敬业精神，做事认真细致，正是在这些创业者的影响下，敬业精神成为许多中小企业营销文化的重要内容之一。

（三）重视品牌资产管理

品牌资产已经成为一个企业竞争力的标志。对企业而言，没有强势品牌支撑的市场必然缺乏稳定性。对于现代企业来说，品牌日益成为生存和成功的核心要素之一。强势品牌意味着市场地位和利润。从某种程度上来说，未来的营销就是品牌的战争。

品牌资产给企业带来的附加利益，归根结底来源于品牌对消费者的吸引力和感召力。它实质上反映的是品牌与顾客（包括潜在顾客）之间的某种关系。这种顾客关系不是一种短期的关系，而是一种长期的动态关系。那些有助于增加消费者购买信心的记忆、体验和印象，以及在此基础上形成的看法与偏好，都是构成品牌资产的重要组成部分。

要提升品牌资产，就要在企业内部管理上多下功夫，产品创新、企业管理、企业文化、技术资源等都是加强品牌资产管理的重要举措。品牌名称和品牌标识物是品牌资产的物质载体，品牌知名度、品质认知度、品牌联想、品牌忠诚度和附着在品牌上的其他资产是品牌资产的有机构成，为消费者和企业提供附加利益是品牌资产的实质内容。因此，加强品牌资产管理，还要着力提高企业的品牌知名度、品质认知度和品牌忠诚度。

四、建立营销团队

一个企业的营销行为中，直面顾客的是营销人员，他们是企业制订的市场目标的实践者、是目标能否实现的关键，代表着企业核心竞争力。在营销团队选才的问题上，企业要坚持精英的原则，为了能够招到合格的人才，要通过多种渠道发掘市场中的营销人才。还应知人善用，让营销员能够发挥出自身的长处，这样不但能为企业带来利益，还可以激发营销员的创造性和积极性。

对初创企业来说，要多渠道、多层次地不断提升营销团队的整体素质，逐渐建立起一直高效率的营销团队。如凝聚团队精神，建立积极的团队文化，营造和谐的团队氛围等。初创企业尤其要注意的问题包括：

（一）确定营销核心管理层

一个营销团队必须有一个核心管理层来领导并指导其运作。这个核心管理层的能力将直接决定这个团队整体的执行能力。它必须要有计划能力、分析能力、执行能力和控制能力，这四个能力缺一不可。此外，还要求这个核心同时具备统御能力，具备驾驭营销队伍的能力；具备实战力，用经验来归纳总结理论，从而进一步指导营销战略、战术的规划和执行；具备营销理论力，营销理论在这个以市场、以顾客为导向，企化为营销的核心时代里，理论已经成为营销活动的必要依据和准则。没有理论力的规引，你的企业、团队就不会在营销事业的道路上走得很远。

在营销团队的组建中，特别应该注重核心职业经理人的培养和选拔，同时也要建立一种储备机制，在队伍中注重选拔和培养一批帅才，以致不会因组织人力的变故而使团队陷于被动。对初创企业来说，这个营销管理层，可能只是一个人。但无论是一个人，还是几个人，都一定要有对企业营销负责的角色。不断推动企业的营销，才能保证企业的生存与发展。

（二）构建营销团队支撑体系

营销团队的核心管理层是构筑团队支撑体系的基础，负责指导支撑体系来达成所设定的目标业绩。换言之，团队支撑体系是整个营销过程中最直接的执行者。他们的执行力的好坏决定了团队营销活动能否有效地展开。

如何构建高效的团队支撑体系，是在确定核心管理层后，营销工作中要重点考量的内容。包括：营销业务的执行人员分配与管理、营销策略、激励机制及考核机制等。其中，激励机制和考核机制对于营销业务执行层的人员来讲也是一个利益保障的问题。所以在构建团队支撑体系时，应该重点考虑以下几个问题：

（1）所运行的机制能否保障营销团队健康运行；

（2）营销执行团队是否把保障机制与自己的事业生涯规划联系在了一起；

（3）营销执行团队的学习力是否具备，能否把公司和个人的愿景的实现来推动他向前发展；

（4）营销执行团队的素质结构是否与核心管理层的需求相吻合。

（三）加强自主管理意识

一个能够实现自我管理的营销团队，是一个相对独立、高效运作的团队。团队中的每个成员既能承担相应的工作责任，又能自觉服从集体管理。一个自主管理性质的营销团队将减轻初创企业的负担，提高工作的效率。

组建自主管理型营销团队，要注意根据团队成员的不同特点，进行工作分配，各自有独立的空间，又能够在需要时相互配合。足够的自主权利，会让营销人员接触到最真实的市场视野，具备一定的发言权，真正发挥每个成员的最大潜力，为企业创造价值。营销团队的领导者要给予成员足够的支持，不断激发他们的集体荣誉感，使全部成员得到激励。

主题二　产品与服务管理

一、生产过程管理

产品的生产过程是指从准备生产该种产品开始，到把它生产出来的全部过程，即指围绕完成产品生产的一系列有组织的生产活动的运行过程。生产过程一般分为：生产技术准备过程、基本生产过程、辅助生产过程和生产服务过程。生产过程各组成部分之间既相互区别，又密切联系。其中基本生产过程是最主要的，其他过程都是围绕基本生产过程进行，并为其服务的。基本生产过程可进一步划分为若干个生产阶段。

衡量一个企业的生产过程管理是否先进合理，就要看该生产过程的运行是否实现了连续性、平行性、比例性、均衡性和适应性的要求。

1.连续性

连续性是指产品在生产过程各阶段、各工序之间的流动在时间上是紧密衔接、连续不断的。也就是说，产品在生产过程中始终处于运动状态，不是在进行加工、装配、检验，就是处于运输或自然过程中，没有或很少有不必要的停顿和等待时间。实现生产过程的连续性，可以缩短产品的生产周期、减少在制品的数量，加速流动资金的周转，可以更好地利用设备和生产面积，减少产品在停放等待时可能发生的损失。

2.平行性

平行性是指生产过程的各项活动、各工序在时间上实行平行交叉作业。实现生产过程的平行性，可以大大缩短产品的生产周期，在同一时间内提供更多的产品。平行性也是生产过程连续性的必然要求。

3.比例性

比例性是指生产过程各阶段、各工序之间在生产能力上要保持一定的比例关系，以适应产品生产的要求。这种比例关系主要是指各个生产环节的工人人数、设备数、生产速率、开动班次等都必须互相协调。实现生产过程的比例性有利于充分利用企业设备、生产面积、劳动力和资金，有利于减少产品在生产过程中的停顿、等待时日，缩短生产周期。

4.均衡性

均衡性是指在组织产品出产或完成某些工作时，在相等的时间间隔内，生产的数量是基本相等的或稳定递增的。也就是说，每日、每旬、每月都能够均衡地或稳定递增地生产产品。实现均衡生产有利于提高劳动者的工作效率，保证人身安全，使整个生产活动有秩序进行；有利于保证设备的均衡负荷，提高设备利用率和工时利用率；有利于保证产品质量等。

5.适应性

适应性是指企业的生产组织形式要灵活多变，能根据市场需求的变化，及时调整和组织生产。企业是一个自主经营、自负盈亏的商品生产者与经营者，要面对市场，参与激烈的市场竞争，根据市场的需求来组织企业的生产活动。企业这种外部环境的变化，客观上要求企业灵活地调整与组织生产过程，以适应市场多变的情况。

二、质量管理体系

企业质量管理体系是企业现行标准体系中的主流体系，对提高质量管理水平起到重要作用。作为国际上通用的质量标准，ISO9000等标准反映了质量管理体系的基本思想和过程要求，适用于以企业为代表的各类组织的管理和运作，也为中小企业质量管理提供了依据和工具。对于中小企业，建立企业质量管理体系一般包括以下几个阶段：质量管理体系的策划、文件的编制、体系的实施和体系的完善。在实际建设中，中小企业需要把握以下重点来开展建设工作。

（一）确定核心领导者

质量管理体系的核心领导者应担任企业重要岗位领导职务，具备比较丰富的工作经验，熟悉企业实际状况与质量管理工作，同时具有很强的学习能力，对质量管理的理念和思想能够融会贯通。对于中小企业而言，领导者的能力可能直接关系到推行质量管理体系的成败。

（二）合理制订质量目标与指标

对于中小企业，质量目标制订要充分考虑目标的合理性、可追求性、可测量性和经济性。中小企业不一定套用和搬用大型企业的做法，按层次、按部门制订质量目标，而是结合企业的主要经营指标、结合主要管理者的职能与责任、结合传统的考核指标，比如以年度指标等形式下达并由实际责任者负责执行。

（三）保证资金的投入

中小企业资金紧张、筹资能力差是个普遍的现实问题，特别是硬件装备如生产设备、工艺工装及检测设备投入不足。因此，中小型企业应积极筹措资金来保障质量管理体系的建设。一方面，充分利用外部资源，比如申报中央和地方各级中小企业发展专项资金项目，以提高中小企业技术创新能力和技术装备水平，推进企业向专业化发展，另一方面，在企业内部集中有限资金走专业化发展的道路，确保必需的资金投入，进行必要的技术改造，夯实实施质量管理体系的基础。

（四）建立内部监控机制

建立质量管理体系内部监控机制，是增强中小企业质量管理体系有效性的一个重要保障。对于中小企业，一方面，可以建立日常生产检查与集中性内审两者结合的监控机制，通过内审，进行自我改进。另一方面，可以建立与日常管理结合的管理评审监控机制。事实上，对于中小企业来说，管理评审的形式也可以灵活多样。比如，可以是专职领导对质量管理体系的评审，也可以是领导层会议对质量管理体系的评审。再比如，评审内容和评审结果也可灵活决定，不一定每次都要覆盖标准要求的所有内容，而是通过多次评审在年度内覆盖标准规定的内容。

主题三　市场的挖掘与推广

一、潜在市场的挖掘策略

潜在市场，通常是指客观存在的，由于诸多因素的影响而未显露或未成熟的市场。同时也是表明对某个在市场出售的商品有某种程度兴趣的顾客群体。新企业挖掘潜在市场，可以用以下几种策略：

（一）空白领域策略

大企业为了获得超额利润，追求规模经济效益，一般采用少品种、大批量的生产方式，这就自然为初创企业留下了很多大企业难以涉足的“狭缝地带”，即所谓的“空白领域”，给初创企业的发展提供了自然发展空间。

常见的“空白领域”产品具有如下特点：规模较小，多品种、小批量生产方式，小批量特殊专用。初创企业在市场竞争中，应随时注意和寻找这样的空白领域，根据自身的特点有选择地进入。因为在这样的空白领域内便于初创企业的发展，可以发挥初创企业的优势，避开与大企业竞争的不利环境，填补市场需要的不足，很多初创企业就是选择这种策略发展起来的。初创企业在寻求“空白领域”时，要能及时分析市场的变化趋势，捕捉机会，果断做出决策。因为在市场竞争中，每一个初创企业都在寻求这一“空白领域”，谁能先进入，谁就会在市场上占据优势。

（二）专门化策略

许多初创企业的失败，往往是因为与较大企业站在了同一策略基点，在直接对抗中由于实力不够强大，陷入困境。若是选择不大可能引起大企业兴趣的市场“角落”，为之提供专门化服务，初创企业不仅可以生存，而且能够得到发展。

“专门化”策略具体可分为下面三个方面的内容：

（1）产品类型专门化。即企业集中力量于一个产品系列、一种产品或某种产品特色的生产和经营上。

（2）顾客类型专门化。即企业只为某种类型的顾客提供他们所需的一种或多系列产品与服务。

（3）地理区域专门化。即企业将其产品销售范围集中在某一个地方、区域。

中小企业在运用专门化策略时，应在市场调查研究和市场分析的基础上，进行市场细分，并找到有以下特点的市场：被较大的竞争者所忽视或放弃；有与中小企业实力相称的市场规模和购买力；中小企业拥有经营该分市场的条件，能够有效提供服务；能够依靠所建立的顾客信誉，保持自身地位，对抗较大企业的攻击。

（三）生存互补策略

大企业能够依赖大批量生产方式，凭借规模经济取得产品成本优势，这是中小企业望尘莫及的。然而大批量的生产方式必然要引起社会分工协作的大发展，大企业为了获得“规模经济”必然要摆脱“大而全”的生产体制，求助于社会分工与协作，这实际上为初创企业提供了生存领域，增加了对初创企业的依赖性，这就是“生存互补”策略。

因此，初创企业的发展一定要考虑到大企业发展的趋势和要求，以便与大企业发展同步，以“生存互补”领域为起点，走专业化发展道路，逐步积蓄力量由小到大，由初级到高级成长起来。例如：杭州万向节厂就是在这种“生存互补”领域中成长起来的企业。该厂开始是一个乡镇企业，他们趁国内汽车万向节生产之虚，利用自己的专长，狠抓产品质量，几年间就成为国内最大的专业生产万向节的生产厂家。

（四）专知生存策略

初创企业在生产经营过程中，通过技术开发和工艺创新，可以取得具有新颖性、先进性、实用性很强的技术发明成果或设计出具有新结构、新式样的产品。这些都可以作为初创企业开拓的细分市场，满足新的社会需求，降低生产成本，扩大产品差异性的手段，增强了初创企业的竞争优势。但是，大企业比初创企业具有更强的科研能力、商品化能力和市场控制能力，初创企业的“专知”一旦被模仿就会因知识价值的提前下降而被挤出市场。所以，初创企业应注重产权保护，通过法律手段，维护自己取得的“专知”产品的专有权或垄断权，以免受其他企业的驱逐或倾轧，赢得相对平稳的发展环境。

（五）满足潜在需求的策略

在我们的现实生活中，常有一些只得到局部满足或者正在孕育的社会需求，这样的需求点所构成的潜在市场区域，我们称为潜在需求。市场的潜在需求是靠企业去开发和创造的，它一方面取决于消费者对产品的需求，另一方面又取决于企业能否生产出必要的产品去创造和引导需求。初创企业在对市场调查研究和分析后，一旦发现前景良好的潜在需求，就应着手做好开发、生产、销售和管理工作，并加固经营堡垒，提高后来者的进入障碍，提高垄断能力，延长自己垄断这一市场的时间，从而取得更多的经济效益。

（六）满足服务策略

由于初创企业数量多，市场分布广，即使初创企业的产品没有特殊之处，它也可以通过特殊的服务来扩大自己的经营范围。建立服务网是需要大量人力、物力的，即使是大企业也难以面面俱到，初创企业完全可以对一些大企业由于产品销售后的服务不到位现象，开展全方位的配套服务。另外，初创企业也可以根据自身的特点，通过提供特殊的售前、售中、售后服务，在无差异市场上划出相对安全的经营领域。如初创企业可以实行包装、包送，在产品销售后负责产品的安装调试、故障排除、终身维修等，为自己营造一个“市场空间”，从而获得企业经营的成功。

二、潜在市场的推广途径

（一）需求引导

企业通过对未占领的市场进行调查分析和预测，采取引导的方法，把顾客的潜在需求转变为现实需求。引导需求的关键是，在深入调查顾客已产生某种需求苗头的基础上，企业则以明显优惠的产品刺激顾客这种需求欲望的膨胀，并尽量引导这种产品的消费成为顾客的习惯，进而开发出产品的潜在市场。

（二）功能创新

为一种常见商品增加新的功能。功能创新后的商品，与同类商品相比，扩展了使用价值，而价格提高不多，或者不提价，等于为顾客提供了实惠，因而往往会受到顾客的青睐。值得注意的是并非每一种功能创新的产品都能在市场中取得成功，影响其成功因素很多，但有两个最重要的因素不容忽视：一是行业类型；二是创新程度。

（三）产品整合

产品整合包括化零为整和化整为零。化零为整是指将类别相同、功能相近的商品组合为一个整体销售。有些商品作为一个整体并不好销售，把整体商品的某些部位、零件或一部分分割开来，单独销售，反而比较容易成功。这就是化整为零。

（四）易地销售

现代企业处在一个多维空间之中，不同的方位、不同的地点，有不同的市场需求，形成了巨大的潜在市场。处在不同地理位置的消费者，除了他们对企业的产品各有不同的需求和偏好外，他们对企业所采取的市场营销措施也各有不同的反应。

（五）筑巢引凤

"巢"是"凤"生存的重要条件。在产供销关系中，当事人的利益往往存在较大的相关性。企业应当视顾客的利益为自己的利益，为他们创造生存和发展条件，同时也为自己的产品开拓了市场。

挖掘潜在市场的方法还有很多，需要创业者在创业实践中，根据市场的趋势与变化，不断创新，打开那些潜在市场。

【能力训练】

刻画典型顾客

1.小组任务介绍：结合小组的创业项目，刻画描述一位典型顾客。

（1）选择一个典型顾客，给顾客画像并取名。

（2）顾客描述：多大年龄？居住何处？家庭如何？主要身份角色是什么？顾客在做什么工作以及在哪里做？顾客的背景（如经历、教育）？顾客有何兴趣或爱好？顾客的性格如何？你能说出顾客的其他一些事情吗？

2.顾客界定：以上所描述的顾客是什么产品服务的顾客？该顾客是如何消费时间的？讲一个该顾客购买自己创业项目产品服务的典型情境及其故事情景。

3.顾客在购买你们的产品服务过程中，可能存在什么问题？为什么？针对这些问题，解决方案是什么？顾客对这些解决方案的反应如何？

4.讨论分享：使用活动挂图，各小组展示自己的故事板。

5.讨论总结：

（1）你对自己的顾客了解多少？你对顾客的观点发生了什么变化？

（2）最让你感到意外的是什么？你没有预料到的是什么？

（3）你对顾客做了哪些假设？有证据支持这些假设吗？这些假设有检验方

法吗?

（4）哪些问题具有不确定性？为了确认问题，你会问顾客什么问题?

（5）顾客购买的核心动力（方便、简单、耐用或地位等）是什么？哪个最为重要?

【实践作业】

观察顾客流

请选择一个消费场景（如书店、餐饮店、手机卖场、服务中心等），在一天或一周的不同时段观察，计数顾客流量。结合所观察的店家，用所学的市场营销管理理论，写一份营销策略改进客户管理的方案。然后将该方案与所观察的市场管理者进行沟通，体会感受市场营销管理的要素与技巧。

第十三章

创业企业人力资源管理

chuang ye qi ye ren li zi yuan guan li

【课程目标】

1.掌握新企业的岗位设计方法，明确企业的组织结构。

2.了解小微企业员工招聘的途径与流程，以及留住人才的方法。

3.了解小微企业绩效管理的要点，以及薪酬设计的方法。

【案例导读】

傅章强的自力更生之路

傅章强用行动写下了两项上海之最：第一位成功创业的大学生，第一位入驻浦东软件园的“知本家”。

傅章强于1998年12月创建上海必特软件公司，在不到两年的时间里，资产从注册时的100万元增长到800多万元。目前该公司已拥有两个子公司和一个分公司，并在北京设立了代表处。客户包括北京诺基亚、上海贝尔等国际著名企业，境外客户占10%，主要分布于美国和中国香港地区。与此同时，傅章强在学校的学习成绩名列前茅。

短短七八年时间内，闽北山村的穷孩子成长为拥有上千万身家的资本家，28岁的傅章强以一种近乎完美的姿态演绎了一个完全中国版的知识经济的神话。傅章强成功的秘密是什么呢？他的回答就是产品的优质和创新、优秀人才的集聚、客户群体的稳定扩展。

人才是必特发展的原动力。傅章强用人原则是事业留人、感情留人。目前，必特公司员工数目已达100多人，其中大专以上学历的占了90%。同时，靠着傅章强突出的人际亲和力网罗到了一大批元老级的IT专家聚集在必特的旗下。如被称之为中国计算机学术界泰斗的徐家福教授，被特聘为必特公司名誉董事长，复旦大学首席教授施伯乐、美国麻省理工学院经济学院荣誉博士李文祥等专家组成了公司的技术顾问团。还有公司两员大将，第一位是傅章强的大学导师程景云教授，从傅章强参加他的课题组开始，程教授对这位聪慧、勤奋的学生就非常偏爱，专业知识上自然是倾囊相授，必特公司成立之后，程教授又来到公司帮助他的学生共同创业，这种师生之间的友谊是并不多见的。当傅章强冲进福建市场时，他还带来了一位50多岁的总经理陈生友，这员虎将下海前原是南平市松溪县教师进修学校校长，获得过福建省先进教育工作者等多项荣誉，在当地教育界颇有名望。老陈本来做着好好的校长，却被一个小青年三言两语锁定，毅然辞职，这在当地引起了不小的轰动。是什么样的凝聚力将他俩连在一起呢？他们的回答则是心有灵犀。

傅章强成功的另一个秘诀，就是他良好的人际关系给他带来的广泛而又稳定的客户群体。以前，熟悉他的教授、同学、朋友和客户都被他的朴实、谦和所折服；现有的客户都认为必特的产品质量优良可靠，傅章强和他的企业都具有很高的诚信度。其实，傅章强从大三开始做科研项目时，就经常参加一些鉴定会、研讨会、展示会。这使他有机会与同行业里的很多人打交道，并有了了解市场的机会。创业之后，他又凭着最初仅有的一点市场，用优质的产品和服务快速跟这些客户建立起了朋友关系，这些朋友又利用在同行中的影响帮助必特打开市场，这样形成了公司强大而稳定的客户群体。

傅章强在IT行业的成功，只是展现了这个行业的一个缩影，回报周期短的特点吸引了很多人才在IT驻足，然而这并不能完全解释傅章强的成功。从必特公司的发展历程来看，充实的人力资源、良好的组织架构、外部空间的拓展都促进了公司的发展。优质的产品、良好的信誉在这里被反复强调，从一个侧面说明了消除软件行业脆弱性的一个重要策略——将无形的产品与有形的人力资源进行有效结合。

［**点评**］人才对于初创企业的重要性，是不言而喻的。企业初创期要的是“跨马能够闯天下”的人才，而发展到一定的程度后就需要“提笔能够定太平”的人物。企业在发展过程中，只有在保持基本稳定的同时，不断“吐故纳新”，企业才能保持旺盛的生命力。我们要向傅章强学习，重视人才、善于吸收和管理人才。我们要通过各种办法，留住员工的人和心，并激发员工的能动性，为企业创造价值。

【理论知识】

主题一　岗位设定与组织结构

一、新企业的岗位设定

新企业的人力资源管理中，岗位设计及职责明确是最基本的工作。要注意以下几个原则：

（一）能力对应

合理的人力资源配置应使人力资源的整体功能强化，使人的能力与岗位要求相对应。企业岗位有层次和种类之分，它们占据着不同的位置，处于不同的能级水平。每个人也都具有不同水平的能力，在纵向上处于不同的能级位置。岗位人员的配置，应做到能级对应，就是说每一个人所具有的能级水平与所处的层次和岗位的能级要求相对应。

（二）优势定位

人的发展受先天素质的影响，更受后天实践的制约。后天形成的能力不仅与本人的努力程度有关，也与实践的环境有关，因此人的能力的发展是不平衡的，其个性也是多样化的。每个人都有自己的长处和短处，有其总体的能级水准，同时也有自己的专业特长及工作爱好。优势定位内容有两个方面：一是指人应根据自身的优势和岗位的要求，选择适合岗位；二是指管理者也应据此将人安置到最有利于发挥其优势的岗位上。

（三）动态调节

动态原则是指当人员或岗位要求发生变化的时候，要适时地对人员配备进行调整，以保证始终使合适的人工作在合适的岗位上。岗位或岗位要求是在不断变化的，人也是在不断变化的，人对岗位的适应也有一个实践与认识的过程，由于种种原因，能级不对应、用非所长等情形时常发生。因此，如果搞一次定位，一职定终身，既会影响工作又不利于人的成长。能级对应，优势定位只有在不断调整的动态过程中才能实现。

（四）内部为主

一般来说，企业在使用人才，特别是高级人才时，总觉得人才不够，抱怨本单位人才不足。其实，每个单位都有自己的人才，问题是“千里马常有”，而“伯乐不常有”。因此，关键是要在企业内部建立人才资源的开发机制，使用人才的激励机制。这两个机制都很重要，如果只有人才开发机制，而没有激励机制，那么本企业的人才就有可能外流。从内部培养人才，给有能力的人提供机会与挑战，造成紧张与激励气氛，是促成公司发展的动力。但是，这也并非排斥引入必要的外部人才。当确实需要从外部招聘人才时，我们就不能“画地为牢”，死死地扣住企业内部。

二、新企业的组织结构

企业组织结构的合理设计与组织管理的合理分工是企业成功的前提。基本的组织结构模式一般包括功能部门管理和项目制管理两种。

（一）功能部门管理

功能部门管理就是通过建立一定的功能部门，形成特定的企业组织结构，对各功能部门规定职务或职位，明确责权关系，以使企业各部门成员互相协作配合、共同劳动，有效实现企业目标的过程。功能部门管理，又称岗位管理，是企业最常见的基本管理模式。

功能部门管理的工作内容，概括地讲，包括四个方面：第一，确定实现企业目标所需要的活动，并按专业化分工的原则进行分类，按类别设立相应的工作岗位；第二，根据企业的特点、外部环境和目标需要划分功能部门，设计组织机构及其结构；第三，规定企业组织机构中的各种职务或职位，明确各自的责任，并授予相应的权力；第四，制定规章制度，建立健全企业组织机构中纵横各方面的相互关系。

功能部门管理完成以上工作内容，才能避免由于职责不清造成的执行中的障碍，才能使组织协调地运行，保证组织目标的实现。每一个公司的部门分配应该是不一样的，它与这个公司的业务范围、发展阶段有关系，既要稳定又要灵活。

（二）项目制管理

功能部门管理是按工作职能（平行结构）组织起来的管理模式，而项目管理则与之相对，是以任务（垂直结构）组织起来的管理模式。项目管理是第二次世界大战后期发展起来的管理技术之一，是以项目为对象的系统管理方法，通过一个临时性的专门的柔性组织，对项目进行高效率的计划、组织、指导和控制，以实现项目全过程的动态管理和项目目标的综合垂直协调与优化。项目管理是以项目经理负责制为基础的目标管理。

项目管理的主要任务一般包括项目计划、项目组织、质量管理、费用控制、进度控制五项。日常的项目管理活动通常是围绕这五项基本任务展开的。项目管理自诞生以来发展很快，当前已发展为“三维”管理：时间维，即把整个项目的生命周期划分为若干个阶段，从而进行阶段管理；知识维，即针对项目生命周期的各个阶段，采用的研究不同的管理技术方法；保障维，即对项目人、财、物、技术、信息等的后勤保障管理。

项目制运作一般适用于特定行业的企业创立初期，此类企业业务的灵活性、不确定性很强，专业程度一般比较高，如技术类、咨询类公司，摄影或设计工作室等。但在其发展到规模较大，对经营管理的日常性、规范性要求较高的阶段之后，一般还是应建立一定的功能部门，使得管理规范化。但在承接具体的业务时，仍可根据实际情况采用项目制运作。

主题二　员工的招聘与留用

一、小微企业员工的招聘

根据招聘需求，选择好的招聘渠道，是快捷高效招到合适人才的关键。

一个好的招聘渠道应该具备以下特征：

（1）招聘渠道具有目的性。即招聘渠道的选择能否达到招聘的要求；

（2）招聘渠道的经济性。指在招聘到合适人员情况下所花费的成本最小；

（3）招聘渠道的可行性。指选择的招聘渠道符合现实情况，具有可操作性。

选择招聘渠道的步骤：

（1）分析单位的招聘要求；

（2）分析招聘人员的特点；

（3）确定适合的招聘来源；

（4）选择适合的招聘方法。

招聘什么样的人员选择什么样的招聘渠道，不同的人才猎取的方式也不一样，应量身定做。

表13–1　猎取人才的常见渠道

途径	优点	缺点	适合招聘人员
招聘会	比较直观，可见到应聘本人，可了解应聘者本人的一些相关信息，现场进行选拔；参加招聘会的人员较多，可选择余地大	时间短，不能当场对应聘者进行详细的审查和评测，需要进行下一个面试或者笔试环节；现场招聘者个人因素，易造成对应聘人员把握不准，造成真正优秀人员的流失	基层管理人员；文职类；技术类员工
网络招聘	时间短，不能当场对应聘者进行详细的审查和评测，需要进行下一个面试或者笔试环节；现场招聘者个人因素，易造成对应聘人员把握不准，造成真正优秀人员的流失	招聘者的工作量大，想要从成千上万个的求职者信息中搜索出合适的人选，需要大量的时间；通过网上的简历尽量把自己包装得尽量完美一些，造成招聘企业资源的浪费	中基层管理人员；文职类人员
猎头公司推荐	效率高，招聘有的放矢，节省人力；在人员的从业素质、职业道德上也有一定的保证。人才不愿意主动投递简历，猎头公司可以平衡企业和人才的需求	成本过高（猎头成功推荐的人员年薪的20%~30%）；	企业中高层管理人员；部分要求较高的基层管理人员
熟人介绍	成本较低，节奏较快，经推荐招聘到的人员工作上手较快，由于和推荐人本身存在一定关系，融入团队的速度也会较快	可选择的面较小，由于内部人员推荐，所以招聘者在审查方面会有些松懈，造成所招聘人员素质参差不齐；容易和推荐者形成“团队”，给以后的管理工作造成困难	中基层管理人员、技工人员、基层服务员

续表

媒体公开招聘（如报纸、电视、电台广告）	受众面广，一般会收到较多的应聘资料；为企业本身打了一次广告	招聘费用相对较大；时效较短；对应聘者信息的真实性较难辨别，人力资源部门在这方面需花费大量的人力物力	中基层和技术职位的员工
内部选拔	成本较低，选拔出的人员对企业的产品和企业文化都已经驾轻就熟，不存在“空降兵”融入问题，忠诚度较高，对企业内部人员有激励作用	过程比较漫长，需经过无数次的审查和讨论，经过谨慎的考核才能最终实现；获得提升的人员在提升以后，会给原来的岗位留下一个空缺，同样还得历经招聘的过程；内部个别人员心理失衡，影响工作效率	中基层管理人员

二、新创企业留住人才

过大的人员流动会造成企业人力资源成本的过度增加，这是众所周知的道理。新企业要留住人才应该充分挖掘自身优势，建立和谐的企业管理模式，留住员工的心。

（一）建立企业的远景目标

许多创业公司都埋头发展业务，却从未静下心来想一想，“我们的使命是什么？我们的远景目标是什么？”也许老板会认为，公司走一步算一步，因为最终能够发展到什么地步谁都不知道。但是他却忘了，没有一个宏伟而可行的战略目标，公司员工又怎能齐心协力地朝着这个远景目标奋斗？优秀的员工又怎会乐于投身在这个目前还未壮大的企业之中？工作的热情首先来自对企业充满信心，对未来充满希望。一个雄心勃勃但绝非遥不可及的远景目标，将吸引一批对事业充满热情的人才投身其中。毕竟通过自己的耕耘使一家默默无闻的小企业成长为行业中的知名大企业是对人才的极大诱惑。

（二）注重企业文化建设

咨询专家包诺克说：“适宜工作的企业有很多，但是最好企业是别具一格的组织。就像市场上的商标一样。它传达给我们的信息是：我们代表了其他人没有代表的东西，我们是特别的，我们是珍贵的。”不少小企业根本没有企业文化；有的认为这是大企业才需要考虑的事；有的虽然知道企业文化的重要性，但不知道自己公司应该具有怎样的企业文化或如何去建立这样的企业文化；有的虽然在员工手册上写上了公司的企业文化，却从未在实际管理中体现过这种文化。企业文化却是企业获得竞争优势的基础，对大企业和小企业都是如此。例如美国杜邦公司的竞争对手难以引进杜邦公司卓有成效的安全教育体系。是因为“在这个制造炸药起家的公司里，安全意识早已深深铭刻在每位员工的心里。”而我国海尔集团也因可以创造价值能力的特殊内部资源的企业文化而成为中国家电业的老大，企业文化的重要性可见一斑。只有切切实实地尊重人、理解人、关怀人、成就人，才有可能让员工认同公司的企业文化，并将自己的理想与公司发展壮大的目标融合。

（三）给予足够的信任

信任首先体现在给予员工自主管理的权利。现代人力资源管理的焦点是以人为中心，主张“情、理、法”二者的有机结合。追求“无为而治”的管理最高境界。管理学家麦克格雷在《企业中人的因素》中写道：人们普遍存在着解决问题的智力、创造力和想象力，如果条件适当，人们不但不会逃避责任，相反会主动承担责任。当企业为员工提供了良好的自主管理制度时，人们会产生由衷的归属感和责任感，提高积极性，充分发挥能动作用，有利于提高企业的生产效率。1987年美国的福特公司和通用公司同时取消了“监工”这一职位，这是企业对员工自主管理及其效应的充分肯定。此外，充分信任还体现在公司资源的分享上。当员工学识提高，资讯科技普及时，员工对企业的期望值也提高。企业的资讯，必须较大程度地公开，增大透明度以加强员工的信心，使员工真正感觉到自己是企业的主人。充分信任还包括合理的授权。敢不敢放权，是衡量一个领导者用人艺术高低的重要标志。小企业有一个很大的通病就是老板对部下不够信任。如果领导者对部下不放权，或放权之后又常常横加干预、指手画脚，必然造成管理混乱。部下因未获得必要的信任，也会失去积极性。大材小用不如小材大用：用人唯才。用人最好是适才适所，但是适才适所很难。用人恰到好处必须具备天纵奇才的用人艺术，否则难以做到。

（四）注重沟通

按理来说，小企业由于人员少，下属和领导的沟通是比较方便的，沟通不应该成为薄弱环节。然而事实上，一些小企业的领导思想并不开放，以“一家之主”自居，因此也就不注重与员工沟通。久而久之，员工认为既然自己的意见不被采纳，也就没有沟通的必要了。然而，事实上集体创造力往往比个人的创造力要强得多。而《哈佛管理》杂志也提出：要笼络员工的心，公平透明的决策过程比加薪更重要。下面的例子可以证明这一点：德国西门子公司曾收购陷入困境的欧洲Nixdod电脑公司，改名为SNI公司。几年后，SNI公司的员工从5.3万人削减到3.5万人，焦虑与恐惧在公司蔓延。SNI公司的副总裁到任后，立刻与1万名员工展开一连串大小会议，分享他的救亡图存愿望，希望每个员工都加入，走出公司的逆境。舒密勒如实诉说SNI公司的处境并不乐观，进一步的裁员势在必行。各部门如果不能展现自己的生命力，就要被裁撤。舒密勒提出明确严格的决策规则，然后征询志愿改革者的意见。在接下来的几个月内，志愿者由最初的30人增加到最后的9000人。在整个改革的过程中，员工与经理同样提出意见，大家也都了解决策的来龙去脉。尽管20%~30%的提议会被否决，但是员工觉得大家都能表达意见的过程很公平，SNI公司在处境艰难时却令员工满意度大幅提升，并创造了欧洲企业史上的一个奇迹。一个对工作积极开拓的人，他的潜力和所创造的价值可能是无法估量的。显然，一个老板能不能使其属下的每个员工都贡献出构想、创造性与心力，是他能否成功的秘诀。一个有前途的创业者，应知道怎样利用每个员工的力量、利用整个团队的力量去开创卓越。

主题三　绩效与薪酬管理

一、小微企业的绩效管理

绩效管理，是指各级管理者和员工为了达到组织目标共同参与的绩效计划制订、绩效辅导沟通、绩效考核评价、绩效结果应用、绩效目标提升的持续循环过程。绩效管理能促进组织和个人绩效的提升，以及管理流程和业务流程的优化，保证组织战略目标的实现，在企业管理中占据重要地位。绩效管理的目的是持续提升个人、部门和组织的绩效，是一个双向沟通、互利共赢的过程，在帮助员工不断实现其绩效目标的同时，也带动了组织更好的发展。

小微企业因为员工人数少，岗位空缺或者一人多岗现象普遍，如果沿用大企业的按岗位考核绩效势必让干得多的员工吃亏。再加之员工工作饱满度高，在工作之外，再让他们花时间填表打分，无疑会增加员工的负担，同时也会增加公司管理成本。大企业的统一表格模式、权重换算方法等在小微企业完全不适宜。小微企业的绩效管理要注意以下问题：

（一）以人为中心量身定做

小微企业绩效管理应该按“人”考核。以人为中心量身定做考核标准。考核遵循的标准应该以制度或规范为准，考核结果应该是及时性的，尽量建立简洁直观的绩效管理方式。设置考核指标体系应从企业自身特点和现有员工特点出发，考虑成本效益原则，应该是具体的、可量化的、可实现的，而不依赖于管理层的主观判断；在此基础上应规范绩效考核操作，根据实际绩效成果予以评价，采用科学的、客观的方法，而不是依赖熟悉度、好感度等感觉去执行绩效评估。小微企业开展绩效考核没有现成的模式可以照搬，必须因人而异，量身定做。

（二）公平合理

一个企业考核标准一定要统一，相比于过宽或过严，关键是员工认为公平合理。决定考核方法好坏的最重要标准就是绩效考核是否激发了企业多数人的积极性，是否提高了企业的整体效率。或者说，是否让多数员工的收入增加了。以减少员工收入为目的的考核最终会害了企业，因为它让员工丧失激情。企业在不同的发展阶段其考核方法和考核标准也不相同。

（三）符合企业发展战略

小微企业首先需要加强对企业自身的认识，以长远的眼光来制定符合自身企业的发展战略。同时将企业单个的绩效考核目标以整体的发展战略目标为出发点，准确地按照企业路线前进，让绩效管理有效进行。

（四）重视沟通

绩效管理是一个系统，包括绩效计划、持续的绩效沟通、绩效评价、数据收集、绩效诊断和辅导等一系列要素，要想得到最大的收益，需要完成绩效管理的全部环节，而不是一个部分。小微企业应注意绩效反馈与改进和绩效沟通。管理者就考核结果向员工进行反馈，肯定其成绩并指出不足与改进方法，而绩效沟通则应贯穿于整个绩效管理循环中，保证对员工应有的关注，促进员工绩效的提高，进而有利于小微企业的经营发展。

二、小微企业的薪酬管理

企业的薪酬管理一直困扰着很多企业领导，如果没有一套非常适合本企业的薪酬管理制度，企业领导人或者人事负责人往往会遇到很多棘手问题。初创企业必须学会建立一套科学实用的薪酬管理体系。

（一）判断岗位价值

公司成立之初，虽然规模小，但依然要明确每个岗位的要求。建议首先确立各岗位的要求：如胜任该岗位的基本条件——学历、工作经验、技能要求等；基本职责——工作内容、应负责任、享受的权利等；基本职位晋升途径——薪资增长、职位提升、知识培训等。

这样，每个岗位有了一个可以衡量的数据化的要素比较图，然后形成各岗位的价值比，根据价值比确定各岗位的基本薪酬，根据企业预算及对岗位的期望值，设立每个岗位的加薪频率与幅度。

（二）了解市场行情

看市场行情不仅仅看薪资总额，更要看薪资的组成部分、薪资的稳定性、薪资所涵盖的岗位要求。只有了解市场薪酬行情才可以轻松应付每一位应聘者的薪资谈判，从薪资行情及结合自身企业的定位找到最适合自己企业的员工。

了解市场行情的途径大致有：对应聘资料进行分析；通过人才中介机构寻找相关数据；通过分析专业人才网站的薪资行情信息等途径。

（三）薪酬的周全性

员工可以分为投资型员工、契约型员工与利用型员工。投资型员工视为企业战略合作伙伴，注重长期合作及风险分担，可用赠予股份与让其投资少部分风险金相结合，以满足其薪酬要求；契约型员工主要指确实有能力但很"现实"的那部分员工，企业可以对其提出的要求与企业对其的要求结合起来，并通过合约的方式确立双方的权利与义务，明确违约责任；利用型员工要求员工根据企业的制度来执行，并根据员工的动态及企业要求灵活调整制度以满足企业与员工的要求。

（四）薪资谈判方式

一般企业在招聘时采取一对一的薪资谈判方式，有以下策略供参考：

与应聘者一起探讨他进入公司后可能产生的作用、能力、业绩等及公司主动配合给他的资源，如政策、培训机会、晋升机会等，在双方相互认同及愉快的氛围中再谈薪资问题，一般会比较顺利。

【能力训练】

开发你的创业人脉

1.绘制你的人脉地图

参考表13-2，用尽可能大的纸张写下所有你认识的人，要尽可能多地想到和写下来。

表13-2　人脉地图

同学：	家人：	朋友：
老师：	我	朋友的朋友：
校友：	同事：	陌生人：

2.标记重要的人

观察这表13–2，认真且反复思考以下问题，得出答案后，在图中的对应名字旁边做个标记，如▲●★。

谁是你最信任的人?

谁是你最崇拜的人?

谁是你成功时最想一起分享喜悦的人?

谁是你失败时最先想到的避风港?

谁是和你最志同道合的人?

谁是你创业路上必不可少的支持力量?

谁有可能为你的创业带来帮助?

谁有可能成为你的创业伙伴?

谁有可能为你的项目投资?

谁有可能为你提供创业的关键资源?

谁有可能为你提供创业的技术支持?

谁有可能为你提供创业的管理支持?

谁是市场营销或公关的高手?

谁善于化解危机，处理问题?

谁善于创新研发，能给你带来很多新点子?

谁善于沟通交际，能帮你认识很多新朋友?

谁有可能成为你未来的合作者?

谁是你的潜在客户?

还可以就其他你认为重要的问题进行思考和标记。

注意：陌生人也是不可忽略的重要人力资源!

3.与你创业路上的重要人脉分享

首先观察标记后的人脉图，哪些人被标记了很多次?

立刻去找到他们，和他们分享你的创业想法，争取得到他们的支持。

4.反思

你认识的人会越来越多，所以你可以经常做这个练习，尽量不要漏掉“重要的人”，找到他们，并及时与他们交流，得到必要的和可能的帮助。

你还可以按你创业所需要的资源，设计更多问题。

你会发现，其实你拥有很丰富的人力资源，他们都可能帮助你实现创业的梦想，不要小看你的人脉地图，不要低估他们对你创业的影响，更不要忘记：你自己也是非常宝贵的创业人力资源。

【实践作业】

调查新企业的人力管理状况

拜访一家初创或小型企业，观察其人力管理体系，采访企业领导或员工，对其人力管理的效果进行评价，完成表13-3。

表13-3　企业人力管理评估

人力管理的内容	具体措施	实施效果	可能需要改进的地方
人力资源规划			
招聘与配置			
培训与开发			
绩效管理			
薪酬福利管理			
劳动关系管理			

思考：新企业在进行人力管理时，具有哪些特点？

第十四章

创业企业成长管理

chuang ye qi ye cheng zhang guan li

【课程目标】

1.了解新企业各类风险的来源及表现，明确企业出现危机的原因。

2.了解企业危机预警的表现形式，掌握企业危机处理的基本原则和方法。

3.掌握打造企业文化的方法、构建企业长效管理机制的方法。

【案例导读】

在试错中找对的路

山西财经大学学生李声乐、金宜楠从大一起就想独立，不想让自己成为家里的负担。大二时，两人与一帮志同道合者在学生宿舍商定创业。最后，他们瞄准了在校园生活圈发起“山财楼梯间”的创业项目，推出快递、生活信息咨询服务。

过去一年间，“山财楼梯间”以病毒复制模式，在山西省六所高校建立了分部。2016年春天，李声乐、金宜楠和他们的合伙人确定，计划用一年时间，把“楼梯间”服务推广到全省所有本科以上的高校。

线上搭平台线下建实体店

“楼梯间”总部，位于山西财经大学南校区的一间临街门面房。因为与包括顺丰在内的数家快递公司签订委托协议，财大师生及家属在此可以收取网购商品快件及邮寄物品，每天客户络绎不绝。

2014年11月至今，“楼梯间”创业项目设立的分部，都复制了“山财楼梯间”总部的模式。每一个分部，都要想方设法达到地利、人和的条件，与不熟悉校园生活圈的快递公司及商家合作，采用线上搭建互联网平台，线下建设实体店的方式，为对方与校园生活圈搭建一条商业开发通道。在与快递公司及商家合作过程中，“楼梯间”提取佣金。这笔佣金，在支撑“楼梯间”正常运转的同时，也让它的创办者获得商业回报。

“创业，不是闭门造车的事情。它是一次次试错后的结果。”金宜楠说。

在不断试错中选定项目

“楼梯间”试错源头，得把时间拉回到三年前。其时，李声乐还是一名大一的学生，当时，他办了一个“宿舍超市”，向同学们出售方便面、饮料。他的经营以善打时间差在宿舍楼里“名声远扬”：深夜，同学们到他那购买方便面，比校外小卖部贵1元。

“宿舍超市”回报微薄，李声乐对此并不满足。大二时，面对校园生活圈里的网购热，李声乐与同样想创业的大二学生金宜楠相识，开始创办“楼梯间”校园送餐服务。为此，他们开设了校园送餐服务微信公共号，与校园几个食堂窗口、小卖部展开合作，向宿舍送餐、送水果。每单，他们从合作商家收取1元“跑腿费”。他们的小生意很火，最多时一天能接到100多单。然而，他们的“好日子”却并未持续多久。2014年9月，随着饿了么、美团等互联网公司走进校园，以打折、赠送优惠券开展校园送餐服务，“楼梯间”校园送餐服务被逼至绝路。

“楼梯间”的转机，出现在2014年11月。其时，李声乐、金宜楠和几个合伙人在山西财经大学花3万元租了一个两层的门面房，准备以此开办一个线下体验店，希望通过为商家进入校园生活圈提供中介服务寻找商机。其间，金宜楠一个入职顺丰快递太原分公司的朋友推荐了一项业务。因为顺丰公司快递员进不了山西财大校园，公司希望与熟悉校园生活的合作方合作，公司愿意为此支付佣金。这一信息，让李声乐、金宜楠欣喜不已。

与顺丰公司的合作，让“楼梯间”从此获得稳定的收入来源。同时，也让这个校园诞生的创业项目正式起步。

谨慎经营，获得来自银行的众筹投资

创业资金来之不易，这让“楼梯间”创业团队形成谨慎的经营管理风格。对每笔投入，他们都“不见兔子不撒鹰”。

在各高校开办“楼梯间”项目分部，是项目团队制订下的策略。单独一个“山财楼梯间”，服务人群有限，项目未来的“天花板”明晰可见。走出去是出路。并且他们还得快速抢占市场。2015年，“楼梯间”先后在中北大学、山西大学、山西农业大学、运城学院、山西煤炭职业技术学院、山西旅游职业技术学院建立分部。范亚运表示：“每个分部，项目团队都经过认真核算，确保一年内可以实现收支平衡，绝不做亏本买卖。”目前，楼梯间各校分部，平均投资七八万元。各分部背靠学校生活圈，除提供快递收发服务，还与商家合作开展信息咨询及商品推广服务。

资金缺乏，始终是“楼梯间”发展面对的最大障碍。对于像楼梯间这样没有任何资产可以供抵押的单位，寻求商业贷款的难度可想而知。

曾经有过一个时期，“楼梯间”将寻找投资的目光投向“创业大赛”。金宜楠说：“我们参加了很多创业大赛，拿了不少奖，奖金加起来有四五十万。这些奖金，有些已经到位，有些还没有到位。”“楼梯间”获得的最大一笔投资，来自晋城银行的天使众筹平台，包括晋城银行董事长、行长，39名晋城银行职员为楼梯间提供了38万元投资。晋城银行消费经营部职员张禄说：“去年年初，李声乐找到银行，希望申请贷款。我们后来调查发现，因为‘楼梯间’项目成立的公司不到一年，同时包括财务管理及公司管理，不能满足银行发放贷款的条件，行里没有接受他的申请。不过，‘楼梯间’这个大学生创业项目，仍引起了银行的重视。他们的创业精神，也感染了我们，于是行里决定给予他们支持。”

晋城银行的天使众筹平台，是该行为小微企业提供的融资筹资平台。“楼梯间”创业项目获得晋城银行众筹投资，双方签有协议，投资者有权从“楼梯间”利润中获得回报。目前，投资“楼梯间”的39人，大部分为山西财大校友，是李声乐、金宜楠的学长。

[**点评**]创业是一个不断试错的过程，从创业的起步，到项目的确定，到团队的组建，到资金的寻找……都是在不断试错中，找到那条正确的道路。大学生创业者，可以通过学习创业知识，不断武装自己的创业理念，用理念指导一次次的实践，这样做可以降低试错的成本，加大我们创业成功的可能性。在无限的机遇面前，我们要如何去识别机会，如何去对待风险，如何更好地创业，是每一位创业者需要学习与探索的课题。

【理论知识】

主题一　新企业的风险

一、新企业风险的来源

企业风险指的是企业经营过程中存在的不确定性以及企业经营所造成的影响。由于企业内部要素的流动性以及企业外部环境的不确定性和关联性，企业的经营风险容易被放大，形成危机。

风险来自方方面面，既有来自企业内部的，也有来自企业外部的。先从企业内部来看，构成企业的最基本要素是人、财、物和信息。风险也相应地分为：①来自人的风险，比如人力资源流失的风险，主要包括关键岗位或关键技术人员的流失。②来自财务的风险，即和企业筹资、融资以及经营现金流等相关的各类风险。③来自物的风险，即企业的产品生产或销售的风险、物流体系的风险，设备运行和工艺风险等。④来自信息的风险，企业的经营决策，离不开对各种信息的有效处理。而企业的成功经营，离不开这四种要素有效地流动。四种基本要素，也构成了企业的全部资源。而四种要素中任何一种风险，都可能会导致企业经营陷入危机。

再看企业的外部环境。企业所处的环境并非是静态、封闭的，而是动态和开放的。企业的外部环境分为政治经济环境、社会文化环境、技术环境以及人口。企业作为宏观经济的微观基础，首先，必然会受到宏观经济的影响。其次，社会文化环境改变，对企业也会产生很大的影响。文化环境的改变，通常会影响企业的市场环境，且有着极强的渗透力。结合我国经营企业的自身特征，将我国经营企业面临的文化风险归类为精神文化风险、行为文化风险、制度文化风险和物质文化风险四个方面，并在分析各种风险影响因素的基础上，初步建立评价指标体系。作为企业经营者，应该时刻关注企业外部与自身相关的各种新技术的变化，我们称为技术风险。最后就是人口要素变化构成的风险。人口的变化，通常会影响消费者的构成。

二、新企业风险的表现

（一）项目选择风险

项目是企业发展的核心载体，项目的选择决定着企业能否在激烈的市场竞争中存活下来。大学生创业项目的选择已不局限于高新技术等知识密集型行业，传统人力密集型与服务型、网络型项目也很受大学生的青睐。但大部分大学生项目选择只凭自己兴趣与意愿决定投入方向，没有前期翔实的市场调研与论证作为支撑，缺乏对同类项目市场现状的细致分析，只充满不切实际的乐观，这种想当然地选择注定大学生创业过程会十分艰辛，甚至失败。

（二）创业团队风险

大学生新创企业的发展基于创业团队的高效与团结，创业团队的稳定是企业成功与发展必不可少的条件。团队的高效是由其成员的高能力所决定的，对没有过创业经验与实践能力的创业团队来讲，需通过实践与培训等方式尽快提高解决问题防范风险的能力。同时，由于团队解体也会导致创业企业终止，需对创业团队的分配制度及企业产权进行明晰，将创业团队建立在制度基础之上，完善沟通机制，防止团队成员因企业发展或企业利益分配而出现矛盾。

（三）管理与财务风险

处于创业初期的大学生在计划设定、人员组织、企业运营及控制等方面缺乏经验，会影响到企业管理水平，进而影响企业的抗风险能力。随意、轻率的管理方式会为企业发展带来不确定性因素，甚至影响企业的生存。资金短缺是大学生新创企业在发展初期遇到的最大瓶颈，大部分大学生新创企业没有财务方面专业的人员，很难对企业进行科学的财务预算与管理，当遇到企业多方面投入时很难合理分配有限资金，从而导致资金运作不良、企业现金流中断，严重影响企业业务的开展。

（四）市场环境风险

市场环境具有相对的稳定性，留有为大学生新创企业进入的切入点，但市场环境也是在不断发展变化的，具有复杂性和竞争激烈性。当大学生进入某一市场领域时，市场发展的形势已与其创业调查时发生了较大的变化，大学生创业者还缺乏应对这一变化的能力。激烈的竞争也使大学生新创企业发展面临着巨大挑战，自身实力的弱小很容易被实力强大的企业挤垮，或开辟的新型市场在短时间内又不会被广泛认可，导致服务或产品滞销，影响企业资金周转与正常运营。

（五）法律道德风险

企业运行中涉及的法律范围广且比较复杂，对于大学生创业来讲，由于没有专门的法律人员与部门，在合同订立、知识产权、税收等方面极易卷入法律纠纷，甚至由于缺乏相关知识被对方钻空子，从而无法保护自身的合法权益。市场经济现阶段的不完善导致部分大学生创业者为了经济利益而忽视了社会责任与社会道德，尽管这些行为不会触犯法律，但不利于企业的长远发展。大学生创业者对于道德的漠视极易引导他们忽视法律风险，在触犯道德底线的同时也触犯了法律，以致造成一些惨痛教训。

主题二　新企业的危机与决策

一、企业危机预警的表现形式

企业危机是指威胁企业生存与发展的危险事件。而企业危机预警是根据企业危机前兆，查找导致前兆的根源，控制危险事态的进一步发展或将危险事件扼杀于萌芽状态，以减少危机的发生或降低危机危害程度的过程，实现企业的持续经营。

表14–1　新企业常见的危机预警

产品危机	如果产品的包装设计、品种、质量等方面不能满足市场需求，那么产品将失去竞争力，从而造成产品的大量积压，市场销售率、占有率下降，使企业陷入危机之中。
财务危机	创业者在筹资、融资和投资的财务决策中，由于资金市场的变化，利率、汇率的调整变动，债务发行费用，股票市场的波动，投资单位经营状况等诸多因素的影响，使企业暂时入不敷出；若再加上银行拒绝贷款，将导致企业财务费用增加、投资收益减少、资金断流，最后因无法支付基本运营费用而被迫停业，无力偿付债务本息而被迫倒闭。
人才危机	包括人才断层和人才流失危机。人才是企业重要的核心资源，企业家就是企业最为稀缺的人才，因此最容易产生断层危机。关键人才出走往往会由于技术断档或客户业务断档而引发企业危机，特别是骨干人才的突然成批离去，必然会立即引发企业危机。
信誉危机	企业在产品质量、包装、性能、售后服务等方面处理不当或有恶劣行为，从而损害了消费者的利益，使企业整体形象严重受损，信誉降低，企业陷入危机之中。

二、企业危机处理的基本原则和方法

新企业面对突发的危机事件，应学会临危不乱，方能化险为夷。要从以下几个方面处理好企业危机。

（一）端正态度

新企业在运营过程中犯下错误在所难免，关键问题是错误出现以后，企业以何种态度面对错误。危机爆发后，企业可能会“四面楚歌”，尤其是面对顾客的质疑。此时企业最明智的做法是，正视问题，以诚相待，采取积极主动的姿态，敢于公开真相，积极承认错误，勇于承担责任，做出相应的改进举措，争取赢得顾客的谅解和同情。不要忽略，企业真诚的态度就是对顾客的影响力。一个敢于承认错误、勇于承担责任的企业，不管它做错了什么，往往会赢得消费者的同情和信任。其形象不但不会受到损害，反而会有所升华。许多危机公关成功的案例显示，企业在危机事件中的诚恳态度，不仅化解了一场灾难，而且化被动为主动，化“危机”为“机遇”，使企业获得新的发展机会。相反，许多企业担心危机事件曝光后会毁掉自己苦心经营的形象，采取隐瞒、掩盖、敷衍、“无可奉告”等愚蠢的做法，其结果只能是适得其反，雪上加霜。企业应该明白，在危机时刻，顾客对企业的反应高度敏感，任何敷衍、傲慢、推卸责任的言行都可能激起顾客的愤慨，使事态进一步恶化，一个被消费者憎恶抛弃的企业其实一文不值。几乎所有的危机处理失败的案例，都存在着企业态度上的失误。

（二）赢在速度

危机处理的难度是与危机处理的速度成反比的，速度越快，损失就越小。危机一旦爆发，往往会成为顾客甚至社会关注的焦点，如果此时企业反应迟钝，不能迅速查明真相，并在第一时间给各方一个解释，会让公众感觉企业管理效率低下，不敢直面危机，逃避责任；并且信息真空就有可能会被误解、猜测、流言所占据，使问题更加复杂。时间上的失控，各种不测因素也会随之增加，通常是屋漏偏逢连夜雨。相反，如果企业能在第一时间做出正确的反应，则会最快表明企业姿态，化解公众不满情绪，进而获得公众的理解和信任。另外，以最快的速度扼制危机，往往成本较低，效果也较理想。一般来说，危机发生后，企业应该在24小时内及时做出反应。当然，企业迅速正确的反应，必须建立在充分准备的基础上。

（三）权威发声

许多企业身陷危机之后，特别是“质量门”危机，第一反应都是想尽快澄清事实，还我清白。然而，自我辩解往往难以证明清白之身，有时还会越描越黑，引起公众的反感。其实道理很简单，任何危机事件当事人的自我辩解都有罔置真相的嫌疑，包括利益相关者如品牌代言人、企业投资方等，正如运动员不能兼裁判员一样，这些人的辩护都是苍白无力的。真正能澄清事实的，不是当事企业自己的百般辩护，也不是企业与媒体的口水仗，而是权威机构的声音。权威机构以其自身的威信以及第三方的身份，足以消除公众的所有疑惑，可以说，权威机构的一句话胜过企业的一万句。通常要求企业在危机第一时间发出声音，主要是表明自己主动承担责任的真诚态度，为以后采取的措施做铺垫，而并非苍白无力的自我辩解。对一部分企业来说，即使无法得到权威机构的声音，也可以配合权威机构的调查，撤回问题产品，这样比起徒劳的自证清白更能取信于人。

（四）全员同心

员工不应是危机的旁观者，而应该是应对危机的参与者。因此，企业应该保持同员工的良好沟通，让全体员工享有知情权，听取员工的意见和建议，赢得全体员工的全力支持。如果企业得不到内部员工的大力支持，甚至祸起萧墙，自乱阵脚，企业是很难渡过难关的。

主题三　企业文化与长效管理

一、企业文化的建立与培育

建设企业文化是一项综合性的系统工程，需要系统规划，长期作战，从点滴做起。我们必须着眼未来，脚踏实地，奋起直追，使企业文化建设发光放彩、具有强大的生命力。为了建设和培育创业企业文化，必须做好以下几项工作：

（一）保持继承与开放的文化心态

我国的企业文化，既要拥有传承的观念，更要有开放的视野。第一，要继承我国的优秀历史文化传统，通过探索融入企业文化之中，这是我们企业文化建设的立足点。传统文化并不是落后的、过时的文化，而是古人的经验教训的积累和升华，放弃或置之不理传统文化而去另立门户，会迷失自我，是极其不聪明的，是不符合历史唯物主义认识论的。所以我们要继承优秀的传统文化，使传统文化在新的环境中传承并发扬。第二，要开阔视野，要面向世界，主动以全球的竞争环境来激励自我。对其他国家优秀企业的企业文化进行了解、学习，可以给本土的企业文化建设以借鉴。1992年邓小平在南巡讲话中说过，我们要利用发达资本主义国家的一切优秀成果，包括资金、技术、管理经验等，在文化方面同样要学习他们优秀的特质，引进、学习、消化、吸收、创新，走出国门参与竞争。

（二）把握规律与特征，体现方向和重点

企业除了具有大的背景特征之外，还有其内部特征和运行规律。其文化建设与传统的企业会有明显的不同，必须建设符合知识经济、信息化与企业运行规律的文化。在企业的内外环境都不同的情况下，企业的组织方式、管理方式、生产关系都有明显不同，企业文化建设要紧随客观规律，反映客观规律。

第一，企业基本活动就是创造，不断创新是企业的使命，是其存在的理由和根据。企业必须有体现创新、激励创新的文化环境。

第二，企业的组织方式发生变化，知识型员工与企业在传统的雇佣关系上又推进了一步，正在向平等的合作伙伴的关系方向发展。在这样的形势下，如何建设体现“平等意识”的文化至关重要。

第三，知识型员工从事的是创新性的工作，这就需要更多更大的自由空间，企业的文化中如何容纳这样独立自由的人格是一个必须解决的问题。

第四，思考企业运行过程中的文化与体制的障碍，建立具有前瞻性的文化和灵活的体制机制，并不断改进以适应企业发展的规律。

当今世界是开放的世界，信息化、全球化使得企业与外界联系变得极为容易，企业与外界进行着大量的物质、信息与能量的交换，企业必须倾听来自市场、顾客、社会、国家的声音，需要在企业中建设这种尊敬外部价值的文化，遵照科学发展观，走可持续发展道路。企业价值延伸要求树科学的发展观，走可持续的文化建设之路。企业要满足社会价值的要求，是企业内在价值的升华。

（三）抓准时代特点，体现企业个性

企业是一个全方位、多层次开放企业，又是社会中情况复杂的集体。企业文化建设是一个系统工程。一方面企业文化要反映时代特征，用大文化领导小文化，以体现时代精神的社会文化指导企业文化；另一方面企业文化应有其特性，即文化知识优质群体和企业的科技文化特性，正确处理好社会文化和企业文化之间的关系。在当今塑造和优化企业文化必须适应时代发展的要求，深化改革要求。消除和改善不利于社会主要市场经济发展的消极理念，不断更新观念，破除传统文化观念。破除“均贫富”“吃大锅饭”的小农经济思想以及“小富即安”“功利仁义”等。同时随着发展新形势、新情况、新问题不断出现，要求人们不断适应新形势、研究新情况、解决新问题。因此我们的企业文化建设，要针对实际情况不断提高、充实、深化。企业文化建设在面对新时期要反映的时代特征主要体现在：①以体现社会主义市场经济的特征；②以劳动者集体是企业主体、是法人的特征；③以科研、生产、经营为中心，提高经济效益为目的的特征；④以社会主义分配制度为特征。

（四）“以人为本”应成为企业文化的共识

优秀的企业文化应突出以人为本的思想，应该以消费者为中心，努力服务社会。同时提倡团队精神、鼓励创新。世界上企业发展的历史证明，那些经久不衰的企业，尽管他们的经营战略和实践活动不断适应着外部环境而变化，但却都始终保持着“以人为本”的思想。在不断发展变化的过程当中能够保持管理思想的一致，正是这些企业成功的内在原因。在高新企业中，尤其要注重科技人员的作用。因为科技人员拥有比较强的自主意识、更独立的价值观，愿意承担具有挑战性的工作，他们是企业发展的中坚力量。企业管理者应当树立员工是企业的主人，而企业能够实现员工梦想的观念。因为企业要做大、做强，只靠几个高层管理者是远远不够的，归根到底是要依靠广大员工。企业需要做到“耕者有其田， 工者有其股”，使知识、资本和技术相结合，让有智慧、有能力的人在企业通过创造获得高回报。以制度的形式，让贡献大、有潜力的骨干员工逐步持股，再以资本入股，具备股东资格，成为企业真正意义上的主人，让员工的人生价值随企业的发展而不断增值，充分体现知识的价值以及知识分子在促进人类进步和社会发展中的作用，从而真正实现员工是企业主人的管理思想。

要营造良好的团队氛围。一个成功的企业离不开一个有潜力的企业团体。回顾企业的创业历程、企业早期创业所积累的团队精神以及对典范人物的学习，同时根据企业发展的不同阶段、不同背景，不断创新团队精神，使得这种在创业初期所积淀的团队精神传承并发展下去。

企业文化建设的重点应放在关心人、爱护人、培养人、提高人上。在员工进入企业后，就应根据企业发展的需要和员工个人的专业、兴趣、特点等规划其发展的蓝图，并沿着这个蓝图有计划地进行激励、培训和升迁。让员工感受到企业是自己成长和发展的最好舞台，员工有一种归属感，有一股发奋向上的进取精神。

（五）使精神激励成为企业文化内容的一部分，充分调动员工的积极性

企业发展的一个重要工作就是对于员工的激励。可以进行物质激励和精神激励两方面的激励。物质激励是提高员工生活水平、实现其个人价值和满足其心理需要的重要手段。对于民营企业的员工来说，精神激励应当更为重要。马斯洛需求理论指出，实现自我价值是人生价值的最高体现。那么，精神激励将会促使员工更积极地实现自身价值。

因此，应把精神激励作为企业文化的重要内容，让员工享受丰盛的“精神大餐”。一是优秀企业的品牌、企业的形象会给员工带来自豪感，从而产生自信心，同时社会也会对员工刮目相看，让员工始终生活在一种相对宽松的心理环境中，对员工的身心健康产生积极影响；二是企业的先进技术和科学管理是非常宝贵的财富，有些经验甚至是无法用言语和文字表达的，只有进入角色，深入其境，才能悟出这里面的真谛，这种经验的获得是无法用金钱来度量的，而且会使你受益终身；三是企业的良好行为规范、人际关系、敬业精神、实事求是的工作作风以及企业提供的学习条件和机会都是员工的隐性收入。这种精神上的享受将化作员工工作中的强大动力，全面推动企业各项工作的开展。还应当充分利用员工自觉性较高和自尊性较强的特点，提倡员工的自我激励，采取自我管理、自我教育、自我控制、自我

完善的方式，让员工完成自我提升，并给企业文化建设不断注入新的内容，而具有新内涵的企业文化又必将促进企业各项工作上层次、上水平。

（六）学习型团体是企业文化的主要组织形式

知识经济社会企业的竞争优势将取决于其学习能力的高低即迅速吸取新知识、开发新技术、新产品的能力。有人认为，企业的竞争实际上就是人才的竞争，但说到底，其实是学习力的竞争。资本、劳动力、原材料、技术、知识等资源可以通过购买、学习等手段获得。但是，学习能力却没有办法购买、复制或者消除。所以，建立学习型组织应该是所有企业的共同愿望。学习型组织也应该以共同的目标为基础，以团队学习为特征，特别强调以增强企业学习为核心，特别注重员工的自我超越、自我获取知识和利用信息的能力。企业中可建立个人网页、社交群组等，通过网络进行交流，获取信息，学习新知识，并实行自助培训，实现“工作学习化、学习工作化”的网络文化。对于民营企业来说， 建立学习型组织，一方面能使企业快速适应外部环境的急速变化，不断进行理念创新、制度创新、组织创新和技术创新，紧跟时代步伐；另一方面适应于民营企业中人力资源年轻化、便于吸收新技术、不断开拓创新的特点。同时， 学习型组织也是走出家族式管理、建立现代企业制度的重要途径。在世界排名前100的企业中，已有40% 的企业以“学习型组织”为蓝本，进行了彻底改造。通过这些措施，在全球化的环境中，增强国际竞争力。大凡优秀的企业，都会选择一种与企业的发展战略以及企业文化相一致的模式，并把“学习型组织”作为企业文化建设的重要阵地。

二、构建企业长效管理机制

长效管理机制，即能长期保证制度正常运行并发挥预期功能的制度体系。长效机制不是一成不变的，必须随着时间、条件的变化而不断丰富、发展和完善。企业要成长发展，就需要构建长效管理机制，可以从以下几个方面做好准备。

1.构建经营系统

建立一个成功企业的重要任务之一是建立辅助这些日常经营活动的体系——经营系统，它是企业开展日常经营管理工作的“平台”。弗莱姆兹这样描述经营系统：建立经营系统是为了有效地工作，一个公司不仅要从事生产或服务，而且要合理地管理基本的日常经营活动。这包括会计、制表、采购、做广告、招聘人员、培训、销售、生产、运输和相关系统。企业在创建初期容易忽略经营系统的建立和发展，但随着一个企业在规模上的扩大，特别是当规模超过了其组织管道的运作能力，这些系统就会承受到越来越大的压力。

2.管理好保持企业持续成长的人力资本

快速成长企业的一个共同成功要素是其强有力的人力资源管理。快速成长企业的经营者并不一定受过高等教育，但他们要雇佣一大批有能力的下属，他们通过构建规模较大的管理团队以便让更多的人参与决策。

3.从创造资源到管好、用好资源

企业的成长是靠资源的积累实现的。但是，如果企业积累的资源未被企业占有，而是被企业中的个人（不管是创业者、高层管理者还是一般员工）占有，都必将威胁企业的成长。如果公司资源被个人占用的情况较为明显，客户管理工作不够周密，以致造成公司业务和人才的流失，公司自己“培养”了一大批竞争对手。因此，需要从注重创造资源转向管理好已经创造出来的资源，从资源“开创”到资源的“开发利用”。需要采取必要的措施，管理好客户资源，管理好有形无形资产，通过现有资源创造最大价值。

4.形成比较固定的企业价值观和文化氛围

企业价值观是支持企业发展的灵魂，虽然是无形的，却渗透在企业发展的方方面面。大多数快速成长的企业都有比较固定的企业价值观，用以支持企业的健康发展。对小企业而言，企业价值观一般是企业创建者自身价值取向的体现，这种取向直接影响着企业的发展。对成功企业的研究表明，在企业发展过程中，只有很少一部分企业彻底改变了原有的价值取向，大部分企业的价值观变化甚微。企业价值观的固定性保证了企业发展的稳定性，也便于企业管理者与员工掌握企业发展过程中的关键点。快速成长企业的创建者非常热爱他们自己所从事的事业，他们审时度势，制定符合社会发展的价值观念，并倾注全部心血使企业的价值观延续下去。

5.抓住时机主动变革

创新和变革是推动企业乃至社会发展的主要力量，但需要付出成本。企业在创业初期特别是成长阶段实施变革的成本小，因为成长性强可以为企业提供变革所需要的资源，可以吸引优秀的员工，进而减轻来自内部的变革阻力。企业变革不可能迅速全面展开，需要科学地把握切入点，由点到面，层层深入。变革的阻力主要是人们对未来发展的顾虑，对变革成功的可能性持有疑虑。把握好切入点，从局部推进变革，往往可以在短期内取得效果，进而增强人们对变革的信心；再次是这种方式的变革容易被控制，不至于造成失控。

6.从追求速度转到突出企业的价值增加

当企业过分追求速度时，往往带来的问题是，销售收入增加很快，而利润却没有增加，企业的价值没有增加，因此，当成长到一定程度时，企业需要管理好的价值链，价值增加快的方面转移和延展，以获得最大的价值增加。正如“蓝海战略”的核心精髓价值创新，就是对所在行业所提供的传统顾客价值的一种“颠覆式”创新，通过重点打造顾客在意的价值要素，而在其他要素上提供适当价值，剔除不必要的要素，不仅能为顾客提供卓越的价值感受，还能使企业以低成本的方式实现，获取差异化和低成本的双重好处。

【能力训练】

对失败的恐惧

1.根据表14-2所描述的情况与自身实际的符合程度，打分并填写在表中。请把分数（1~6）填写在每行的末尾空格处，并对所有打分加总，最后计算出平均值。

回答：完全不符合：1分；不符合：2分；不太符合：3分；比较符合：4分；符合：5分；完全符合：6分

表14-2　对失败的恐惧评估

指标	问题	得分
1	一般来说，我更喜欢处理我自己能够处理的难题，而不是试图挑战于我而言比较难胜任的难题	
2	如果有些事我没做好，我通常不想让他人知道，或倾向于掩盖这个情况	
3	有时候，我发现自己在从事那些自己认为比较难的事情上总是漫不经心	
4	当我与一些看上去比我强的对手竞争时，我有点想放弃尝试	
5	有时当他人谈论他们的成绩时，我发现自己会夸大自己做过的事情	
6	我总是避免在公众面前讲笑话，因为人们可能不会笑	
7	当我出色地做成了一些事时，我通常会让家人和朋友知道	
8	有时我会对成为一名成功的创业者而担忧，这种情况经常出现	
9	在活动时，当我不确定自己相较他人能否胜任某个工作时，我倾向于旁观而不是参与	
	总分	
	平均分=总分/9	

2.让参与团队将各自的得分标在1~6的数轴上。

3.你知道本练习的总体目的是什么吗？这些数值又代表了什么？指标测的是什么？

4.讨论分享：从团队的角度，这些得分的分布是不是正态分布？有没有极端异常值？团队整体的风险容忍或风险规避情况如何？

5.自我分析：就个人而言，是哪些因素导致了对失败的恐惧？对失败的恐惧又会如何影响创业？

【实践作业】

体验创业

到创业公司谋求一份实习或兼职的工作，深入体验创业企业的各种管理实际。结束后，请写一篇不少于3000字的体验报告。

第十五章

创业计划制订与评估论证

chuang ye ji hua zhi ding yu ping gu lun zheng

【课程目标】

1.掌握创业计划书的基本格式与写作要点。

2.掌握创业计划的论证与展示技巧。

【案例导读】

一切始于商业计划

“疯狂橄榄球2003”游戏出自美国艺电公司，是全球最大的交互式电子游戏开发商。为了反映联赛各队球员名单的变化，该游戏每年都会更新，结果导致那些在“疯狂橄榄球2003”游戏中努力赢取超级杯的宾夕法尼亚青少年，极可能继续购买“疯狂橄榄球2004”“疯狂橄榄球2005”……

艺电公司还开发了许多大众游戏，包括模拟人生、哈利·波特、詹姆斯·邦德和FIFA足球等。仅在2002年，艺电公司销售量超过百万的游戏就有16种，公司年收入高达17亿美元，净利润超过1.015亿美元。艺电公司不仅开发电脑游戏，还有索尼公司PS2、任天堂公司GameCube和微软公司Xbox等控制台系统开发游戏。

事实表明，艺电公司的成功始于一份商业计划和特里普·霍金斯的愿景，即创立一家新式的电子游戏公司。

1980年，在第一家企业失败后，霍金斯进入苹果公司工作。在那里，他为个人电脑产业的出现而兴奋不已。尽管在苹果公司工作很舒服，但他仍决定再次创业。不过，这次他更加谨慎小心。直到1982年，他才下决心创立一家电子游戏开发企业，并围绕创意制订了详细的商业计划。

霍金斯认识到，他需要一个真正的“大创意”以便使新企业有别于电脑游戏产业中的其他公司。事实上，他找到了三个大创意，围绕这三个大创意的商业计划，使艺电公司超越了当时软件出版商之间的趋同风潮。

数年后，霍金斯发现艺电公司最初的商业计划简直就是一个奇迹，因为它准确预测了公司的未来。他强调，在起步时就注定公司走向成功的是：战略愿景与发现错误、不断调整并执着行事的能力。

［**点评**］商业计划描述了新企业计划的目标，以及新企业如何实现这些目标。商业计划是一份用于企业内外的两用文件。对企业内部而言，商业计划能帮助企业设计出实施其战略和计划的“路线图”；对于企业外部来说，商业计划向潜在投资者及其他利益相关者汇报企业试图追求的商业计划以及如何把握机会的行动计划。

【理论知识】

主题一 创业计划书的撰写

一、创业计划书的基本格式

创业计划书通常包括封面、保密要求、目录、摘要、正文（综述）、附录六部分。

（一）封面（标题页）

标题页可以放一张企业的项目或产品彩图，但需留出足够的版面排列以下内容：创业计划书编号、公司名称、项目名称、项目单位、地址、电话、传真、电子邮件、联系人、公司主页、日期等。

（二）保密要求

保密要求可放在标题页，也可放在次页，主要是要求投资方项目经理妥善保管创业计划书，未经融资企业的同意，不得向第三方公开创业计划书涉及的商业秘密。

（三）目录

目录标明各部分内容及页码，要注意确认目录页码同内容的一致性。

（四）摘要

摘要是对整个创业计划书的概括，目的在于用最简练的语言将计划书的核心、要点、特色展现出来，吸引阅读者仔细读完全部文本，因而一定要简练，一般要求在两页纸内完成。摘要十分重要，是出资者首先要看的内容，因而必须让读者有兴趣并渴望得到更多的信息，将给读者留下长久的印象。摘要应从正文中摘录出投资者最关心的问题：包括公司内部的基本情况，公司的能力以及局限性，公司的竞争对手、营销和财务战略，公司的管理队伍等情况的简明而生动的概括。如果公司是一本书，它就像是这本书的封面，做得好就可以吸引住投资者的目光住。

（五）正文

正文是创业计划书的主体部分，要分别从公司基本情况、经营管理团队、产品/服务、技术研究与开发、行业及市场预测、营销策略、产品制造、经营管理、融资计划、财务预测、风险控制等方面对投资者关心的问题进行介绍，要求既有丰富的数据资料，使人信服，又要突出重点，实事求是。

（六）附录

附录是对正文中涉及的相关数据、资料的补充，作为备查。

二、创业计划书的写作要点

创业计划书的内容与写作要点如下：

（一）摘要

摘要是为了吸引战略合伙人与风险投资人的注意而将创业计划书的核心提炼出来制作而成的，是整个创业计划书的精华，涵盖计划书的要点。一般要在后面所有内容编制完毕后，再把主要结论性内容摘录于此，以求一目了然，在短时间内给使用者留下深刻印象。

摘要如同推销产品的广告，编制人要反复推敲，力求精益求精，形式完美，语句清晰流畅而富有感染力，以引起投资人阅读创业计划书全文的兴趣。特别要详细说明自身企业的不同之处以及企业获取成功的市场因素。

（二）企业介绍

这一部分是向战略合伙人或者风险投资人介绍融资企业或项目的基本情况。具体而言，如果企业处于种子期或创建期，现在也只有一个美妙的商业创意。那么，应重点介绍创业者的成长经历，求学过程，并突出其性格、兴趣爱好与特长，创业者的追求，独立创业的原因以及创意如何产生。

如果企业处于成长期，应简明扼要地介绍公司的发展历史、现状以及未来的规划。具体而言，包括：公司概述、公司名称、地址、联系方法；公司的业务状况；公司的发展经历；对公司未来发展的详尽规划；本公司与众不同的竞争优势；公司的法律地位；公司的公共关系；公司的知识产权；公司的财务管理；公司的纳税情况；公司的涉诉情况，等等。在描述公司发展历史时，正反经验都要写，特别是对以往的失误，不要回避。对失误进行客观的描述、中肯的分析，反而能赢得投资者的信任。

（三）管理团队介绍

管理团队是投资者非常看重的，这部分主要是向投资者展现企业管理团队的结构、管理水平和能力，职业道德与素质，使投资者了解管理团队的能力，增强投资信心。

这部分主要介绍管理团队、技术团队、营销团队的工作简历、取得的业绩，尤其是与目前从事工作有关的经历。另外，可以着重介绍企业目前的管理模式。如果无特色，也可以不介绍，或者归入劣势部分。

在编写过程中，首先，必须对公司管理的主要情况做一个全面介绍，包括公司的主要股东及他们的股权结构、董事和其他一些高级职员、关键雇员以及公司管理人员的职权分配和薪金情况，必要时，还要详细介绍他们的经历和个人背景。企业的管理人员应该是互补型的，而且要具有团队精神。一个企业必须具备负责产品设计与开发、市场营销、生产作业管理、企业理财等方面的专门人才。

其次，在这部分创业计划书中，还应对公司组织结构做一简要介绍，包括：公司的组织结构图；各部门的功能与责任；各部门的负责人及主要成员；公司的薪酬体系等。

这部分应让投资者认识到，创业者具有与众不同的凝聚力和团结战斗精神，管理团队人才济济且结构合理，在产品设计与开发、财务管理、市场营销等各方面均具有独当一面的能力，足以保证公司以后成长发展的需要。

（四）技术产品（服务）介绍

在进行投资项目评估时，投资人最关心的问题之一就是，企业的产品、技术或服务能否以及在多大程度上解决现实生活中的问题，或者，企业的产品（服务）能否帮助顾客节约开支，增加收入，这是市场销售业绩的基础。

技术产品（服务）介绍一般包括以下内容：产品的名称、特性及用途；产品处于生命周期的哪一阶段，市场竞争力如何；产品的研究和开发过程；产品的技术改进、更新换代或新产品研发计划及相应的成本；产品的市场前景预测；产品的品牌和专利。

在这一部分，企业家要对产品（服务）做出详细的说明，说明要准确，也要通俗易懂，让不是专业人员的投资者也能明白。一般产品介绍都要附上产品原型、照片或其他介绍。

此外，对于一些以技术研发为重点的高新技术企业来说，还要对相关技术及其企业研发情况进行分析，包括企业技术来源、技术原理、技术先进性、技术可靠性；公司的技术研发力量和未来的技术发展趋势，公司研究开发新产品的成本预算及时间进度，技术的专利申请、权属及保护情况、技术发展后劲和技术储备等，以使投资者对公司的技术研发队伍的实力，公司未来竞争发展对技术研发的需要有所了解。

产品（服务）介绍的内容比较具体，因而写起来相对容易。虽然夸赞自己的产品是推销所必需的，但应该注意，企业家和投资家所建立的是一种长期合作的伙伴关系。空口许诺，只能得意于一时。如果企业不能兑现承诺，不能偿还债务，企业的信誉必然要受到极大的损害，这是真正的企业家所不屑的。

（五）行业、市场分析预测

行业与市场分析主要对企业所在行业基本情况，企业的产品或服务的现有市场情况、未来市场前景进行分析，使投资者对产品或服务的市场销售状况有所了解。这是投资者关注的重点问题之一。

行业分析主要介绍行业发展趋势、行业发展中存在的问题、国家有关政策、市场容量、市场竞争情况、行业主要盈利模式、市场策略等。

（六）市场营销策略

企业的盈利和发展最终都要拿到市场上来检验，营销成败直接决定了企业的生存命运。

在介绍市场营销策略时，创业者要讨论不同营销渠道的利弊，要明确企业哪些主管专门负责销售、主要适用哪些促销工具，以及促销目标的实现和具体经费的支出等。

一般来说，中小企业可选择的市场营销策略有以下几种：

（1）集中性营销策略，即企业只为单一的、特别的细分市场提供一种类型的产品（如制造汽车配件）。这种方法尤其适用于那些财力有限的小公司，或者是在为某种特殊类型的顾客提供服务方面确有一技之长的组织。

（2）差异性营销策略，即为不同的市场设计和提供不同类型的产品。这种战略大多为那些实力雄厚的大公司所采用。

（3）无差异性营销策略，即只向市场提供单一品种的产品，希望它能引起整体市场上全部顾客的兴趣。当人们的需求比较简单，或者并不被人们认为很重要时，该策略较为适用。

（七）生产计划

生产制造计划旨在使投资者了解产品的生产经营状况。这一部分应尽可能把新产品的生产制造及经营过程展示给投资者。生产计划主要内容包括：

（1）公司现有的生产技术能力，企业生产制造所需的厂房、设备情况。

（2）质量控制和改进能力。

（3）新产品的生产经营计划，改进或将要购置的生产设备及其成本。

（4）现有的生产工艺流程、生产周期标准的制订及生产作业计划的编制。

（5）物资需求计划及其保证措施，供货者的前置期和资源的需求量。

（6）劳动力和雇员的有关情况。

同时，为了增大企业的评估价值，企业家应尽量使生产制造计划更加详细、可靠。

（八）财务分析与预测

这部分包括公司过去若干年的财务状况分析、今后三年的发展预测，以及详细的投资计划，旨在使投资者据此判断企业未来经营的财务状况，进而判断其投资能否获得理想的回报，因而它是决定投资决策的关键因素之一。

财务预测的依据、前提假设是投资者判断企业财务预测准确性和财务管理水平的标尺，也是投资者关注的焦点。其主要依据和前提假设是企业的经营计划、市场分析。由于财务分析预测在公司经营管理中的重要地位，企业需要花费较多的精力来做具体分析，必要时最好与专家顾问进行商讨。

对于中小企业来说，财务预测既要为投资者描绘出美好的合作前景，同时又要使这种前景建立于坚实的基础之上，否则会令投资者怀疑企业管理者的诚信或财务分析、预测及管理能力。

（九）融资计划

融资计划主要是根据企业的经营计划提出企业资金需求数量、融资的方式、工具，投资者的权益、财务收益及其资金安全保证，投资退出方式等，它是资金供求双方合作前景的计划分析。

融资计划的主要内容包括：

（1）融资数额是多少？已经获得了哪些投资？希望向战略合伙人或风险投资人融资多少？计划采取哪种融资工具，是以贷款、出售债券，还是以出售普通股、优先股的形式筹集？

（2）公司未来的资本结构如何安排？公司的全部债务情况如何？

（3）公司融资所提供的抵押、担保文件，包括以什么物品进行抵押或者质押，什么人或者机构提供担保？

（4）投资收益和未来再投资的安排如何？

（5）如果以股权形式投资，双方对公司股权、控制权、所有权的比例如何安排？

（6）投资者介入公司后，公司的经营管理体制如何设定？

（7）投资资金如何运作？投资的预期回报怎样？投资者如何监督、控制企业运作？

（8）对于吸引风险投资的，风险投资的退出途径和方式是什么？是企业回购、股份转让还是企业上市？

这部分是融资协议的主要内容，企业既要对融资需求、用途提出令人信服的理由，又有令人心动的投资回报和投资条件，同时也要注意维护企业自身的利益。其基础是企业的财务分析与预测。

由于与资金供给方合作的模式可能有多种，因此还需设计几种备选方案，给出不同盈利模式下的资金需要量及资金投向。

（十）风险分析

这部分内容主要是向投资者分析企业可能面临的各种风险隐患、风险的大小以及融资者将采取何种措施来降低或防范风险、增加收益等。风险分析的主要包括：

（1）企业自身各方面的限制，如资源限制、管理经验的限制和生产条件的限制等。

（2）创业者自身的不足，包括技术上的、经验上的或者管理能力上的欠缺等。

（3）市场的不确定性。

（4）技术产品开发的不确定性。

（5）财务收益的不确定性。

（6）针对企业存在的每一种风险，企业进行风险控制与防范的对策或措施。

对于企业可能面临的各种风险，融资者最好采取客观、实事求是的态度，不能因为其产生的可能性小而忽略不计，也不能为了增大获得投资的机会而故意缩小、隐瞒风险因素，而应该对企业所面临的各种风险都认真分析，并针对每一种可能发生的风险做出相应的防范措施，这样才能取得投资者的信任，也有利于引入投资后双方的合作。

（十一）附件和备查资料

附件主要是对创业计划书中涉及的一些问题的细节和相关的证书、图表进行描述或证明，如企业的营业执照、公司章程、验资审计报告、税务登记证、高新技术企业（项目）证书、专利证书、鉴定报告、市场调查数据、主要供货商及经销商名单、主要客户名单、场地租用证明、公司及其产品的介绍、宣传等资料、工艺流程图、各种财务报表及财务预估表、专业术语说明等。它与创业计划书主体部分一起装订成册。备查资料只需列出清单，待资金供给方有投资意向时进行查询。

主题二　创业计划的论证与展示

一、创业计划的论证与修正

创业计划论证是对创业计划的项目做出的一个可行性的评估。创业计划论证考察的内容有：执行总结、项目和公司、产品或服务、市场分析与营销策略、经营管理、团队、财务分析、融资回报、可行性、计划书的写作。具体论证考察部分有：

（1）科技创业：学生自己的科研成果；在导师指导下参与科研的项目；与导师合作的科研成果。

（2）技术优势明显：具有潜在的研发领先能力或自主知识产权。

（3）市场需求大：目标市场明确、潜在需求具有现实性。

（4）替代主流产品与模式：产品可以替代主流产品或模式。

（5）经济效益显著：销售量、利润、现金流量、回收期、报酬率增长显著。

（6）创业计划报告书文本突出：主题明确、结构合理、逻辑严谨、论证充分、分析规范、文字通畅、装帧整齐。

（7）团队优秀：专业结构合理、精干、合作性强、自信坚韧。

创业计划论证的标准主要是考察创业方案的几个主要性质：

（1）是否具有可支持性（创业的动机与理念是什么）。

（2）是否具有可操作性（如何保证创业成功）。

（3）是否具有可赢利性（创业能否带来预期回报）。

（4）是否具有可持续性（企业能生存多久）。

创业计划的论证标准主要是考察创业方案的几个主要效度：

（1）论证创业项目的真实效度。创业项目是否真实可信，是否有详细的市场调查数据，项目的各种信息的准确程度等。

（2）论证创业项目的盈利效度。创业者一定要对项目的风险性进行充分论证。对项目可行性的论证，论证内容包括选址、客户流量、营销周期、产品受欢迎程度、经营者的经营方式、雇员多少、业务熟练程度，估算其成本和投入产出。对于风险承受能力不足的中小投资者来说，投资安全是首先应考虑的因素；了解项目方在知识产权方面（技术、商标等）和品牌方面是否存在纠纷，是否拥有完全的所有权。

（3）论证创业项目的行为效度。项目运作是否规范，是否有统一的内外标志；操作流程是否规范；工艺流程是否规范，服务流程是否规范等，章程是否规范。

（4）论证创业项目的发展效度。从低层次看，项目在市场扩张上能否为投资者提供强有力的支持。从高层次看，项目是否拥有将事业做大的决心，是否拥有长期的战略规划。项目能否提供强有力的促销支持，如物质方面的支持和政策方面的支持。这些都对创业者的扩大经营产生直接的影响。项目能否持续提高自己品牌的价值，则对创业者能否进行有效的扩张产生间接的影响，项目产品创新的能力也决定着投资者跟随成长的结果。

（5）论证创业项目的人才效度。在对项目进行论证时，除了要论证项目主导人的人品、性格、经历、知识结构、拥有的企业资源和社会资源外，还要着重论证项目方的团队，包括成员的素质、从业经历、从业经验、既往业绩、圈内口碑；在性格和专业上的互补性；团队的稳定性。

总地来说，创业者对创业项目方案的论证是一件非常细致的事情，需要创业者有很好的耐心和足够的敏感度。为了降低创业风险，就需要仔细推演和论证，在此基础上修正自己的创业计划。

二、创业计划的展示技巧

（一）明确创业计划的展示对象

1.企业内部（员工或股东）

表述清晰的书面商业计划，有助于澄清创业目标，协调团队的各项工作，增强团队的凝聚力和行动力，激发团队一致向目标前进。

对于企业职能部门经理而言，通过分析各环节和未来战略目标的商业计划，能确保自己所做的工作与企业整体计划方向一致。

需要注意的是：商业计划必须严格保密，严防落入竞争者的手中。为了保密，有些企业会限制商业计划的复本数量，对特定对象准备特定复本，并要求：不用时将计划放在文件柜或办公室锁好以确保安全。除外，在商业计划封面印刷“机密文件，未经许可，严禁复印”等字样。

2.投资者和其他外部利益相关者

投资者、潜在商业伙伴、潜在客户、前来应聘的关键员工等外部利益相关者是创业计划的第二类读者。

要吸引这些人，创业计划不要过分乐观，否则会降低创业计划的信度。创业计划必须明确显示商业创意可行，并与那些风险更小的投资选择相比，商业创意能给潜在投资者带来更高的资金回报；对于商业伙伴、客户和前来应聘的关键员工而言，仍须如此。

创业计划必须论证其商业创意的可行性，开发出一套行之有效的商业模式，并深入认识所处的竞争环境。注意要展现的事实，即用事实说话。

（二）向投资者陈述创业计划的技巧

1.陈述准备

与投资者会面之前，创业者一定要准备好幻灯片，而且内容要以预订的陈述时间为限。

陈述的首要原则是严格遵守会议时间地点安排，做好充分准备。如果需要视听设备，应事先准备好。注意：不要花费太多时间纠缠于产品或服务的技术，要多花点时间陈述自己企业的自身情况；千万不要忘记重要材料（如申请专利的具体时间等），若创业者回答不上来或者模棱两可的话将给投资者留下很差的印象。

2.陈述的关键点与技巧

陈述仅需要使用10～15张幻灯片，不追求全面，要抓重点，尤其是投资者可能感兴趣的部分。

公司：用1张幻灯片迅速说明企业概况和目标市场。

机会（尚待解决的问题和未满足的需求）：这是陈述的核心内容，最好占2～3张幻灯片。

解决方式：企业将如何解决问题或如何满足需求，该项内容需要1～2张幻灯片。

管理团队：用1～2张幻灯片简要介绍每个管理者的资格和优势。

产业、目标市场：用1～2张幻灯片介绍企业即将进入的产业及目标市场状况。

竞争者：用1～2张幻灯片简要介绍直接和间接竞争者，并详细介绍企业如何与目标市场中的现有企业竞争。

知识产权：用1张幻灯片介绍企业已有的或待批准的知识产权。

财务：简要说明即可。强调企业何时盈利，为此要多少资本，以及何时实现现金流持平，最好用2～3张幻灯片。

需求、回购和退出战略：用1张幻灯片说明企业需要的资金数目及设想的退出战略。

3.现场答辩与反馈

创业者要敏锐地预见投资者可能会提出什么问题，为此创业者就可以做好准备。

投资者可能会用很挑剔的眼光看创业计划，这时，创业者可能会很泄气。其实，投资者仅仅是在做分内的事情，提出的问题可能会有很大帮助，会给创业者很大启发。

回答问题阶段是非常重要的，此时投资者往往考察创业者是否挖掘到问题的本质，以及对新创企业了解多少。

现场回答投资者的问题要注意：

（1）对投资者问题的要点有准确理解，回答具有针对性而不是泛泛而谈。

（2）能在投资者提问结束后迅速做出回答，回答内容连贯、条理清楚。

（3）回答问题准确可信：回答问题建立在准确的事实和可信的逻辑推理上。

（4）特定方面的充分阐述：对投资者特别指出的方面能做出充分的说明和解释。

（5）整体答辩的逻辑性要求：陈述和回答的内容有整体一致性。

（6）团队成员在回答时有较好的配合，能协调合作，彼此互补，对相关领域的问题能阐述清楚。

【能力训练】

创业计划可行性评估

当你确定自己适合创业后，你不必急着马上走上创业这条路，应先评估一下你的创业计划是否可行。

1.你能否用语言清晰地描述出你的创业构想？你应该能用很少的文字将你的想法描述出来。根据成功者的经验，不能将这想法变成自己语言的原因大概也是一个警告——你还没有仔细地思考吧！

2.你真正了解你所从事的行业吗？许多行业都要求选用从事过这个行业的人，并对其行业内的方方面面有所了解。否则，你就得花费很多时间和精力去调查诸如价格、销售、管理费用、行业标准、竞争优势等。

3.你看到过别人使用过这种方法吗？一般来说，一些经营红火的公司经营方法比那些特殊的想法更具有现实性。有经验的企业家中流行这样一句名言：“还没有被实施的好主意往往可能实施不了。”

4.你的想法经得起时间的考验吗？当未来企业家的某项计划得以实施时，他会感到由衷的兴奋。但过了一个星期、一个月甚至半年之后，将是什么情况？它还那么令人兴奋吗？或已经有了完全不同的另外一个想法来代替它。

5.你的设想是为自己还是为别人？你是否打算在今后五年或更长时间内，全身心地投入到这个计划的实施中去？

6.你有没有一个好的网络？开始办企业的过程，实际上就是一个组织诸如供应商、承包商、咨询专家、雇员的过程。为了找到合适的人选，你应该有一个服务于你的个人关系网。

7.明白什么是潜在的回报吗？每个人投资创业，其最主要的目的就是赚最多的钱。可是，在尽快致富的设想中隐含的绝不仅仅是钱。你还要考虑成就感、爱、价值感等潜在回报。如果没有意识到这一点，那就必须重新考虑你的计划。

【实践作业】

撰写创业计划书

根据你的创业项目，做好调查，撰写一份创业计划书，并用它与你的客户、合作者和顾问等角色进行展示与沟通。

附　录

国家对大学生创业新政策

一、大学生创业税收优惠

持人社部门核发《就业创业证》(注明“毕业年度内自主创业税收政策”)的高校毕业生在毕业年度内(指毕业所在自然年，即1月1日至12月31日)创办个体工商户、个人独资企业的，3年内按每户每年8000元为限额依次扣减其当年实际应缴纳的营业税、城市维护建设税、教育费附加和个人所得税。对高校毕业生创办的小型微利企业，按国家相关规定享受相关税收支持政策。

二、创业担保贷款和贴息

对符合条件的大学生自主创业的，可在创业地按规定申请创业担保贷款，贷款额度为10万元。鼓励金融机构参照贷款基础利率，结合风险分担情况，合理确定贷款利率水平，对个人发放的创业担保贷款，在贷款基础利率基础上上浮3个百分点以内的，由财政给予贴息。

三、免收有关行政事业性费用

毕业2年以内的普通高校学生从事个体经营(除国家限制的行业外)的，自其在工商部门首次注册登记之日起3年内，免收管理类、登记类和证照类等有关行政事业性费用。

四、享受培训补贴

对大学生创办的小微企业新招用毕业年度高校毕业生，签订1年以上劳动合同并交纳社会保险费的，给予1年社会保险补贴。对大学生在毕业学年(即从毕业前一年7月1日起的12个月)内参加创业培训的，根据其获得创业培训合格证书或就业、创业情况，按规定给予培训补贴。

五、免费创业服务

有创业意愿的大学生，可免费获得公共就业和人才服务机构提供的创业指导服务，包括政策咨询、信息服务、项目开发、风险评估、开业指导、融资服务、跟踪扶持等“一条龙”创业服务。

六、创新人才培养

创业大学生可享受各地各高校实施的系列“卓越计划”、科教结合协同育人行动计划等，同时享受跨学科专业开设的交叉课程、创新创业教育实验班等，以及探索建立的跨院系、跨学科、跨专业交叉培养创新创业人才的新机制。

七、开设创新创业教育课程

自主创业大学生可享受各高校挖掘和充实的各类专业课程和创新创业教育资源，以及面向全体学生开发开设的研究方法、学科前沿、创业基础、就业创业指导等方面的必修课和选修课，享受各地区、各高校资源共享的慕课、视频公开课等在线开放课程，和在线开放课程学习认证和学分认定制度。

八、强化创新创业实践

自主创业大学生可共享学校面向全体学生开放的大学科技园、创业园、创业孵化基地、教育部工程研究中心、各类实验室、教学仪器设备等科技创新资源和实验教学平台。参加全国大学生创新创业大赛，全国高职院校技能大赛和各类科技创新、创意设计、创业计划等专题竞赛，以及高校学生成立的创新创业协会、创业俱乐部等社团，提升创新创业的实践能力。

九、改革教学制度

自主创业大学生可享受各高校建立的自主创业大学生创新创业学分累计与转换制度，将学生开展创新实验、发表论文、获得专利和自主创业等情况折算为学分，将学生参与课题研究、项目实验等活动认定为课堂学习的新探索。同时也享受为有意愿有潜质的学生制订创新创业能力培养计划，创新创业档案和成绩单等系列客观记录并量化评价学生开展创新创业活动情况的教学实践活动。优先支持参与创业的学生转入相关专业学习。

十、完善学籍管理规定

有自主创业意愿的大学生，可享受高校实施的弹性学制，放宽学生修业年限，允许调整学业进程、保留学籍休学创新创业等管理规定。

十一、大学生创业指导服务

自主创业大学生可享受各地各高校对自主创业学生实行的持续帮扶、全程指导、一站式服务。可享受地方、高校两级信息服务平台，为学生实时提供的国家政策、市场动向等信息，以及创业项目对接、知识产权交易等服务。可享受各地在充分发挥各类创业孵化基地作用的基础上，因地制宜建设的大学生创业孵化基地和相关培训、指导服务等扶持政策。

参考文献

［1］徐俊祥.大学生创业基础知能训练教程［M］.北京：现代教育出版社，2014.

［2］张福建.大学生创业基础教程［M］.北京：现代教育出版社，2013.

［3］张宗恩，朱克勇.大学生创业训练教程［M］.北京：现代教育出版社，2010.

［4］［美］杰弗里·蒂蒙斯，小斯蒂芬·斯皮内利.［M］.创业学.北京：人民邮电出版社，周伟民，吕长春译.2005.

［5］王年军.大学生创业团队的理论与实证研究.武汉理工大学管理学博士学位论文，2012.

［6］李时椿，常建坤.创业基础.北京：清华大学出版社，2013.

［7］王晓文，张玉利，李凯.创业资源整合的战略选择和实现手段［J］.北京：经济管理，2009.

［8］石丹林，谌虹.大学生创业理论与实务［M］.北京：清华大学出版社，2012.

［9］赵伊川.创业基础［M］.大连：东北财经大学出版社，2013.

［10］李家华.创业有道——大学生创业指导［M］.北京：高等教育出版社，2011.

［11］李家华.创业基础［M］.北京：北京师范大学出版社，2013.

［12］贺俊英.大学生创业基础与实训教程［M］.北京：高等教育出版社，2010.

［13］［美］彼得·德鲁克.创新与企业家精神［M］.北京：机械工业出版社，蔡文燕.译.2007.

［14］张耀辉，朱锋.创业基础［M］.广州：暨南大学出版社，2013.

［15］李秋斌.大学生创业指导［M］.北京：北京大学出版社，2013.

［16］冯丽霞，王若洪.创新与创业能力培养［M］.北京：清华大学出版社，2013.

［17］郑晓燕，相子国.创业基础［M］.成都：西南财经大学出版社，2012.

［18］田远芬，向辉.创业之梦［M］.武汉：华中师范大学出版社，2013.

［19］李北伟.大学生创业导引［M］.北京：清华大学出版社，2013.

［20］王庆生，王坤.大学生创业基础［M］.北京：清华大学出版社，2013.

［21］吴运迪.大学生创业指导［M］.北京：清华大学出版社，2012.

［22］曹德欣，祝木伟.创业学概论［M］.北京：中国矿业大学出版社，2013.

［23］李时椿，常建坤.创业基础［M］.北京：清华大学出版社，2013.

［24］杨安，夏伟，刘玉.创业管理——大学生创新创业基础［M］.北京：清华大学出版社，2011.

［25］张静.大学生创业实战指导［M］.北京：对外经济贸易大学出版社，2012.